歴史を作った
世界の五大科学者

ガリレイ・ニュートン・エジソン
キュリー・アインシュタイン

手塚治虫【編】

目次

ガリレイ

作画 伴 俊 男

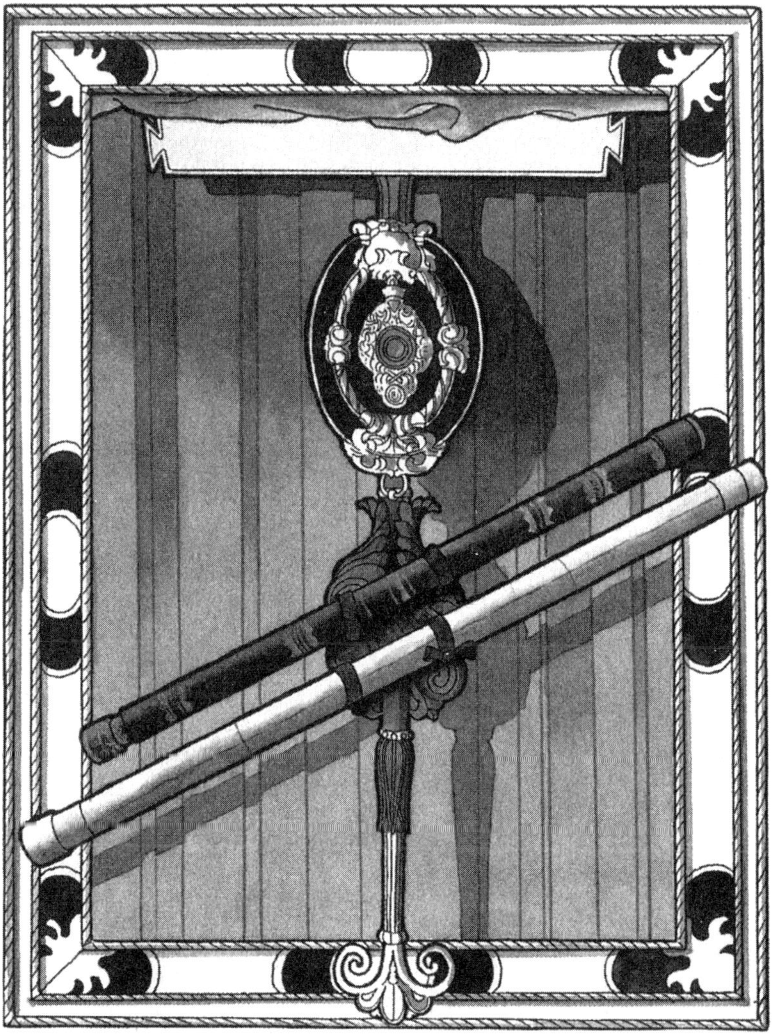

ガリレイ

もくじ

主《おも》な登場人物《とうじょうじんぶつ》

ガリレオ・ガリレイ

(1564年《ねん》〜1642年《ねん》)
地動説《ちどうせつ》を信《しん》じたため、宗教裁判《しゅうきょうさいばん》にかけられるが、慣性《かんせい》の法則《ほうそく》や自然落下《しぜんらっか》の法則《ほうそく》を発見《はっけん》するなど、物理学《ぶつりがく》の基礎《きそ》を築《きず》いた。

父《ちち》ビンツェンチオ

(1520年《ねん》〜1591年《ねん》)
教養《きょうよう》が深《ふか》く、権威《けんい》に負《ま》けない勇気《ゆうき》をガリレオに教《おし》える。

長女《ちょうじょ》ビルジニア

(1600年《ねん》〜1634年《ねん》)
父親思《ちちおやおも》いの優《やさ》しい娘《むすめ》で、ガリレオの心《こころ》の支《ささ》えとなる。

法王《ほうおう》ウルバヌス8世《せい》

(1568年《ねん》〜1644年《ねん》)
ガリレオが地動説《ちどうせつ》をとなえたため、宗教裁判《しゅうきょうさいばん》にかける。

オスティリオ・リッチ

(1540年《ねん》〜1603年《ねん》)
大学《だいがく》の授業《じゅぎょう》にあきたらないガリレオに数学《すうがく》を教《おし》える。

1　数学者《すうがくしゃ》めざして

●リッチとの出会《であ》い●

おめでとう ガリレイさん
元気《げんき》そうな男《おとこ》の子《こ》じゃないか
ありがとう みなさん
この年《とし》になってはじめて生《う》まれた子《こ》だが りっぱに育《そだ》てますぞ
父《ちち》ビンツェンチオ、44歳《さい》。母《はは》ジュリア、26歳《さい》。
ガリレオの父《ちち》は毛織物商人《けおりものしょうにん》で、また、有名《ゆうめい》な音楽家《おんがくか》で、音楽理論家《おんがくりろんか》でもあった。
ビョ

●父《ちち》ビンツェンチオは1520年《ねん》～1591年《ねん》、母《はは》ジュリアは1538年《ねん》～1620年《ねん》。

ガリレオ、9歳《さい》――
よし　ガリレオ　うまくなったぞ
今日《きょう》は　ここまでだ
あなた　もう　家《いえ》にお金《かね》がない　のよ
また　その　話《はなし》かい　わかってるよ
わかってるなら　何《なん》とかしてよ
いつも何《なん》とか　してるよ
ガリレイ家《け》は古《ふる》くからフィレンツェの名門《めいもん》の家系《かけい》だったが、この当時《とうじ》は、あまり豊《ゆた》かな暮《く》らしではなく
とくにガリレオの妹《いもうと》や弟《おとうと》ができてからは一家《いっか》は生活《せいかつ》のために苦労《くろう》していた。

●フィレンツェ／『花《はな》の都《みやこ》』という意味《いみ》。毛織物《けおりもの》の生産地《せいさんち》、金融業《きんゆうぎょう》の中心地《ちゅうしんち》として栄《さか》え、またルネサンスの中心地《ちゅうしんち》でもあった。

●メジチ家《け》／15世紀《せいき》から17世紀《せいき》ころフィレンツェで栄《さか》えた名家《めいか》。その間《かん》、法王二人《ほうおうふたり》、フランス王妃二人《おうひふたり》を出《だ》し、ヨーロッパの王族《おうぞく》と肩《かた》を並《なら》べた。

ガリレオが10歳《さい》のとき父《ちち》の商売《しょうばい》のつごうで一家《いっか》は父《ちち》の故郷《こきょう》、フィレンツェに帰《かえ》る。
フィレンツェはメジチ家《け》の支配《しはい》するトスカナ大公国《たいこうこく》の中心都市《ちゅうしんとし》だった。
メジチ家《け》はルネッサンス時代《じだい》の文化《ぶんか》や芸術《げいじゅつ》の最大《さいだい》の後援者《こうえんしゃ》だったので、フィレンツェの町《まち》は、まるで美術館《びじゅつかん》のようだった。
そんな環境《かんきょう》の中《なか》でガリレオは父《ちち》から音楽《おんがく》や絵《え》や詩《し》を習《なら》った。絵《え》はとくに好《す》きだった。

しばらくしてガリレオは
フィレンツェの近《ちか》くの
修道院《しゅうどういん》にはいり——
そこで
ラテン語《ご》や
ギリシア語《ご》、
やさしい哲学《てつがく》
などを学《まな》んだ。
修道院《しゅうどういん》の静《しず》かな
生活《せいかつ》を、ガリレオは
気《き》に入《い》っていた。
ガリレオ 元気《げんき》か
大《おお》きくなったな
お父《とう》さん！

どうだ　ガリレオ　おまえ大学《だいがく》に行《い》って　医者《いしゃ》にならないか？
医者《いしゃ》は尊敬《そんけい》も　されるし　収入《しゅうにゅう》　もいいぞ
すごいや　大学《だいがく》へ行《い》けるん　ですか
でも　お金《かね》が　かかりますよ
なに　心配《しんぱい》するな　おまえは成績《せいせき》が　いい
世《よ》の中《なか》には　そういう人《ひと》の　ために　奨学金《しょうがくきん》　というものが　あるんだ
でも　お父《とう》さん　ぼくはここが　気《き》に入《い》っています　見習《みなら》い僧《そう》にも　なりたいし
うーん　おまえは　最近《さいきん》　目《め》が　痛《いた》むと　言《い》っていたね
はい　右《みぎ》の目《め》が少《すこ》し…
フィレンツェ　には良《よ》い医者《いしゃ》が　いるぞ　フィレンツェに　帰《かえ》ってきなさい！

●ミケランジェロ／ガリレオの弟《おとうと》。1575年《ねん》～1631年《ねん》。

1579年《ねん》、ガリレオは修道院《しゅうどういん》から フィレンツェへ連《つ》れ戻《もど》される。15歳《さい》になっていた。
やあ ガリレオ お帰《かえ》り
奨学金《しょうがくきん》は どうだった
お父《とう》さん だめだ 奨学金《しょうがくきん》は 断《こと》わられてしまったよ
わーん お母《かあ》さん ミケランジェロが わたしのおもちゃを こわしたのよっ
バタ バタッ

ちょっと あなたァ ミケランジェロを しかってやって！
外《そと》へ行《い》こう
まあ！
お金《かね》にもならない 学問《がくもん》だの芸術《げいじゅつ》 ばかりやって！
ガリレオだって あの年《とし》だったら 商売《しょうばい》でもやって少《すこ》しは 家《いえ》にお金《かね》を入《い》れる ものよ！
奨学金《しょうがくきん》は だめだったし 大学《だいがく》はむりだね…
お母《かあ》さんの言《い》うように ぼくは 何《なに》か商売《しょうばい》でも やった方《ほう》が…
何《なに》を言《い》ってるんだ おまえには もっと むいている道《みち》が あるんだ
わたしはおまえに 期待《きたい》している
学資《がくし》ぐらい 何《なん》としてでも 出《だ》してやるぞ

●アリストテレス／紀元前《きげんぜん》384年《ねん》～紀元前《きげんぜん》322年《ねん》。ギリシアの哲学者《てつがくしゃ》。論理《ろんり》・心理《しんり》・政治《せいじ》・歴史《れきし》・美学《びがく》など、あらゆる分野《ぶんや》で後世《こうせい》に大《おお》きな影響《えいきょう》を与《あた》えた。

そうだ！ピサ大学《だいがく》へ行《い》け！
ピサのおまえのおじさんの家《いえ》から大学《だいがく》に通《かよ》えるぞ
お父《とう》さんありがとう…
おまえはしっかり勉強《べんきょう》してくれればいいんだ
1581年《ねん》、ガリレオはピサ大学《だいがく》に入学《にゅうがく》した。17歳《さい》だった。
しかしガリレオは大学《だいがく》の授業《じゅぎょう》にあまり興味《きょうみ》が持《も》てなかった。
このころ大学《だいがく》ではアリストテレスとキリスト教《きょう》が結《むす》びついた、スコラ学《がく》というものを教《おし》えていたが――
アリストテレス

アリストテレスの教《おし》えの中《なか》には事実《じじつ》に合《あ》わないものがあり、
ガリレオにはそれが不満《ふまん》だった。
オホン
物《もの》が落《お》ちる時《とき》は重《おも》い物《もの》ほど早《はや》く落《お》ち軽《かる》い物《もの》ほど遅《おそ》く落《お》ちるのである
先生《せんせい》質問《しつもん》があります
何《なに》かね
そうすると100g《グラム》の鉄《てつ》の玉《たま》は10g《グラム》の鉄《てつ》の玉《たま》より10倍《ばい》も早《はや》く落《お》ちるのですか
オホン
その通《とお》りだ
納得《なっとく》できませんそんなことが実際《じっさい》にあるのですか?
ガリレオ君《くん》!
そんなことはもっとアリストテレスを勉強《べんきょう》してから言《い》いなさい!
オホン

若《わか》いガリレオは教授《きょうじゅ》たちに反抗《はんこう》するようになった。
ひどい天気《てんき》だ 見《み》ろよ 雹《ひょう》が降《ふ》ってきたぞ
ねえ 大《おお》きな雹《ひょう》と小《ちい》さな雹《ひょう》はどっちが重《おも》いと思《おも》う？
え？ そりゃあ大《おお》きな雹《ひょう》が重《おも》いに決《き》まってるさ
ほら 大《おお》きな雹《ひょう》と小《ちい》さな雹《ひょう》が同時《どうじ》に地面《じめん》に落《お》ちているよ

●オスティリオ・リッチ／1540年～1603年。トスカナ大公《たいこう》おかかえの数学者《すうがくしゃ》。アルキメデスの熱烈《ねつれつ》な賛美者《さんびしゃ》だった。

この当時《とうじ》、大学《だいがく》とは別《べつ》に「アカデミー」(学院《がくいん》)という研究所《けんきゅうじょ》のようなものが、たくさんあった。
そういうアカデミーの数学者《すうがくしゃ》にオスティリオ・リッチという人《ひと》がいた。
リッチはトスカナ宮廷《きゅうてい》に雇《やと》われて貴族《きぞく》に数学《すうがく》を教《おし》えていた。
大学《だいがく》にあきたらないガリレオは宮廷《きゅうてい》の貴族《きぞく》にまじってそっとリッチの講義《こうぎ》を聞《き》きにいった。
ユークリッドやアルキメデスの数学《すうがく》か…
大学《だいがく》とは全然《ぜんぜん》ちがうすごくおもしろいや!

●**ユークリッド**／紀元前《きげんぜん》３００年《ねん》ころ、エジプトで活躍《かつやく》した数学者《すうがくしゃ》。幾何学《きかがく》の基礎《きそ》を築《きず》き、近代科学《きんだいかがく》の成立《せいりつ》に大《おお》きな影響《えいきょう》を与《あた》えた。

リッチ先生《せんせい》
おや　きみは　このところ毎日《まいにち》　来《き》ている生徒《せいと》だね
この間《あいだ》　先生《せんせい》が　出《だ》された問題《もんだい》を　解《と》いてきました
見《み》ていただけますか？
どれ…
ウーーン　これはすごい！
これを教《おし》えた　きみの教師《きょうし》は　だれだい？
それが……ぼくは　宮廷《きゅうてい》の人間《にんげん》じゃないんです　先生《せんせい》の講義《こうぎ》を　聞《き》いて考《かんが》えただけです
ますます　すごい
きみ　数学《すうがく》の勉強《べんきょう》を　続《つづ》けなさい　いつでも私《わたし》が　援助《えんじょ》するよ
ガリレオは　大学《だいがく》の授業《じゅぎょう》を　さぼって、数学《すうがく》の　勉強《べんきょう》をするように　なった。

●アルキメデス／紀元前《きげんぜん》２８７年《ねん》～紀元前《きげんぜん》２１２年《ねん》。ギリシアの数学者《すうがくしゃ》。物理学者《ぶつりがくしゃ》・技術者《ぎじゅつしゃ》。

しばらくです……
ガリレオはいますか？
おや……これはガリレイさん……
大学《だいがく》からあいつが落第《らくだい》しそうだと知《し》らせてきたんですよ
へえ？ガリレオ君《くん》は夜遅《よるおそ》くまで勉強《べんきょう》してますよ
ガリレオ！私《わたし》だ入《はい》るぞ！
ドンドン
えっお父《とう》さん!?
このばか者《もの》！
いったい毎日《まいにち》何《なに》をしているんだ！

いいか　ガリレイ家《け》の先祖《せんぞ》には有名《ゆうめい》な政治家《せいじか》や医者《いしゃ》がいた
おまえには　先祖《せんぞ》のようなりっぱな医者《いしゃ》になってほしいんだ
それなのにユークリッド…アルキメデス…数学《すうがく》の本《ほん》ばかりだ
ガレノスとか医学《いがく》の本《ほん》はどこだ　こんなことで医者《いしゃ》になれるのか
お父《とう》さん　ぼくは　もう　さっぱり医学《いがく》に興味《きょうみ》がないんです
医者《いしゃ》にならないいんなら　学費《がくひ》は送《おく》れないぞ
ぼくは医者《いしゃ》は落第《らくだい》です　でも　数学《すうがく》なら　もっと勉強《べんきょう》したいんです
そうか…　そんなに好《す》きならしかたがない　おまえの自由《じゆう》にしてみなさい…

●ガレノス／129年《ねん》ころ～200年《ねん》ころ。ギリシアの医学者《いがくしゃ》・哲学者《てつがくしゃ》。

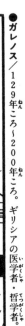

その後《ご》1年間《ねんかん》
父親《ちちおや》は学費《がくひ》を
送《おく》ってくれた。
しかしそれも
とぎれてしまい、
1585年《ねん》の春《はる》、
ガリレオはとうとう
ピサ大学《だいがく》を退学《たいがく》した。
ぼくは　もう21歳《さい》だ
これからは自分《じぶん》の力《ちから》
でやっていくさ
フィレンツェに帰《かえ》った
ガリレオは、家庭教師《かていきょうし》を
しながら論文《ろんぶん》を書《か》いた。
昔《むかし》、シラクサに住《す》む
数学者《すうがくしゃ》アルキメデスは
王様《おうさま》から相談《そうだん》をうけた。
細工師《さいくし》に
純金《じゅんきん》で王冠《おうかん》を
作《つく》らせたはずだが
銀《ぎん》のまぜものが
してあるという
うわさなのだ

●シラクサ／シチリア東岸《とうがん》の古代《こだい》ギリシアの植民都市《しょくみんとし》。

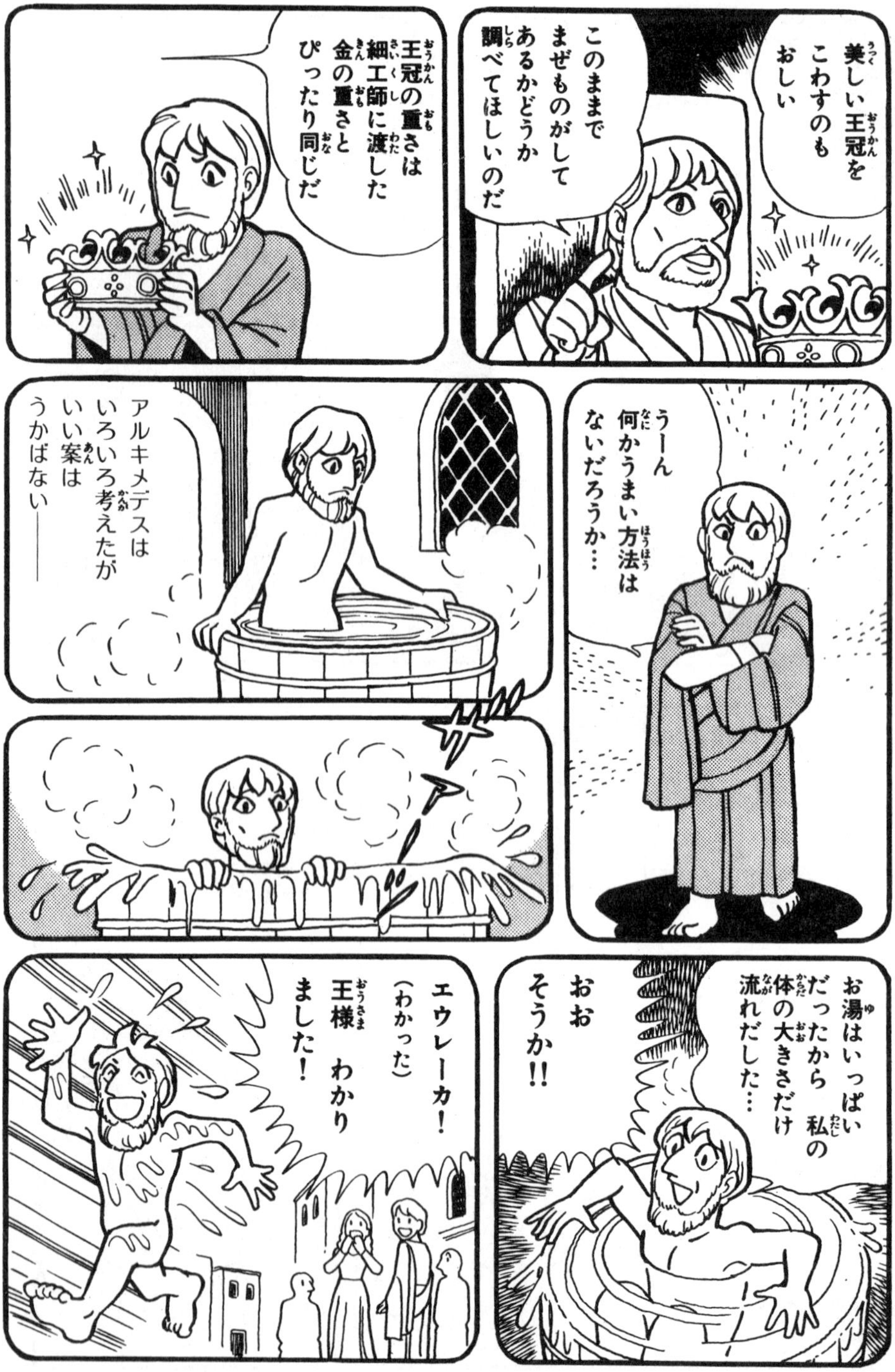
美《うつく》しい王冠《おうかん》を
こわすのも
おしい
このままで
まぜものがして
あるかどうか
調《しら》べてほしいのだ
王冠《おうかん》の重《おも》さは
細工師《さいくし》に渡《わた》した
金《きん》の重《おも》さと
ぴったり同《おな》じだ
うーん
何《なに》かうまい方法《ほうほう》は
ないだろうか…
アルキメデスは
いろいろ考《かんが》えたが
いい案《あん》は
うかばない——
お湯《ゆ》はいっぱい
だったから　私《わたし》の
体《からだ》の大《おお》きさだけ
流《なが》れだした…
おお
そうか!!
エウレーカ!
(わかった)
王様《おうさま》　わかり
ました!

まぜものがしてあれば
重《おも》さは同《おな》じでも
体積《たいせき》がちがいます
王冠《おうかん》と同《おな》じ重《おも》さの
金《きん》を沈《しず》めます
ザブ
次《つぎ》に王冠《おうかん》を
沈《しず》めます
ザブ
このこぼれた
水《みず》の量《りょう》のちがいが
体積《たいせき》のちがい
つまりまぜものの
割合《わりあい》なのです
おお
良《よ》くやった
アルキメデス
という伝説《でんせつ》が
あるが 私《わたし》は
アルキメデスはこの
時《とき》 天秤《てんびん》を使《つか》った
と考《かんが》えます
その天秤《てんびん》とは…
こういうもので
その使《つか》い方《かた》は…
……

よし できたぞ この論文《ろんぶん》をリッチ先生《せんせい》に送《おく》ろう！
ガリレオときたら 4年《ねん》もお金《かね》を使《つか》ったあげく医者《いしゃ》になるのをやめちまうなんて…
家《いえ》にはムダなお金《かね》なんてないのに…
ビルジニアがお嫁《よめ》に行《い》く時《とき》の持参金《じさんきん》だってどうしようっていうのに……
お母《かあ》さん わたし まだ 13よ
母《かあ》さん 今《いま》 その話《はなし》はやめなさい
お父《とう》さん これを見《み》てよ！
ドタッ
ドタッ

●ビルジニア／1573年《ねん》～? ガリレオの妹《いもうと》。

リッチ先生《せんせい》に送《おく》ったぼくの論文《ろんぶん》が認《みと》められたんだよ!
これはデル・モンテ侯爵《こうしゃく》からの手紙《てがみ》じゃないか　すごいぞ
さらに、ローマの有名《ゆうめい》な天文学者《てんもんがくしゃ》で数学者《すうがくしゃ》のクラビウス神父《しんぷ》にも認《みと》められる。
1587年《ねん》、ガリレオはクラビウス神父《しんぷ》を訪《たず》ねて、はじめてローマへ旅行《りょこう》した。

●デル・モンテ侯爵《こうしゃく》／ローマ・カトリック教会《きょうかい》の枢機卿《すうきけい》。兄《あに》の科学者《かがくしゃ》グイド・バルトとともにガリレイを支援《しえん》した。

●クラビウス神父《しんぷ》/1537年《ねん》~1612年《ねん》。

お母《かあ》さん
行《い》ってきます
おや
また出《で》かけるのかい
フィレンツェ・アカデミーでダンテの地獄界《じごくかい》の建築構造《けんちくこうぞう》を幾何学的《きかがくてき》に明《あき》らかにする講演《こうえん》をするんだ
ダンテのキカガクテキ……?
忙《いそが》しいんだね
ドタ ドタ
お父《とう》さん お母《かあ》さん!
今度《こんど》は なんだね
デル・モンテ侯爵《こうしゃく》からの知《し》らせだよ
デル・モンテ侯爵《こうしゃく》の推《すい》せんでぼくはピサ大学《だいがく》の教授《きょうじゅ》に任命《にんめい》されたんだ!

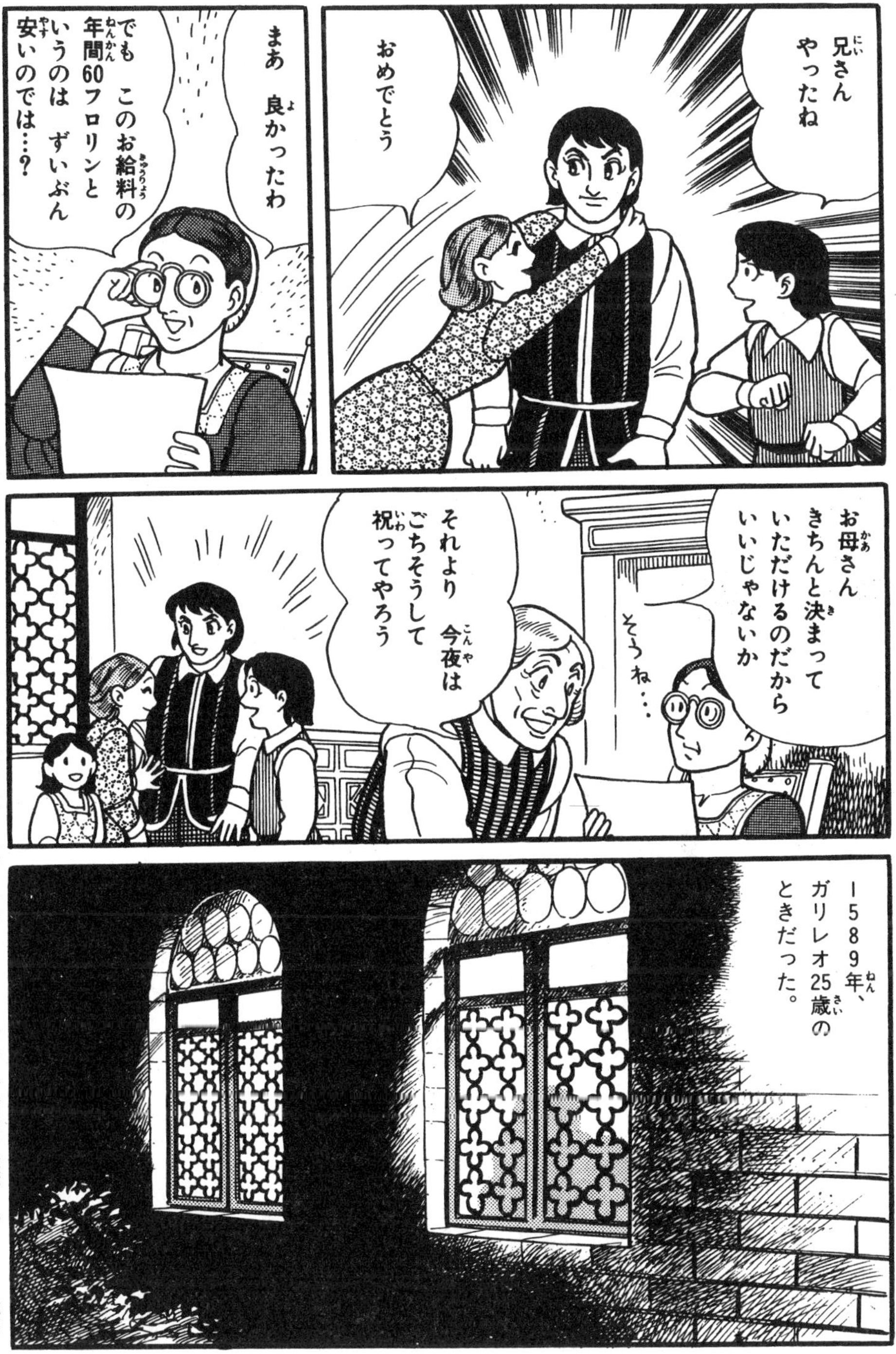
兄《にい》さん やったね
おめでとう
まあ 良《よ》かったわ
でも このお給料《きゅうりょう》の 年間《ねんかん》60フロリンと いうのは ずいぶん 安《やす》いのでは…？
お母《かあ》さん きちんと決《き》まって いただけるのだから いいじゃないか
そうね…
それより 今夜《こんや》は ごちそうして 祝《いわ》ってやろう
1589年《ねん》、ガリレオ25歳《さい》の ときだった。

●ダンテ／1265年～1321年。イタリア国民文学《こくみんぶんがく》の祖《そ》といわれる詩人《しじん》。「神曲《しんきょく》」は、彼《かれ》が地獄《じごく》・煉獄《れんごく》・天国《てんごく》をめぐり、歴史《れきし》や伝説上《でんせつじょう》の人物《じんぶつ》と会《あ》うという内容《ないよう》。

2　ピサの斜塔《しゃとう》での実験《じっけん》

●ピサ大学《だいがく》数学《すうがく》教授《きょうじゅ》●

あのガリレオが新任《しんにん》の教授《きょうじゅ》だって？
やっかいな男《おとこ》が戻《もど》ってきましたよ
新任《しんにん》ですのでよろしく…
ゾロリ
ガリレオは、大学《だいがく》の授業《じゅぎょう》では、伝統的《でんとうてき》な学問《がくもん》を教《おし》えていたが——
いくら伝統《でんとう》があってもアリストテレスの運動論《うんどうろん》は本当《ほんとう》とは思《おも》えない
自分《じぶん》の考《かんが》える運動論《うんどうろん》を書《か》いてみよう

●ガリレオは、大学《だいがく》ではプトレマイオスの「天文学《てんもんがく》」やユークリッドの「幾何学《きかがく》」などを教《おし》えていた。

アリストテレスによれば
地上《ちじょう》の物質《ぶっしつ》は、土《つち》・水《みず》・
空気《くうき》・火《ひ》の4つの
元素《げんそ》からできている。
4つの元素《げんそ》は
自分《じぶん》の場所《ばしょ》を
持《も》っていて、そこへ
帰《かえ》ろうとする。
空気《くうき》
土《つち》

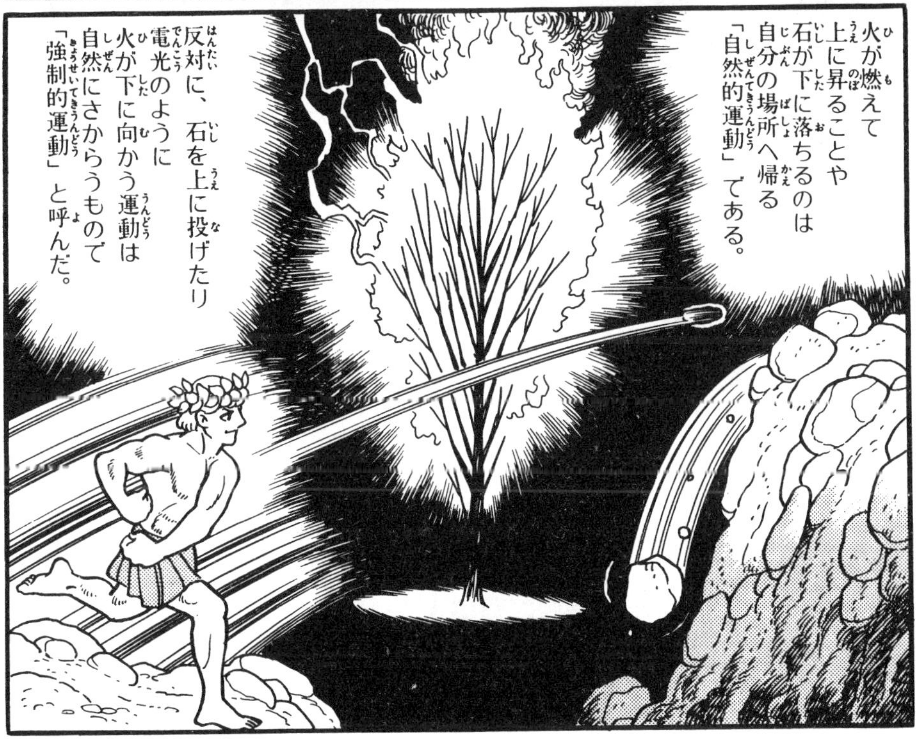
火《ひ》が燃《も》えて
上《うえ》に昇《のぼ》ることや
石《いし》が下《した》に落《お》ちるのは
自分《じぶん》の場所《ばしょ》へ帰《かえ》る
「自然的運動《しぜんてきうんどう》」である。
反対《はんたい》に、石《いし》を上《うえ》に投《な》げたり
電光《でんこう》のように
火《ひ》が下《した》に向《む》かう運動《うんどう》は
自然《しぜん》にさからうもので
「強制的運動《きょうせいてきうんどう》」と呼《よ》んだ。

●プトレマイオス／2世紀中《せいきなか》ごろアレキサンドリアで活躍《かつやく》したギリシアの天文学者《てんもんがくしゃ》。地球《ちきゅう》を中心《ちゅうしん》に太陽《たいよう》や惑星《わくせい》が回《まわ》る、という天動説《てんどうせつ》を主張《しゅちょう》した。

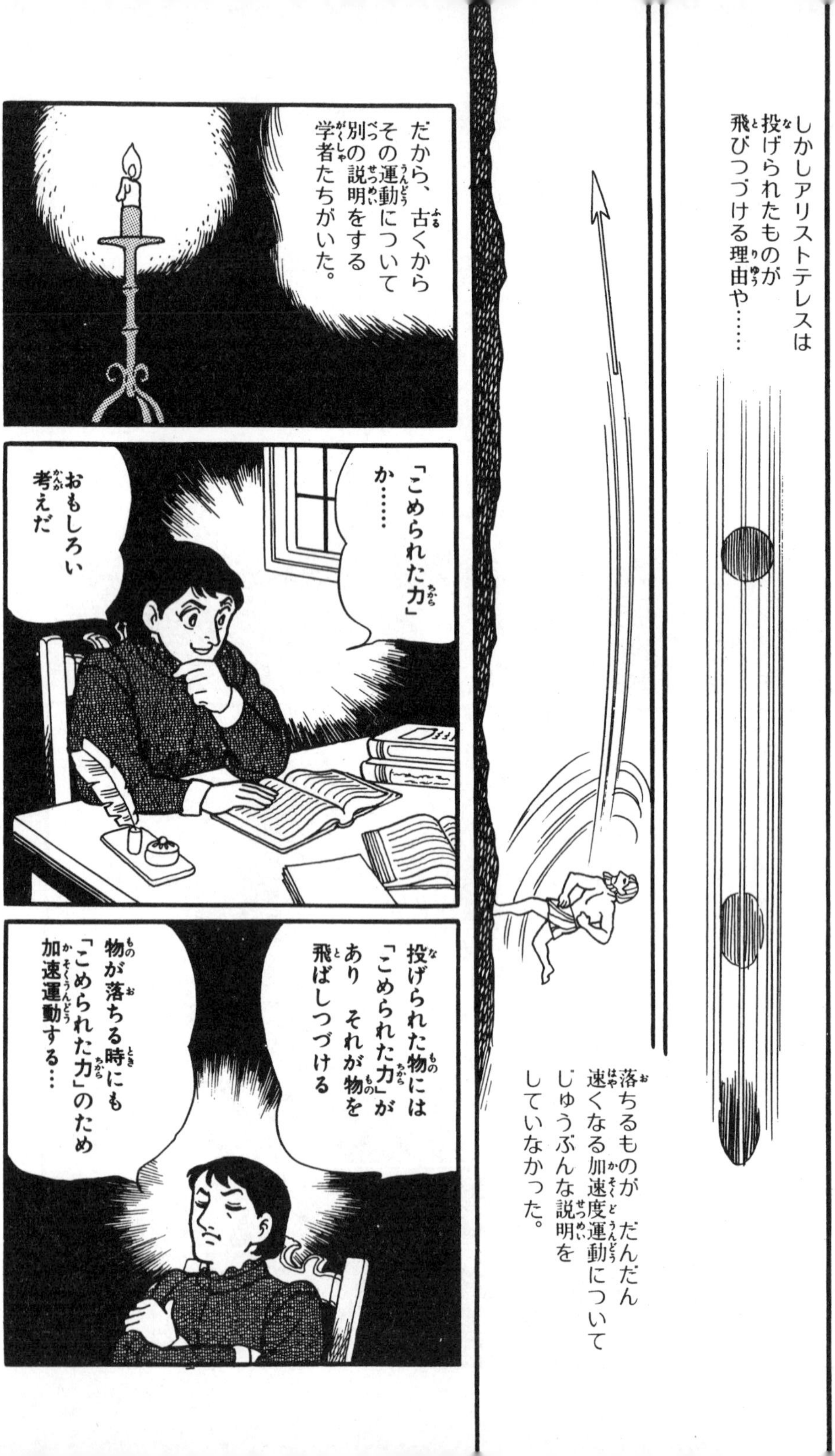
しかしアリストテレスは
投《な》げられたものが
飛《と》びつづける理由《りゆう》や……
落《お》ちるものが　だんだん
速《はや》くなる加速度運動《かそくどうんどう》について
じゅうぶんな説明《せつめい》を
していなかった。
だから、古《ふる》くから
その運動《うんどう》について
別《べつ》の説明《せつめい》をする
学者《がくしゃ》たちがいた。
「こめられた力《ちから》」か……
おもしろい考《かんが》えだ
投《な》げられた物《もの》には「こめられた力《ちから》」があり　それが物《もの》を飛《と》ばしつづける
物《もの》が落《お》ちる時《とき》にも「こめられた力《ちから》」のため加速運動《かそくうんどう》する…

ガリレオのこのころの運動論《うんどうろん》は、アルキメデスと「こめられた力《ちから》」の説《せつ》に大《おお》きく影響《えいきょう》されながら新《あたら》しい方向《ほうこう》へと向《む》かっていた。
ガリレオ先生《せんせい》の話《はなし》はおもしろいね
うん だけど授業《じゅぎょう》をはなれるとアリストテレスと違《ちが》うことを言《い》うぜ
きみたちはガリレオ教授《きょうじゅ》の生徒《せいと》だね
ガリレオ教授《きょうじゅ》の理屈《りくつ》にだまされちゃいかんぞ
だましているのはどっちです
やっ
びゅううう

これは学習《がくしゅう》マンガ なんだ 変《へん》な出《で》方《かた》は しないでくれ
おっと 失礼《しつれい》しま した
たとえば アリストテレスは 重《おも》い物《もの》ほど速《はや》く 落《お》ち 軽《かる》い物《もの》ほど 遅《おそ》く落《お》ちると いいます
そうじゃ つまり重《おも》さは 速度《そくど》に 比例《ひれい》している のじゃ
私《わたし》はそうは 考《かんが》えません
物《もの》が落《お》ちる 速《はや》さは 物《もの》の密度《みつど》 に比例《ひれい》すると 思《おも》います
つまり同《おな》じ密度《みつど》 ならば軽《かる》くても 重《おも》くても同《おな》じ 速《はや》さで落《お》ちる のです
はっはっはっ 何《なん》てばかげたこと を言《い》うんだ

●「物体《ぶったい》が落《お》ちる速《はや》さは、物体《ぶったい》の密度《みつど》に比例《ひれい》する」というこの考《かんが》えは、実際《じっさい》にはまちがっていた。

じゃあ こんな大《おお》きな鉄《てつ》の玉《たま》もこんな小《ちい》さな鉄《てつ》の玉《たま》も同《おな》じ速《はや》さで落《お》ちるのかね
その通《とお》りです
そんなことはアリストテレスの本《ほん》に書《か》いてない!
真理《しんり》は本《ほん》の中《なか》ばかりにあるとは言《い》えません!
わからずやめっ
そんなばかなことがあるものか!
ガリレオがピサの斜塔《しゃとう》で物体《ぶったい》の落下実験《らっかじっけん》をした、という有名《ゆうめい》な伝説《でんせつ》がある。
ガリレオ教授《きょうじゅ》が塔《とう》の上《うえ》から大《おお》きな玉《たま》と小《ちい》さな玉《たま》を落《お》っことすんだとさ
同時《どうじ》に地面《じめん》に着《つ》くはずだって?ほんとかな
ガヤ
ガヤ

●ピサの斜塔《しゃとう》／ピサ大聖堂《だいせいどう》の鐘塔《しょうとう》。1173年《ねん》に工事《こうじ》がはじまり、地盤《じばん》の陥没《かんぼつ》で傾《かたむ》いたまま工事《こうじ》がすすめられて、14世紀後期《せいきこうき》に完成《かんせい》した。

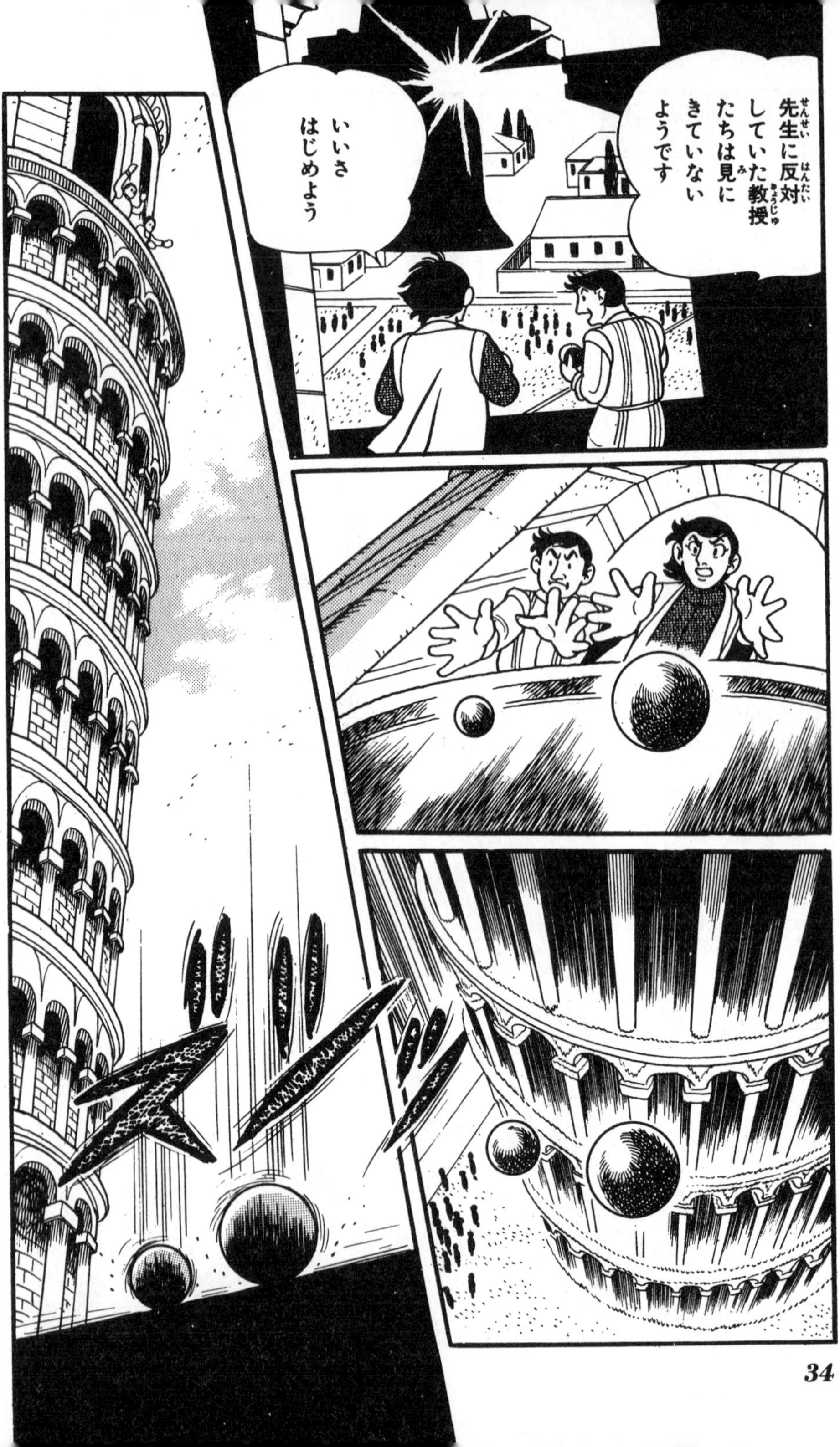
先生《せんせい》に反対《はんたい》していた教授《きょうじゅ》たちは見《み》にきていないようです
いいさ はじめよう

同時《どうじ》に落《お》ちた！
信《しん》じられん！
ピサの斜塔《しゃとう》でほんとうにこの実験《じっけん》をやったかどうか記録《きろく》にはないが――
アリストテレス説《せつ》をうのみにする教授《きょうじゅ》たちに対《たい》するデモンストレーションだったのかもしれない。
ガリレオはまた教授《きょうじゅ》たちをからかった詩《し》を書《か》いたりもした。
学生《がくせい》にはうけたが大学側《だいがくがわ》を怒《おこ》らせてしまった。
ガリレオさん悪《わる》い知《し》らせです…
え!?
父《とう》さんが……!!

1591年《ねん》
父《ちち》ビンツェンチオが死《し》んだ。
私《わたし》たちはどうすればいいんだろう…
兄《にい》さん ぼくは音楽《おんがく》で身《み》をたてていくよ
おまえたちはそんな心配《しんぱい》しなくていいんだ
兄《にい》さんが何《なん》とかするさ
でも かわいそうなのはビルジニア姉《ねえ》さんだ
結婚《けっこん》が決《き》まって持参金《じさんきん》がいるっていうのに それを払《はら》ってくれる人《ひと》がもういないんだ

なあガリレオ
どんな主張《しゅちょう》でも
権威《けんい》の重《おも》さだけで
証明《しょうめい》しようというのは
ばかげたことさ
そうですとも
父《とう》さん！
薄給《はっきゅう》のガリレオだが
家族《かぞく》の生活《せいかつ》をささえて
いかなければならない。
しかし、大学《だいがく》に
評判《ひょうばん》の悪《わる》いガリレオは
給料《きゅうりょう》の値上《ねあ》げも
断《ことわ》られてしまった。
そんなときに
トスカナ大公《たいこう》の
親類《しんるい》の考《かんが》えた
機械《きかい》について
アドバイスを
頼《たの》まれるが――

おせじを言《い》うどころか……
これはだめですよ機械《きかい》のことを何《なに》も知《し》っておられない
……と言《い》ってしまった。
まずかったなァトスカナ大公《たいこう》が怒《おこ》ってしまった
これでは教授《きょうじゅ》の契約更新《けいやくこうしん》もできないだろうし トスカナで職《しょく》に就《つ》くのもむずかしくなった
ベネチアのパドバ大学《だいがく》に教授《きょうじゅ》の口《くち》があったはずだ
デル・モンテ侯爵《こうしゃく》にまた推《すい》せんをお願《ねが》いしよう
このころイタリアはいくつもの小《ちい》さな国《くに》にわかれていたが、実《じつ》はほとんどスペインと神聖《しんせい》ローマ帝国《ていこく》に支配《しはい》されていた。
ミラノ公国《こうこく》
ミラノ
ベネチア共和国《きょうわこく》
パドバ
フィレンツエ
アドリア海《かい》
法王領《ほうおうりょう》
トスカナ大公国《たいこうこく》
ジェノバ
ジェノバ共和国《きょうわこく》
ピサ
ローマ
ナポリ王国《おうこく》
ティレニア海《かい》

●パドバ／ベネチアの西《にし》40キロメートルほどにある都市《とし》。ローマ時代《じだい》にもっとも繁栄《はんえい》した都市《とし》のひとつ。古《ふる》くからの文化的都市《ぶんかてきとし》。

しかし、ベネチア共和国《きょうわこく》
だけは、その支配《しはい》を受《う》けない
独立国《どくりつこく》だった。
ベネチアは、一時《いちじ》は
絹《きぬ》や香辛料《こうしんりょう》の貿易《ぼうえき》で
ヨーロッパ一《いち》の富《とみ》を
たくわえた。

すでに、このころは
新興国《しんこうこく》のスペインやオランダ、
イギリスに貿易《ぼうえき》をうばわれ、
衰《おとろ》えはじめてはいたが――
しかし文化《ぶんか》や芸術《げいじゅつ》は盛《さか》んで
町《まち》には自由《じゆう》な雰囲気《ふんいき》が
あふれていた。

●**神聖《しんせい》ローマ帝国《ていこく》**／中世《ちゅうせい》から19世紀《せいき》はじめまでのドイツ国家《こっか》の名《な》まえ。

ガリレオはパドバ大学《だいがくしゅうしょく》就職の申《もう》し込《こ》みのためベネチアへいった。
これはガリレオさんよくいらっしゃった
私《わたし》はこのベネチアで学者《がくしゃ》や芸術家《げいじゅつか》のお世話《せわ》をしているピネリです
こちらはサルピ神父《しんぷ》です学問《がくもん》にくわしい人《ひと》です
ガリレオさんはすぐれた数学者《すうがくしゃ》だと聞《き》いております
あなたの望《のぞ》んでおられるパドバ大学《だいがく》の数学教授《すうがくきょうじゅ》の席《せき》は何年《なんねん》もあいたままです
ふさわしい人《ひと》がなかなかいないのです……

●サルピ神父《しんぷ》／パオロ・サルピ。１５５２年《ねん》～１６２３年《ねん》。ベネチア共和国政府《きょうわこくせいふ》の神学《しんがく》・数学《すうがく》・天文学顧問《てんもんがくこもん》だった。

たとえばジョルダーノ・ブルーノという人《ひと》も教授《きょうじゅ》になりたいといっていたのですが
この人《ひと》は　異端《いたん》の疑《うたが》いで逮捕《たいほ》されてしまったのです
でも　ガリレオさん　あなたなら大丈夫《だいじょうぶ》です
あなた以上《いじょう》にふさわしい人《ひと》はいないでしょう
ガリレオはデル・モンテ侯爵《こうしゃく》やベネチアの有力者《ゆうりょくしゃ》、ピネリなどの推《すい》せんもあって、パドバ大学《だいがく》の数学教授《すうがくきょうじゅ》になることができた。28歳《さい》のときだった。

●ジョルダーノ・ブルーノ／1548年《ねん》〜1600年《ねん》。イタリアの自然哲学者《しぜんてつがくしゃ》。地動説《ちどうせつ》を説《と》いたため、カトリック教会《きょうかい》の教《おし》えに逆《さか》らうものとして処刑《しょけい》された。

3　望遠鏡《ぼうえんきょう》による天体観測《てんたいかんそく》

●「星界《せいかい》の報告《ほうこく》」の出版《しゅっぱん》●

パドバ大学《だいがく》は医学部《いがくぶ》が有名《ゆうめい》で
ヨーロッパ各国《かっこく》から
留学生《りゅうがくせい》が集《あつ》まっていた。
学問水準《がくもんすいじゅん》は
ヨーロッパでも最高《さいこう》で、
新《あたら》しい発見《はっけん》や
新《あたら》しい考《かんが》えが
おこりつつあった。
このパドバ時代《じだい》は
ガリレオにとって
一番良《いちばんよ》い時代《じだい》となる。
ヒゲ
ヒゲ
ここが解剖用《かいぼうよう》
教室《きょうしつ》です
しかし
ファブリチウス先生《せんせい》
人体解剖《じんたいかいぼう》は禁止《きんし》されて
いるんでしょう？

●**ファブリチウス**／1537年《ねん》～1619年《ねん》。解剖学者《かいぼうがくしゃ》・外科医《げかい》。1562年《ねん》よりパドバ大学教授《だいがくきょうじゅ》。

●近代解剖学《きんだいかいぼうがく》の祖《そ》、ベサリウス（1514年《ねん》～1564年《ねん》）や、血液《けつえき》の循環《じゅんかん》を発見《はっけん》したハービー（1578年《ねん》～1657年《ねん》）もパドバ大学《だいがく》で学《まな》んだ。

そこは工夫《くふう》がしてあります
役人《やくにん》が検査《けんさ》にくると死体《したい》をのせた台《だい》が床下《ゆかした》にさがって別《べつ》の台《だい》があらわれます
見《み》つからないようにしているのですね
解剖用《かいぼうよう》の死体《したい》だって手《て》に入《い》れるのはむずかしいんでしょう
そうなんです
ですから医学部《いがくぶ》の教授《きょうじゅ》が死《し》んだ時《とき》もムダにはしません
教授《きょうじゅ》の体《からだ》も解剖《かいぼう》に使《つか》うのですか?

1592年《ねん》12月《がつ》、
ガリレオは最初《さいしょ》の講義《こうぎ》をした。
評判《ひょうばん》はよく講堂《こうどう》は満員《まんいん》になった。
ガリレオは名物教授《めいぶつきょうじゅ》となる。
講義《こうぎ》が終《お》わったあと学生《がくせい》たちがガリレオの家《いえ》までついてくることもあった。
家族《かぞく》の生活費《せいかつひ》や妹《いもうと》の持参金《じさんきん》にたくさんの金《かね》がいる
給料《きゅうりょう》は180フロリンに上《あ》がったが まだ足《た》りないぞ
ガリレオは当時《とうじ》の教授《きょうじゅ》がよくやったように自宅《じたく》に学生《がくせい》を下宿《げしゅく》させ個人授業《こじんじゅぎょう》をするという副業《ふくぎょう》をはじめた。

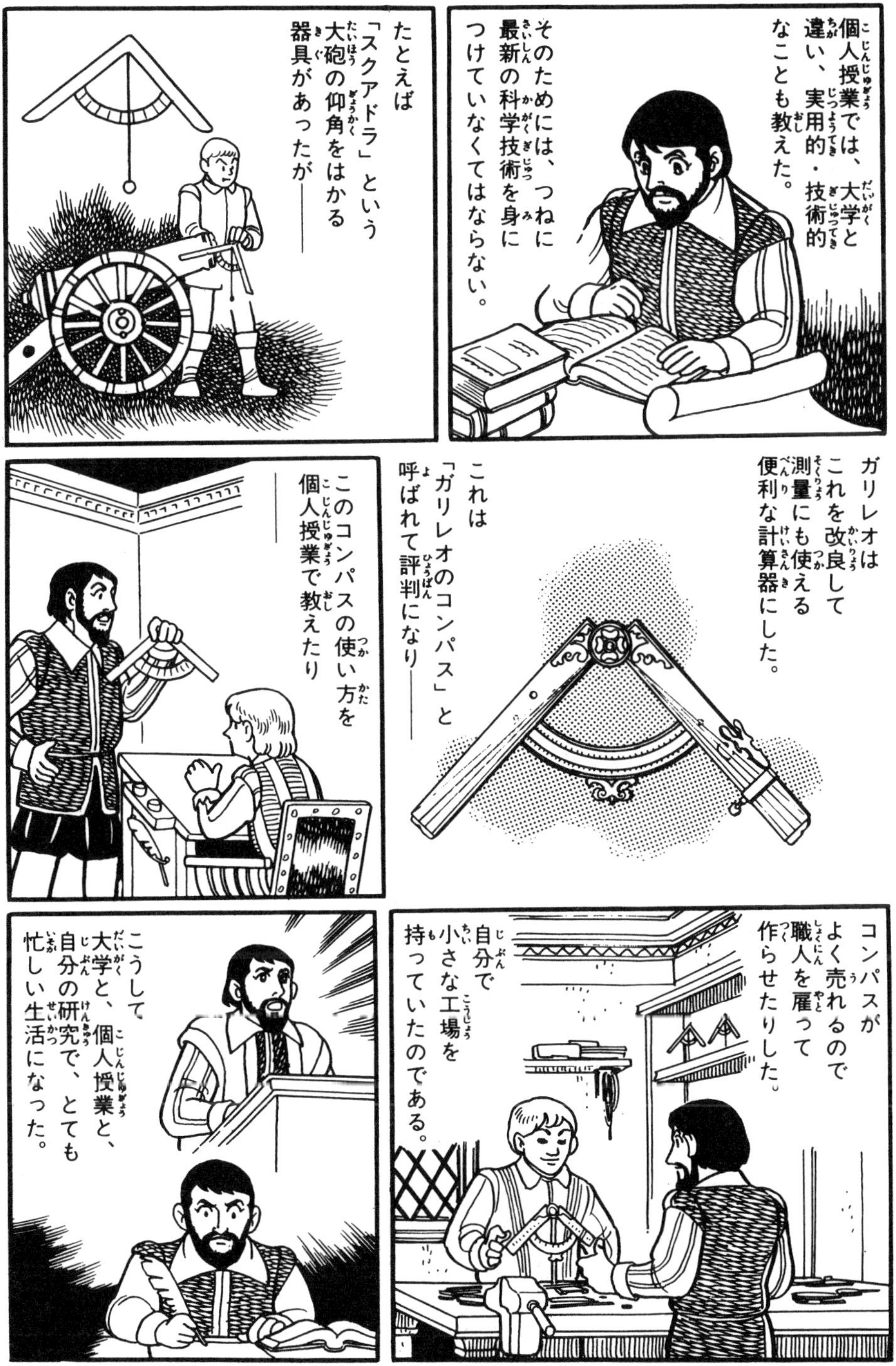

個人授業《こじんじゅぎょう》では、大学《だいがく》と違《ちが》い、実用的《じつようてき》・技術的《ぎじゅつてき》なことも教《おし》えた。
そのためには、つねに最新《さいしん》の科学技術《かがくぎじゅつ》を身《み》につけていなくてはならない。
たとえば「スクアドラ」という大砲《たいほう》の仰角《ぎょうかく》をはかる器具《きぐ》があったが――
ガリレオはこれを改良《かいりょう》して測量《そくりょう》にも使《つか》える便利《べんり》な計算器《けいさんき》にした。
これは「ガリレオのコンパス」と呼《よ》ばれて評判《ひょうばん》になり――
このコンパスの使《つか》い方《かた》を個人授業《こじんじゅぎょう》で教《おし》えたり――
コンパスがよく売《う》れるので職人《しょくにん》を雇《やと》って作《つく》らせたりした。
自分《じぶん》で小《ちい》さな工場《こうじょう》を持《も》っていたのである。
こうして大学《だいがく》と、個人授業《こじんじゅぎょう》と、自分《じぶん》の研究《けんきゅう》で、とても忙《いそが》しい生活《せいかつ》になった。

●コペルニクス／1473年《ねん》～1543年《ねん》。ポーランドの天文学者《てんもんがくしゃ》。1543年《ねん》に刊行《かんこう》された「天体《てんたい》の回転《かいてん》について」で地動説《ちどうせつ》をとなえた。

政府《せいふ》の仕事《しごと》で海運業《かいうんぎょう》で栄《さか》えたベネチアの造船所《ぞうせんじょ》へいったこともある。

職人《しょくにん》たちは経験的《けいけんてき》に機械《きかい》のことを知《し》っているが……
もっと根本的《こんぽんてき》に機械《きかい》について考《かんが》えてみよう

ガリレオは「機械学《きかいがく》」という本《ほん》の中《なか》でテコや滑車《かっしゃ》やネジについての説明《せつめい》・応用《おうよう》を書《か》いた。

機械《きかい》は仕事《しごと》を節約《せつやく》しない。

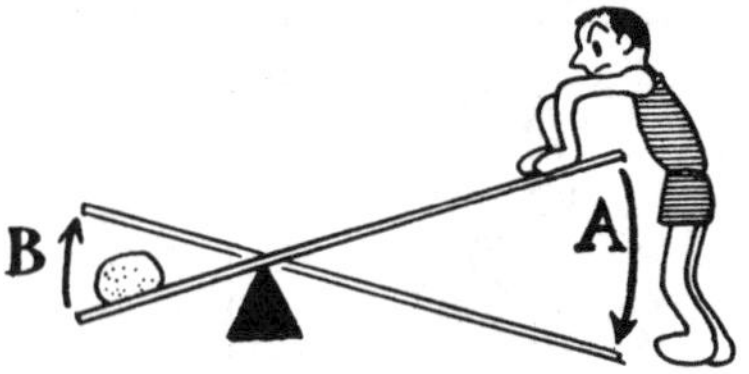
B
A

たとえば、てこを使《つか》えば小《ちい》さな力《ちから》で重《おも》い物《もの》を持《も》ち上《あ》げられるが、自分《じぶん》が押《お》し下《さ》げた距離《きょり》A《エー》は持《も》ち上《あ》げた距離《きょり》B《ビー》よりずっと長《なが》い。

仕事《しごと》（重《おも》さ×運動《うんどう》した距離《きょり》）はてこのどちら側《がわ》でも同《おな》じである。

この機械学《きかいがく》も個人授業《こじんじゅぎょう》で教《おし》えられた。

●サグレド／ベネチアの貴族《きぞく》でガリレオの親友《しんゆう》。ガリレオの著書《ちょしょ》「天文対話《てんもんたいわ》」「新科学対話《しんかがくたいわ》」にも登場《とうじょう》する。

1595年《ねん》、あるドイツ人《じん》がパドバ大学《だいがく》で新《あたら》しい天文学《てんもんがく》について講義《こうぎ》をした。
それは、50年《ねん》ほど前《まえ》にコペルニクスがとなえたものだった。
ガリレオ先生《せんせい》今《いま》の講義《こうぎ》を聞《き》かれましたか？
やあ　サグレド君《くん》
宇宙《うちゅう》の中心《ちゅうしん》には太陽《たいよう》があって地球《ちきゅう》はその回《まわ》りをまわる惑星《わくせい》だなんて…
ばかばかしくて聞《き》いてられませんよ
そうかね私《わたし》はますますコペルニクス説《せつ》に興味《きょうみ》をもったよ
アリストテレスによれば　宇宙《うちゅう》はどうなっていたのかね？
はい　それは…

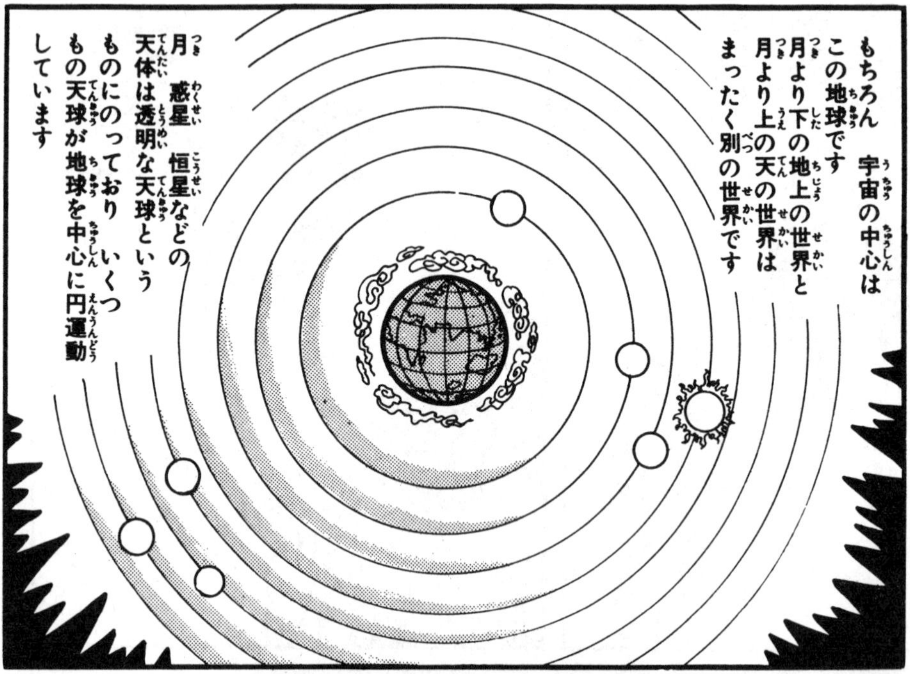
もちろん　宇宙《うちゅう》の中心《ちゅうしん》は
この地球《ちきゅう》です
月《つき》より下《した》の地上《ちじょう》の世界《せかい》と
月《つき》より上《うえ》の天《てん》の世界《せかい》は
まったく別《べつ》の世界《せかい》です
月《つき》　惑星《わくせい》　恒星《こうせい》などの
天体《てんたい》は透明《とうめい》な天球《てんきゅう》という
ものにのっており　いくつ
もの天球《てんきゅう》が地球《ちきゅう》を中心《ちゅうしん》に円運動《えんうんどう》
しています

これらの天《てん》を作《つく》っている
物質《ぶっしつ》は　地上《ちじょう》の4つの元素《げんそ》とは
違《ちが》った第《だい》5元素《げんそ》エーテルで
できており　透明《とうめい》でかたくて
重《おも》さもありません
エーテルは完全《かんぜん》な物質《ぶっしつ》
ですから　天《てん》は永遠《えいえん》に
変化《へんか》しません
TEN WA DAI GO GEN SO DE DEKITE I RU NO DA
TIJŌ TOWA TI GAU NO DA

さらにアリストテレスの後《あと》に　プトレマイオスが惑星《わくせい》の動《うご》きをくわしく説明《せつめい》しました
プトレマイオス
これはガリレオ先生《せんせい》も大学《だいがく》で教《おし》えられていますね
では地球《ちきゅう》が宇宙《うちゅう》の中心《ちゅうしん》で　動《うご》かないというのはどうして言《い》えるのかね
それははっきりしています
実際《じっさい》に私《わたし》たちの回《まわ》りを　太陽《たいよう》も月《つき》も星《ほし》もまわっているのをこの目《め》で見《み》れます
しかし　それは地球《ちきゅう》が回転《かいてん》すれば私《わたし》たちから見《み》れば星《ほし》や太陽《たいよう》が回転《かいてん》しているように見《み》えるんじゃないかね

それだけでは どちらとも とれます
だからといって 地動説《ちどうせつ》を証明《しょうめい》 するわけでは ないでしょう
そう だけど私《わたし》には 地動説《ちどうせつ》も証明《しょうめい》 するアイデアが あるんだ
え!?
どんな アイデア ですか?
いや まだ 言《い》えない もっと研究《けんきゅう》 しなければ いけないんだ
1597年《ねん》、コペルニクス説《せつ》をとる ドイツの天文学者《てんもんがくしゃ》 ケプラーからガリレオに 本《ほん》が贈《おく》られた。
コペルニクスの説《せつ》は 私《わたし》も賛成《さんせい》ですが まだ それについても 私《わたし》の研究《けんきゅう》を発表《はっぴょう》する 時期《じき》ではあり ません
ガリレオさんの 返事《へんじ》だ イタリアにも 同志《どうし》がいるんだ

●ケプラー／1571年～1630年。ドイツの天文学者《てんもんがくしゃ》。惑星運動《わくせいうんどう》の法則《ほうそく》を発見《はっけん》、コペルニクス説《せつ》を発展《はってん》させ、ニュートンの万有引力発見《ばんゆういんりょくはっけん》の基礎《きそ》を作《つく》った。

裁《さば》かれている私《わたし》よりも
裁《さば》いているあなたがた
のほうが　真理《しんり》の前《まえ》に
おののいているでは
ないか？
16世紀《せいき》にはじまった
宗教改革《しゅうきょうかいかく》は、一応《いちおう》
落《お》ちついてはいたが、
ヨーロッパでの
ローマ法王《ほうおう》と
カトリック教会《きょうかい》の
権威《けんい》は弱《よわ》まっていた。
法王庁《ほうおうちょう》は
内部改革《ないぶかいかく》と同時《どうじ》に
宗教裁判所《しゅうきょうさいばんじょ》を置《お》いて
異端《いたん》の弾圧《だんあつ》をするなど、
権威《けんい》の回復《かいふく》を
はかったのだった。

●宗教改革《しゅうきょうかいかく》／教会《きょうかい》や聖職者《せいしょくしゃ》の生活《せいかつ》のゆるみを批判《ひはん》し、聖書《せいしょ》の精神《せいしん》にたちかえってキリスト教《きょう》のあり方《かた》をただそうとする運動《うんどう》。

ケプラーからの返事《へんじ》には「ガリレイさん自信《じしん》を持《も》って進《すす》んで下《くだ》さい」とあった。
1600年《ねん》ローマ――
哲学者《てつがくしゃ》ブルーノはカトリックの教《おし》えに反《はん》する異端《いたん》の罪《つみ》で火刑《かけい》にされる。
ブルーノは宇宙《うちゅう》は無限《むげん》だと主張《しゅちょう》し
科学的《かがくてき》ではないが地動説《ちどうせつ》の立場《たちば》をとっていた。

この年《とし》、
ガリレオに
はじめて
子《こ》どもができた。
長女《ちょうじょ》ビルジニアである。
正式《せいしき》な結婚《けっこん》ではなく
ベネチアの女性《じょせい》、
マリナ・ガンバとの間《あいだ》に
生《う》まれた子《こ》だった。
のちに、次女《じじょ》リビア、
長男《ちょうなん》ビンツェンチオ
と、3人《にん》の
子《こ》どもができる。
正式《せいしき》な結婚《けっこん》を
しなかったのには
わけがあった
ようだ。
私《わたし》の下《した》の妹《いもうと》の結婚《けっこん》が決《き》まったがまた持参金《じさんきん》が大変《たいへん》だ
弟《おとうと》のミケランジェロに半分《はんぶん》払《はら》ってくれるようたのんでみよう
ミケランジェロは
ポーランドで音楽家《おんがくか》
になっていたが……
とんでもないぼくだってお金持《かねも》ちじゃないんだ

●ビルジニア／1600年《ねん》～1634年《ねん》。ガリレオの子《こ》どもの中《なか》でも、とくにガリレオと深《ふか》い愛情《あいじょう》で結《むす》ばれていた。

弟《おとうと》があてにならないのならしかたがない
個人授業《こじんじゅぎょう》をふやしたり大学《だいがく》から借金《しゃっきん》して妹《いもうと》の持参金《じさんきん》をはらう。
よけいに忙《いそが》しくなるが妹《いもうと》のためだ
父《ちち》にかわって家族《かぞく》のめんどうを見《み》なくてはならないガリレオは、結婚《けっこん》して学者《がくしゃ》として一家《いっか》をかまえることができなかったようだ。
ガリレオさんまた何《なに》か新《あたら》しい発見《はっけん》をされたそうですね
サントリオさんまあ　見《み》てください
ここに同《おな》じ長《なが》さの振《ふ》り子《こ》があります
これを片方《かたほう》は大《おお》きく振《ふ》り片方《かたほう》は小《ちい》さく振《ふ》ってみます

●次女《じじょ》リビアは１６０１年生《ねんう》まれ。長男《ちょうなん》ビンツェンチオは１６０６年生《ねんう》まれ。

その振《ふ》れる数《かず》を数《かぞ》えます
私《わたし》は大《おお》きく振《ふ》れる方《ほう》を数《かぞ》えます　サントリオさんは小《ちい》さく振《ふ》れる方《ほう》を数《かぞ》えてください
1 2 3…
1 2 3…
21 22 23…
21 22 23…
これはどうしたことだ!
大《おお》きく振《ふ》れた方《ほう》も小《ちい》さく振《ふ》れた方《ほう》も1回《かい》に振《ふ》れる時間《じかん》は同《おな》じだ

●サントリオ／1561年《ねん》～1636年《ねん》。医学者《いがくしゃ》。1610年頃《ねんごろ》、体温計《たいおんけい》・脈拍計《みゃくはくけい》を発明《はつめい》した。

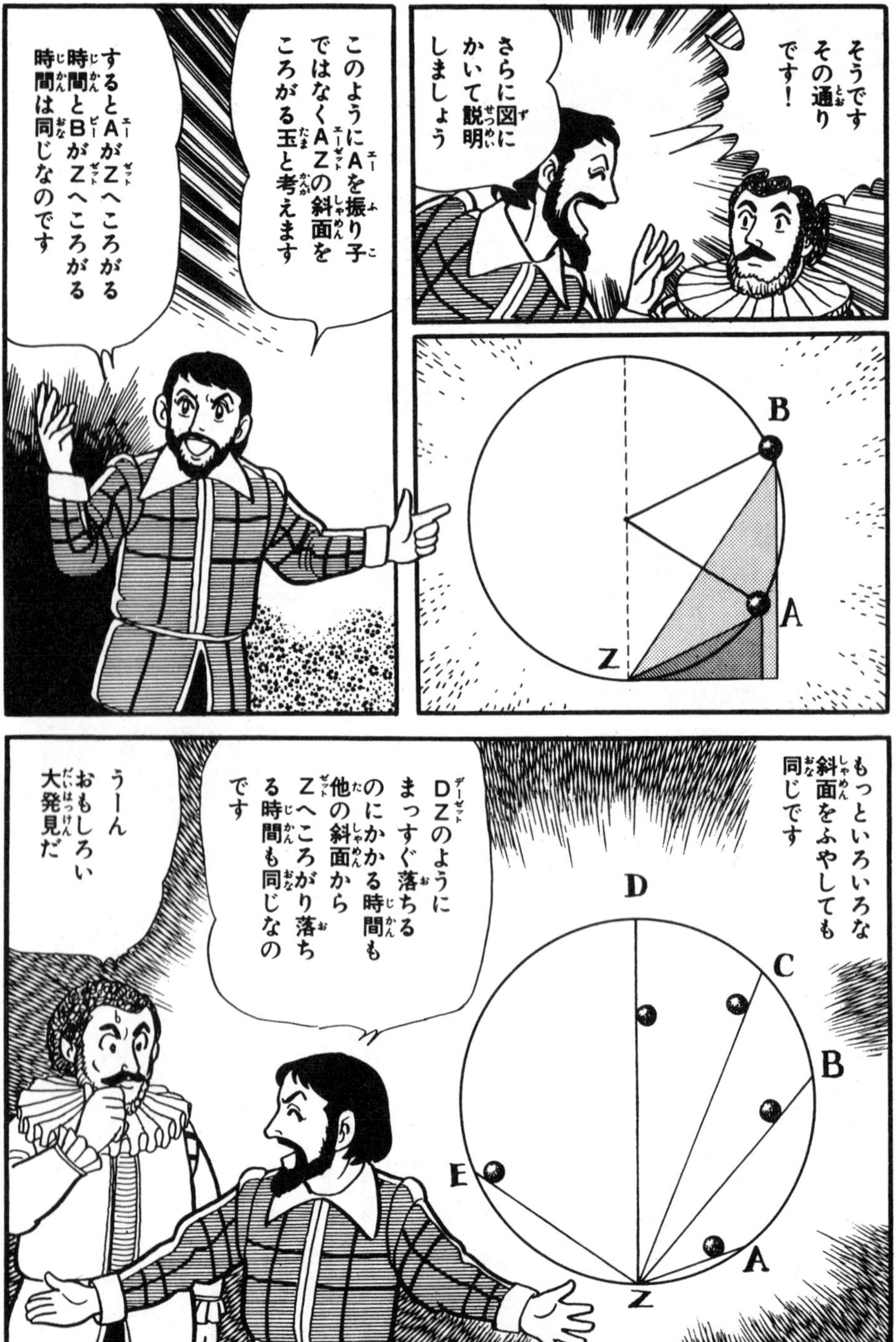
そうです その通《とお》り です！
さらに図《ず》に かいて説明《せつめい》 しましょう
このようにA《エー》を振《ふ》り子《こ》 ではなくAZ《エーゼット》の斜面《しゃめん》を ころがる玉《たま》と考《かんが》えます
するとA《エー》がZ《ゼット》へころがる 時間《じかん》とB《ビー》がZ《ゼット》へころがる 時間《じかん》は同《おな》じなのです
B
A
Z
もっといろいろな 斜面《しゃめん》をふやしても 同《おな》じです
DZ《デーゼット》のように まっすぐ落《お》ちる のにかかる時間《じかん》も 他《た》の斜面《しゃめん》から Z《ゼット》へころがり落《お》ち る時間《じかん》も同《おな》じなの です
うーん おもしろい 大発見《だいはっけん》だ
D
C
B
E
A
Z

ガリレオがまだピサ大学《だいがく》の医学生《いがくせい》だったころ、ランプの揺《ゆ》れるのを見《み》て振《ふ》り子《こ》の等時性《とうじせい》を発見《はっけん》したという伝説《でんせつ》がある。
このときガリレオは医学生《いがくせい》らしく、自分《じぶん》の脈《みゃく》をはかってランプの揺《ゆ》れる時間《じかん》をはかったという。
振《ふ》り子《こ》が決《き》まった時間《じかん》で振《ふ》れるのなら逆《ぎゃく》に振《ふ》り子《こ》を使《つか》って患者《かんじゃ》の正確《せいかく》な脈《みゃく》をはかれますね
もちろんです サントリオさん さすがはお医者《いしゃ》だ

●振《ふ》り子《こ》の等時性《とうじせい》／振《ふ》り子《こ》の振《ふ》れる幅《はば》があまり広《ひろ》くなければ、振《ふ》り子《こ》が1往復《おうふく》するのにかかる時間《じかん》（周期《しゅうき》）は、振《ふ》れ幅《はば》に関係《かんけい》なく一定《いってい》である。

ガリレオさん
これは医者《いしゃ》に
とっても
大切《たいせつ》な発見《はっけん》です
1603年《ねん》
パドバの暑《あつ》い夏《なつ》
ガリレオは
友人《ゆうじん》の別荘《べっそう》へ
涼《すず》みに出《で》かけた。
この部屋《へや》は地下《ちか》の
洞穴《ほらあな》から天然《てんねん》の
涼《すず》しい風《かぜ》が入《はい》って
きます
ここで十分《じゅうぶん》に
昼寝《シエスタ》を楽《たの》しんで
ください
これは涼《すず》しくて
いい気持《きも》ちだ
お休《やす》み!

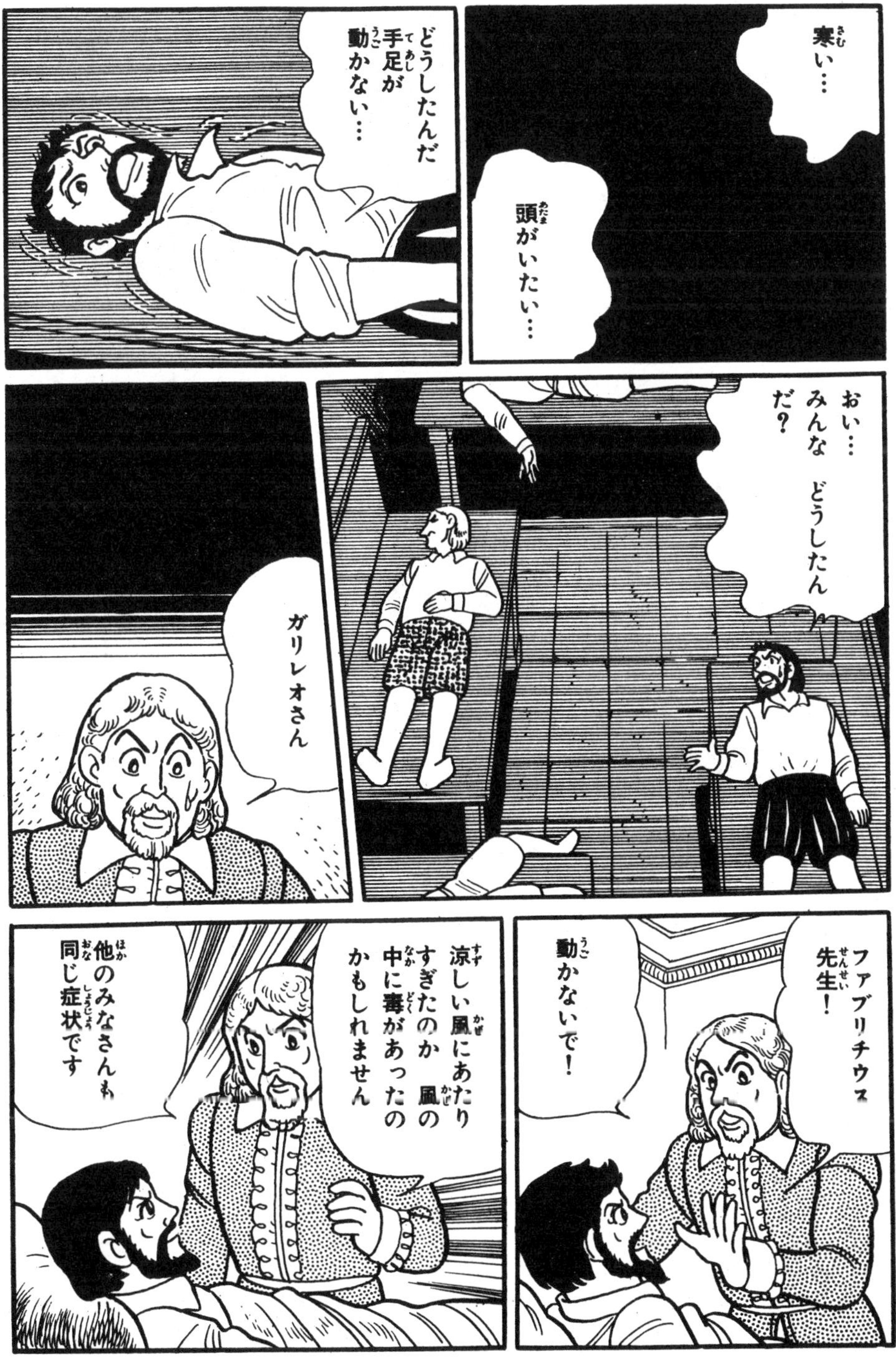
寒《さむ》い…
頭《あたま》がいたい…
どうしたんだ 手足《てあし》が 動《うご》かない…
おい… みんな どうしたんだ?
ガリレオさん
ファブリチウス 先生《せんせい》!
動《うご》かないで!
涼《すず》しい風《かぜ》にあたりすぎたのか 風《かぜ》の中《なか》に毒《どく》があったのかもしれません
他《ほか》のみなさんも 同《おな》じ症状《しょうじょう》です

●**自由落下《じゆうらっか》**／まったく力《ちから》を加《くわ》えずに、静《しず》かに物体《ぶったい》を放《はな》したときにおこる、物体《ぶったい》の落下運動《らっかうんどう》。

●ガリレオは、この新星《しんせい》が月《つき》よりはるかに上《うえ》にある、ということを幾何学的《きかがくてき》に証明《しょうめい》した。

1604年《ねん》10月《がつ》突然《とつぜん》、明《あか》るい新星《しんせい》が現《あらわ》れた。
アリストテレスによれば天《てん》は不変《ふへん》で新《あたら》しい星《ほし》が現《あらわ》れるはずなどないのである。
あれは星《ほし》に見《み》えるがきっと星《ほし》ではないのだ
星《ほし》ではないから月《つき》より下《した》の地上《ちじょう》に近《ちか》い何《なに》かの現象《げんしょう》だろう
ガリレオはこのときはじめて天体観測《てんたいかんそく》をした。
これは月《つき》より下《した》の現象《げんしょう》なんかじゃないぞ

●法王庁《ほうおうちょう》お抱《かか》えの天文学者《てんもんがくしゃ》、クラビウス（1537年《ねん》～1612年《ねん》）でさえ、この新星《しんせい》が恒星《こうせい》と同《おな》じ位置《いち》にあることを認《みと》めていた。

ガリレオは新星《しんせい》について講演《こうえん》をした。
あれは恒星《こうせい》と同《おな》じ高《たか》さにあります　ちゃんと観測《かんそく》すればわかります
そんなことあるものか　ガリレオはいいかげんに観測《かんそく》をやったのだ
あれは　天球《てんきゅう》にレンズのようなものがあって　今《いま》まで見《み》えなかった星《ほし》の光《ひかり》が拡大《かくだい》されただけさ
アリストテレスを弁護《べんご》する人々《ひとびと》と大論争《だいろんそう》になり
天球《てんきゅう》にレンズがあるなんてかってな説《せつ》を作《つく》るより　正確《せいかく》な天体観測《てんたいかんそく》をする方《ほう》が大切《たいせつ》です
新星《しんせい》はやがて見《み》えなくなったがガリレオは多《おお》くの敵《てき》を作《つく》ってしまった。

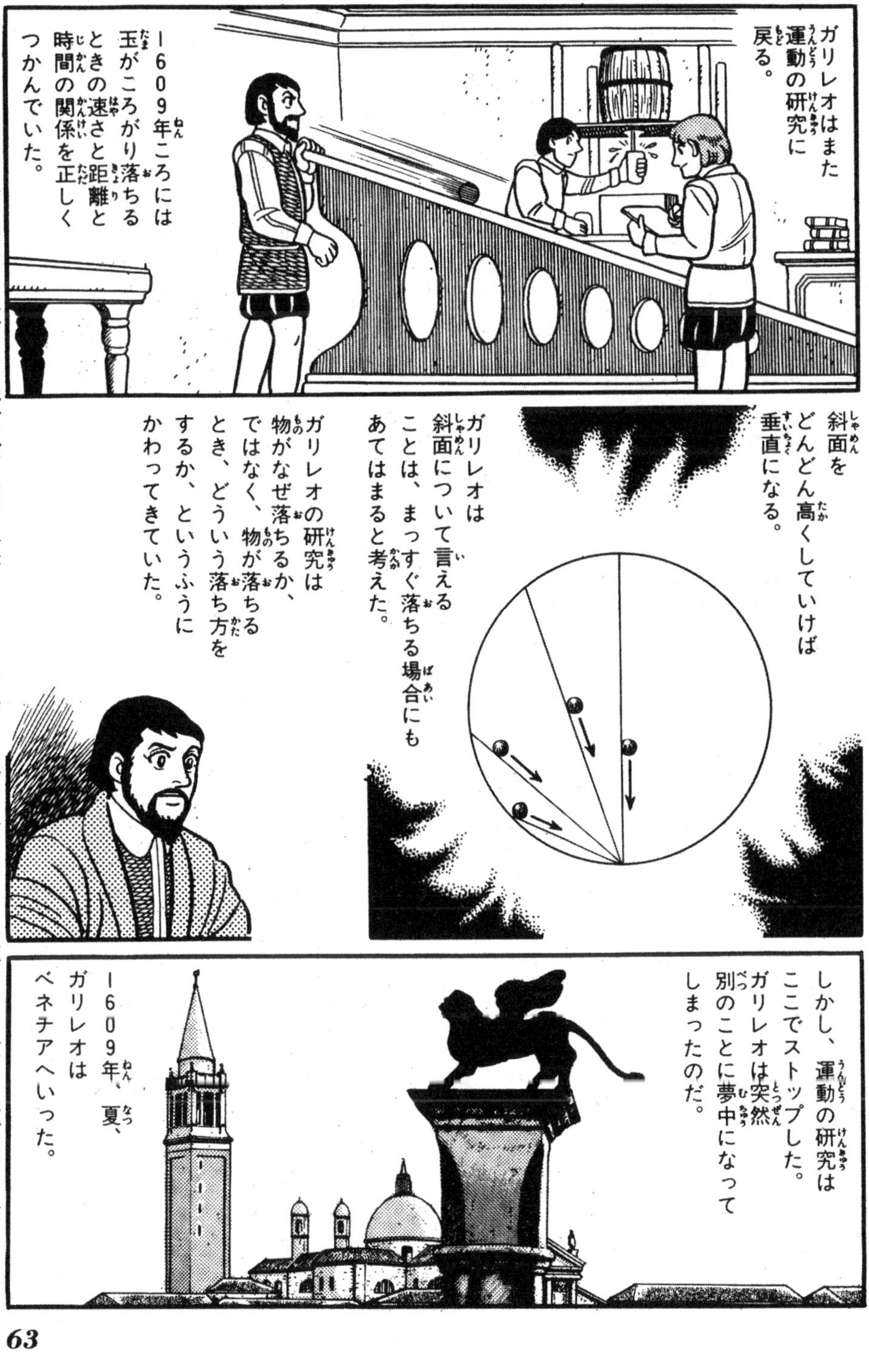
ガリレオはまた運動《うんどう》の研究《けんきゅう》に戻《もど》る。
1609年《ねん》ころには玉《たま》がころがり落《お》ちるときの速《はや》さと距離《きょり》と時間《じかん》の関係《かんけい》を正《ただ》しくつかんでいた。
斜面《しゃめん》をどんどん高《たか》くしていけば垂直《すいちょく》になる。
ガリレオは斜面《しゃめん》について言《い》えることは、まっすぐ落《お》ちる場合《ばあい》にもあてはまると考《かんが》えた。
ガリレオの研究《けんきゅう》は物《もの》がなぜ落《お》ちるか、ではなく、物《もの》が落《お》ちるとき、どういう落《お》ち方《かた》をするか、というふうにかわってきていた。
しかし、運動《うんどう》の研究《けんきゅう》はここでストップした。ガリレオは突然《とつぜん》別《べつ》のことに夢中《むちゅう》になってしまったのだ。
1609年《ねん》、夏《なつ》、ガリレオはベネチアへいった。

●落《お》ちる速《はや》さは落下《らっか》時間《じかん》に比例《ひれい》し、落下《らっか》距離《きょり》は落下《らっか》時間《じかん》の2乗《じじょう》に比例《ひれい》する。たとえば落《お》ちる時間《じかん》が3倍《ばい》になれば、落下《らっか》速度《そくど》は3倍《ばい》に、落下《らっか》距離《きょり》は9倍《ばい》になる。

ガリレオさんはオランダ人《じん》の発明《はつめい》をご存知《ぞんじ》ですか
？
何《なん》でしょう？
くわしくはないんですが…
2枚《まい》のレンズを組《く》み合《あ》わせて遠《とお》くのものをうんと近《ちか》くに見《み》せるものだそうです
それは本当《ほんとう》ですか？
パリの友人《ゆうじん》から聞《き》いたのです本当《ほんとう》のようです
おもしろい！
どういう構造《こうぞう》だろう？凹《おう》レンズと凸《とつ》レンズの組《く》み合《あ》わせだろうか？
サルピ神父《しんぷ》ありがとう
すぐにそれを研究《けんきゅう》してみます！
自分《じぶん》の工場《こうじょう》を持《も》っているガリレオは筒眼鏡《つつめがね》を作《つく》るのに没頭《ぼっとう》した。

●オランダで作《つく》られた望遠鏡《ぼうえんきょう》は、像《ぞう》がゆがむなど、まだ不完全《ふかんぜん》なものだった。

キューン
キュン
キュン
やったぞ
すばらしく
よく見《み》える
さっそく
ベネチアで
テストしてやろう
ベネチア
サンマルコ広場《ひろば》
1609年《ねん》――

政府《せいふ》のお偉方《えらがた》が集《あつ》まって何《なん》のお祭《まつ》りだい？
ガリレオさんがまた何《なに》か発明《はつめい》したんだとさ
ガリレオさん これが筒眼鏡《つつめがね》ですか
そうですッ総領閣下《そうりょうかっか》
おお！
わがベネチアの船《ふね》だ！ こんなに近《ちか》くに見《み》える
本当《ほんとう》ですか⁉
早《はや》く私《わたし》にも見《み》せてくれ

すばらしいぞ 敵《てき》の船《ふね》を早《はや》く見《み》つけ られるから海軍《かいぐん》にも 役《やく》に立《た》つものだ
そこのあなた 並《なら》んでくださいッ 私《わたし》も早《はや》く見《み》たいんだ
ガリレオさん すばらしい物《もの》を 作《つく》ってくださった
あなたの 給料《きゅうりょう》を今《いま》の 倍《ばい》さしあげ ましょう
しかも 終身雇用《しゅうしんこよう》に します ずっとベネチアに いてくださいよ
ガリレオの作《つく》った 望遠鏡《ぼうえんきょう》は 凸《とつ》レンズと凹《おう》レンズを 組《く》み合《あ》わせたもので 像《ぞう》もゆがまず
倍率《ばいりつ》は 9倍《ばい》くらい だった。

しかし、望遠鏡《ぼうえんきょう》による すばらしい発見《はっけん》は これからだった。
ガリレオは 倍率《ばいりつ》20倍《ばい》の望遠鏡《ぼうえんきょう》を 作《つく》っていた。
こ これが月《つき》か！ 山《やま》や谷《たに》みたいな ものが見《み》えるぞ
じゃあ 今《いま》だに正体《しょうたい》の わからない 天《あま》の川《がわ》は どうだろう…

おお！降《ふ》るような星《ほし》だ
天《あま》の川《がわ》は星《ほし》の集《あつ》まりだったんだ
ガリレオの望遠鏡《ぼうえんきょう》の威力《いりょく》はすばらしくそれは、まさに新《あたら》しい世界《せかい》の発見《はっけん》だった。

発見《はっけん》は さらに続《つづ》いた。
望遠鏡《ぼうえんきょう》を 木星《もくせい》に向《む》けた とき、
木星《もくせい》は 3つの星《ほし》を ともなっていた。
ところが次《つぎ》の日《ひ》 3つの星《ほし》は 位置《いち》を変《か》えていた。
さらにその星《ほし》は 4つあることが わかった。
何日《なんにち》も観測《かんそく》を続《つづ》け、 4つの星《ほし》は 木星《もくせい》のまわりを回《まわ》る 衛星《えいせい》だと結論《けつろん》した。
これは 大発見《だいはっけん》だ
地球《ちきゅう》だけが 宇宙《うちゅう》の中心《ちゅうしん》では なく
木星《もくせい》も 4つの月《つき》を持《も》つ 別《べつ》の中心《ちゅうしん》なのだ

ガリレオはますますコペルニクス説《せつ》に傾《かたむ》いていった。
望遠鏡《ぼうえんきょう》による発見《はっけん》を「星界《せいかい》の報告《ほうこく》」という本《ほん》にして出版《しゅっぱん》すると、
SIDEREVS NVNCIVS
GALILEO GALILEI
MEDICEA SIDERA
当然《とうぜん》たいへんな評判《ひょうばん》になったが——
あれはレンズに何《なに》か仕掛《しか》けがしてあるんだ
筒眼鏡《つつめがね》だってガリレオが発明《はつめい》したものじゃないんだ
この発見《はっけん》を信用《しんよう》しない人《ひと》も多《おお》かった。
これをのぞいてもらえば私《わたし》の発見《はっけん》が本当《ほんとう》だとわかります
ウーッいやだっ
そんな悪魔《あくま》の道具《どうぐ》なんぞ見《み》たくない！
アリストテレスはまちがっとりゃせんぞ！

そのころケプラーは神聖《しんせい》ローマ帝国《ていこく》の数学官《すうがくかん》になっていた。
ガリレオさんの発見《はっけん》はすばらしいものだ
私《わたし》も良《よ》い望遠鏡《ぼうえんきょう》があれば早《はや》くこの目《め》で見《み》たい
当時《とうじ》、木星《もくせい》の衛星《えいせい》が見《み》えるような望遠鏡《ぼうえんきょう》はガリレオのものしかなかったのだ。
残念《ざんねん》だ！
このころガリレオは故郷《こきょう》フィレンツェに戻《もど》ってメジチ家《け》お抱《かか》えの数学者《すうがくしゃ》になりたいと考《かんが》えていた。
トスカナ大公《たいこう》コジモ2世《せい》
そのため、自分《じぶん》の発見《はっけん》した木星《もくせい》の衛星《えいせい》に「メジチ星《せい》」と名前《なまえ》をつけた。
ガリレオのコマーシャルである。

ベネチアでは 私《わたし》は忙《いそが》し すぎるのだ
もっと自分《じぶん》の 研究《けんきゅう》の時間《じかん》が 欲《ほ》しい
そして 望《のぞ》みどおり トスカナ宮廷《きゅうてい》に 迎《むか》えられることに なった。
ガリレオは マリナ・ガンバと別《わか》れ 子《こ》どもを引《ひ》き取《と》って フィレンツェへ 向《む》かった。
私《わたし》はたくさんの 議論《ぎろん》をしてきた
しかし 本《ほん》に書《か》き とどめなければ 風《かぜ》の中《なか》に散《ち》っていく だけだ

1610年《ねん》9月《がつ》、46歳《さい》のときだった。
えっ ガリレオ先生《せんせい》はベネチアを離《はな》れてしまわれたのか!
私《わたし》は仕事《しごと》で外国《がいこく》へ行《い》っていたので知《し》らなかった
もし このサグレドがいればひきとめたろうに…
フィレンツェの宮廷《きゅうてい》にはベネチアのような自由《じゆう》があるのですか?
ガリレオ先生《せんせい》気《き》をつけてください

4　それでも地球《ちきゅう》は動《うご》く

●宗教裁判《しゅうきょうさいばん》●

ピサ大学特別数学者《だいがくとくべつすうがくしゃ》
トスカナ大公付首席数学者《たいこうづきしゅせきすうがくしゃ》
兼哲学者《けんてつがくしゃ》

ガリレオ・ガリレイ

フィレンツェに帰《かえ》ったガリレオは、大学《だいがく》で講義《こうぎ》する必要《ひつよう》はなく、研究《けんきゅう》と著作《ちょさく》に専念《せんねん》できた。

高《たか》いテラスのある家《いえ》へ引《ひ》っ越《こ》して天体観測《てんたいかんそく》を続《つづ》ける。

ガリレオは、土星《どせい》がへんな形《かたち》をしているのを発見《はっけん》していたが、さらに重大《じゅうだい》な発見《はっけん》をする。
ガリレオがはじめのころ観察《かんさつ》した土星《どせい》の形《かたち》

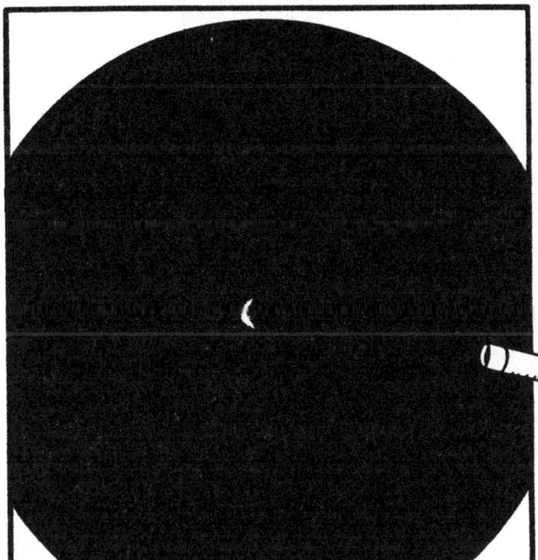

小《ちい》さなお月《つき》さまだ 金星《きんせい》には満《み》ち欠《か》けがある
これはコペルニクス説《せつ》を決定的《けっていてき》に確信《かくしん》させる証拠《しょうこ》になるぞ
先生《せんせい》 これはアリストテレス説《せつ》でもプトレマイオス説《せつ》でも説明《せつめい》できない現象《げんしょう》ですね
ゴホッ
ゴホッ
もちろんだ 太陽《たいよう》の回《まわ》りをまわっているからこそ満《み》ち欠《か》けがあるのだ
先生《せんせい》 だいじょうぶですか
うーん 寒《さむ》い夜《よる》の観測《かんそく》は体《からだ》にこたえる
ローマへ行《い》って新《あたら》しい発見《はっけん》をクラビウス先生《せんせい》に認《みと》めてもらえれば
新《あたら》しい発見《はっけん》をするたびに私《わたし》に反対《はんたい》する連中《れんちゅう》も考《かんが》えを変《か》えるかもしれない

1611年《ねん》3月《がつ》
ガリレオは2回目《かいめ》の
ローマ旅行《りょこう》に出《で》かけた。
法王《ほうおう》パウルス5世《せい》とも
会見《かいけん》し、ガリレオは
歓迎《かんげい》された。
クラビウス先生《せんせい》
お久《ひさ》しぶりです
「星界《せいかい》の報告《ほうこく》」は
私《わたし》たちも読《よ》みました
すばらしい発見《はっけん》です

●パウルス5世《せい》／1552年《ねん》〜1621年《ねん》。在位《ざいい》1605年《ねん》〜1621年《ねん》。

私《わたし》は他《ほか》にも金星《きんせい》の満《み》ち欠《か》けや太陽《たいよう》の黒《くろ》い点《てん》なども発見《はっけん》しました
ほう！そんなことが……
クラビウス先生《せんせい》ガリレオの発見《はっけん》は本当《ほんとう》なんですか？
まちがいないですね 私《わたし》たちローマ学院《がくいん》でも望遠鏡《ぼうえんきょう》で確認《かくにん》しました
ガリレオ先生《せんせい》あなたの発見《はっけん》には本当《ほんとう》に驚《おどろ》きました
私《わたし》はこのローマでリンチェイ学士院《がくしいん》というものを主催《しゅさい》しているチェシ公爵《こうしゃく》です
ぜひ 私《わたし》たちの会員《かいいん》になってください
このローマ旅行《りょこう》でガリレオの肩《かた》書きにリンチェイ学士院《がくしいん》会員《かいいん》が、つけ加《くわ》わった。

リンチェイ学士院《がくしいん》のマーク

●リンチェイ学士院《がくしいん》／フェデリコ・チェシ公爵《こうしゃく》が1603年《ねん》に創設《そうせつ》した。「リンチェイ」は山猫《やまねこ》のことで、「眼《め》の鋭《するど》いもの」の意味《いみ》。

ガリレオのローマ旅行《りょこう》は成功《せいこう》した。
しかし、ガリレオの考《かんが》える新《あたら》しい科学《かがく》は大学《だいがく》のスコラ学者《がくしゃ》だけでなく、権威《けんい》を取《と》り戻《もど》そうとしている教会《きょうかい》とも衝突《しょうとつ》することになる。
ドイツに、イエズス会《かい》の神父《しんぷ》でシャイナーという天文学者《てんもんがくしゃ》がいた。
シャイナー神父《しんぷ》は太陽《たいよう》の黒点《こくてん》を観測《かんそく》して本《ほん》を書《か》き、
アリストテレスの立場《たちば》にたって――完全《かんぜん》である太陽《たいよう》に黒《くろ》い点《てん》などあるはずがない
それは太陽《たいよう》に近《ちか》い星《ほし》の影《かげ》だと考えた。

●イエズス会《かい》／1534年《ねん》に創設《そうせつ》された修道会《しゅうどうかい》。カトリックの権威《けんい》の回復《かいふく》や海外布教《かいがいふきょう》に力《ちから》を入《い》れた。日本《にほん》に来《き》たフランシスコ・ザビエルもこの会員《かいいん》。

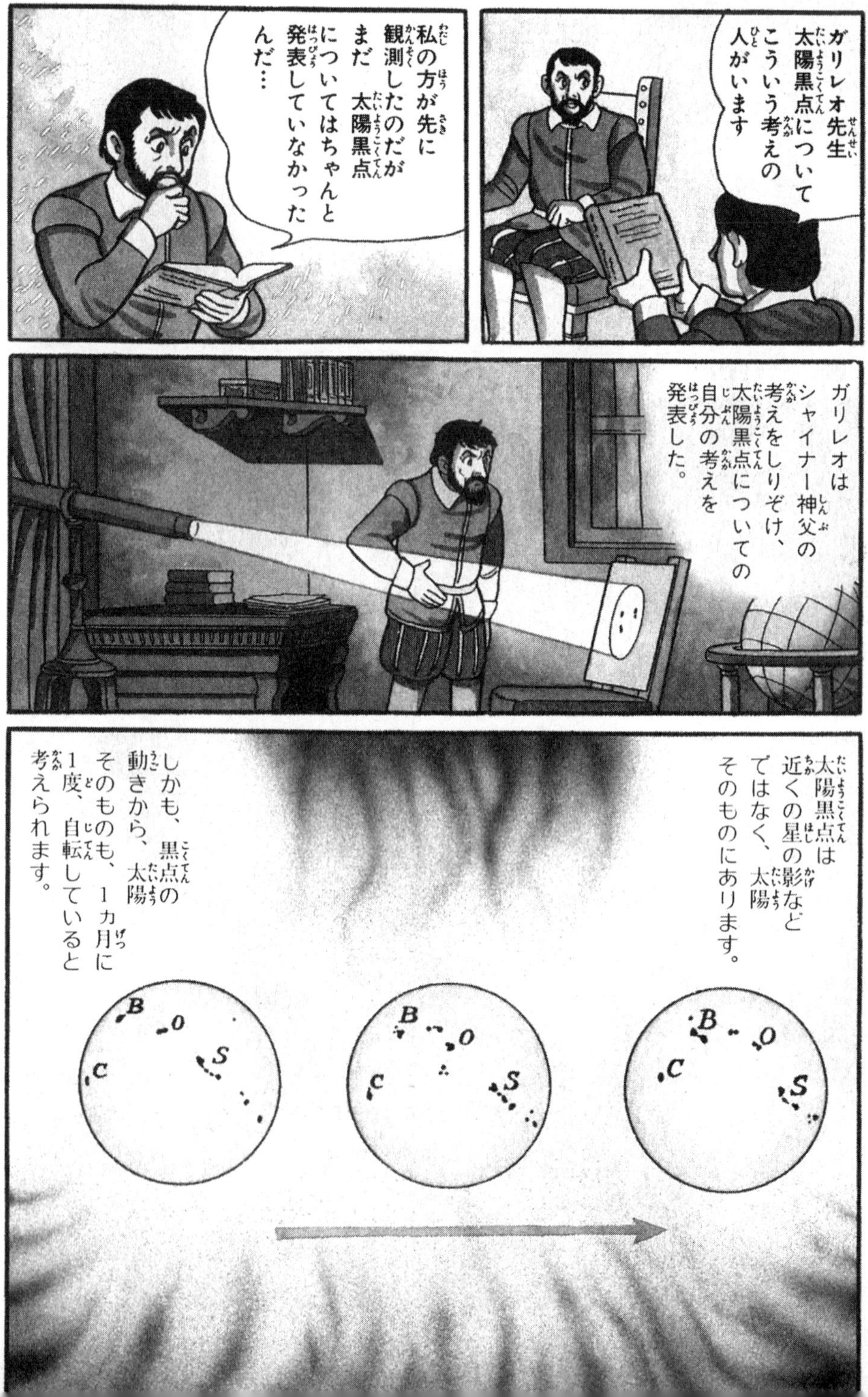

●シャイナー神父《しんぷ》／1575年《ねん》～1650年《ねん》。

こうして こんどは大学《だいがく》の スコラ学者《がくしゃ》では なく、イエズス会《かい》の 神父《しんぷ》と論争《ろんそう》する ことになって しまった。
ガリレオの本
論争《ろんそう》は こればかりでは なかった。
トスカナ宮廷《きゅうてい》の パーティー——
ははは
ほほほ
氷《こおり》は固《かた》まった 水《みず》ですから 水《みず》より重《おも》いのです
しかし 氷《こおり》は平《ひら》たい 形《かたち》をしている から水《みず》の抵抗《ていこう》 で浮《う》きます
それはちがいます 氷《こおり》は水《みず》より密度《みつど》が 小《ちい》さい つまり 水《みず》より軽《かる》いから 水《みず》に浮《う》くのです

な　何《なに》をおっしゃる
氷《こおり》は形《かたち》のせいで水《みず》に浮《う》くんです
私《わたし》はガリレオさんに賛成《さんせい》です
たとえば鉄《てつ》を紙《かみ》より薄《うす》くしても水《みず》に沈《しず》んでしまいます
そういえば小麦粉《こむぎこ》のような小《ちい》さいものでも何《なん》の抵抗《ていこう》もなく水《みず》に沈《しず》みますね
し　しかし私《わたし》は金箔《きんぱく》が水《みず》に浮《う》くのを見《み》たことがあります
あれは　やはり広《ひろ》くて平《たい》らな形《かたち》だから…
それは金箔《きんぱく》と水《みず》の間《あいだ》に空気《くうき》があるからです
空気《くうき》のせいで水《みず》に浮《う》くのは空《から》のヤカンが浮《う》くのと同《おな》じです
そんなことは認《みと》めません
実験《じっけん》してみればわかりますよ

言《い》いあらそうより 学者《がくしゃ》らしくちゃんと本《ほん》にしてはどうですか
望《のぞ》むところです
ガリレオはこの議論《ぎろん》を「水中《すいちゅう》の物体《ぶったい》」という本《ほん》にまとめた。
一方《いっぽう》、それに反対《はんたい》する本《ほん》も何冊《なんさつ》も書《か》かれた。
しかし、反論《はんろん》ばかりあったわけではない。
イエズス会士《かいし》の研究所《けんきゅうじょ》、ローマ学院《がくいん》では実験《じっけん》によってガリレオの説《せつ》を確《たし》かめていた。
われわれは教義上《きょうぎじょう》アリストテレスに反対《はんたい》できないが……
しかし 確《たし》かにガリレオさんの言《い》う通《とお》りだ

当時《とうじ》でも進歩的《しんぽてき》な学者《がくしゃ》はアリストテレスにもまちがいのあることを知《し》っていたが――
ただ、あえて反対《はんたい》することはなかったようだ。
ガリレオは父親《ちちおや》ゆずりの論争《ろんそう》好きで、毒舌家《どくぜっか》だったために、敵《てき》を作《つく》ることも多《おお》かったのである。
しかしこの時《とき》はガリレオも論争《ろんそう》にうんざりした。
こんなに反対《はんたい》する本《ほん》が出《で》たのか いちいち答《こた》えていてはきりがない
ガリレオ先生《せんせい》 私《わたし》が代《かわ》って答《こた》えましょう
おお カステリ神父《しんぷ》
先生《せんせい》は自分《じぶん》の研究《けんきゅう》にもっと時間《じかん》を使《つか》ってください
ありがたい たのみます
カステリ神父《しんぷ》はパドバ時代《じだい》からのガリレオの弟子《でし》であり親《した》しい友人《ゆうじん》でもあった。

1613年《ねん》12月《がつ》、このカステリ神父《しんぷ》がトスカナ宮廷《きゅうてい》に招《まね》かれたとき——
トスカナ大公《たいこう》の母君《ははぎみ》がお話《はなし》があるそうです
ガリレオさんのいろいろな発見《はっけん》はすばらしいものです　でもカステリさん…
ガリレオさんは地球《ちきゅう》は動《うご》くと考《かんが》えておられるそうですが…
それは聖書《せいしょ》に反《はん》するのじゃございませんか?

いいえ そんなことは ありません
カステリは ガリレオを 弁護《べんご》して その場《ば》は おさまったが――
うーん このことは ガリレオ先生《せんせい》に 知《し》らせよう
カステリ神父《しんぷ》からの知《し》らせですが…
え!? トスカナの宮廷《きゅうてい》でそんなことがあったのか
ガリレオは、すぐに カステリ神父《しんぷ》に 手紙《てがみ》を書《か》いて、
科学《かがく》と聖書《せいしょ》に ついての 自分《じぶん》の考《かんが》えを 述《の》べた。

ガリレオはこの大地《だいち》が動《うご》くという異端《いたん》の考《かんが》えを持《も》っています
ガリレオは貴族《きぞく》や学者《がくしゃ》だけが使《つか》うラテン語《ご》ではなくだれでも読《よ》めるイタリア語《ご》で本《ほん》を書《か》いています
このままだと異端《いたん》の考《かんが》えをどんどん広《ひろ》めていきますぞ
ガリレオをだまらせる策《さく》を考《かんが》えましょう
ここにガリレオが友人《ゆうじん》のカステリに書《か》いた手紙《てがみ》の写《うつ》しがある

この手紙《てがみ》の内容《ないよう》は異端《いたん》くさいぞ
これを証拠《しょうこ》にして異端審問所《いたんしんもんじょ》へガリレオを訴《うった》えましょう
あの頑固《がんこ》なガリレオにはいい薬《くすり》になりますぞ
ガリレオは、木星《もくせい》の衛星《えいせい》の観測《かんそく》を続《つづ》け、衛星《えいせい》が木星《もくせい》に隠《かく》れる「蝕《しょく》」がいつ起《お》こるか予報《よほう》できるまでになっていた。
ガリレオ先生《せんせい》ちょっと…
なに 異端審問所《いたんしんもんじょ》が私《わたし》を調《しら》べているのか!?

このころ、ガリレオや数学者《すうがくしゃ》に非難《ひなん》や説教《せっきょう》をする神父《しんぷ》も現《あらわ》れる。
数学《すうがく》は悪魔《あくま》の術《じゅつ》だ ガリレオをはじめ数学者《すうがくしゃ》を追放《ついほう》しよう
ガリレオは自分《じぶん》の考《かんが》えを正《ただ》しく知《し》ってもらおうといろいろな人《ひと》に手紙《てがみ》を書《か》いた。
科学《かがく》と聖書《せいしょ》は対立《たいりつ》しません… 科学《かがく》は科学《かがく》です…
手紙《てがみ》ばかりじゃだめだ
ローマへ行《い》って異端《いたん》の疑《うたが》いを晴《は》らしてコペルニクス説《せつ》に反対《はんたい》する人《ひと》を説得《せっとく》しよう
1615年《ねん》12月《がつ》ガリレオは、3回目《かいめ》のローマ旅行《りょこう》に出《で》かける。

ガリレオさん 今《いま》ローマでコペルニクス説《せつ》を話《はな》すのはまずいですよ
異端審問所《いたんしんもんじょ》があなたを調《しら》べている最中《さいちゅう》ですよ
しかしガリレオはいろいろな会《かい》に出席《しゅっせき》してコペルニクス説《せつ》を弁護《べんご》した。
1616年《ねん》2月《がつ》24日《か》、異端審問所《いたんしんもんじょ》の判決《はんけつ》が下《くだ》された。
「コペルニクス説《せつ》は聖書《せいしょ》に反《はん》する」と――
ガリレオはベルラルミーノ枢機卿《すうきけい》の家《いえ》で判決《はんけつ》を聞《き》かされる。

●ベルラルミーノ枢機卿《すうきけい》／1542年《ねん》～1621年《ねん》。「枢機卿《すうきけい》」とはローマカトリック教《きょう》で法王《ほうおう》を選挙《せんきょ》し、補佐《ほさ》する僧職《そうしょく》。

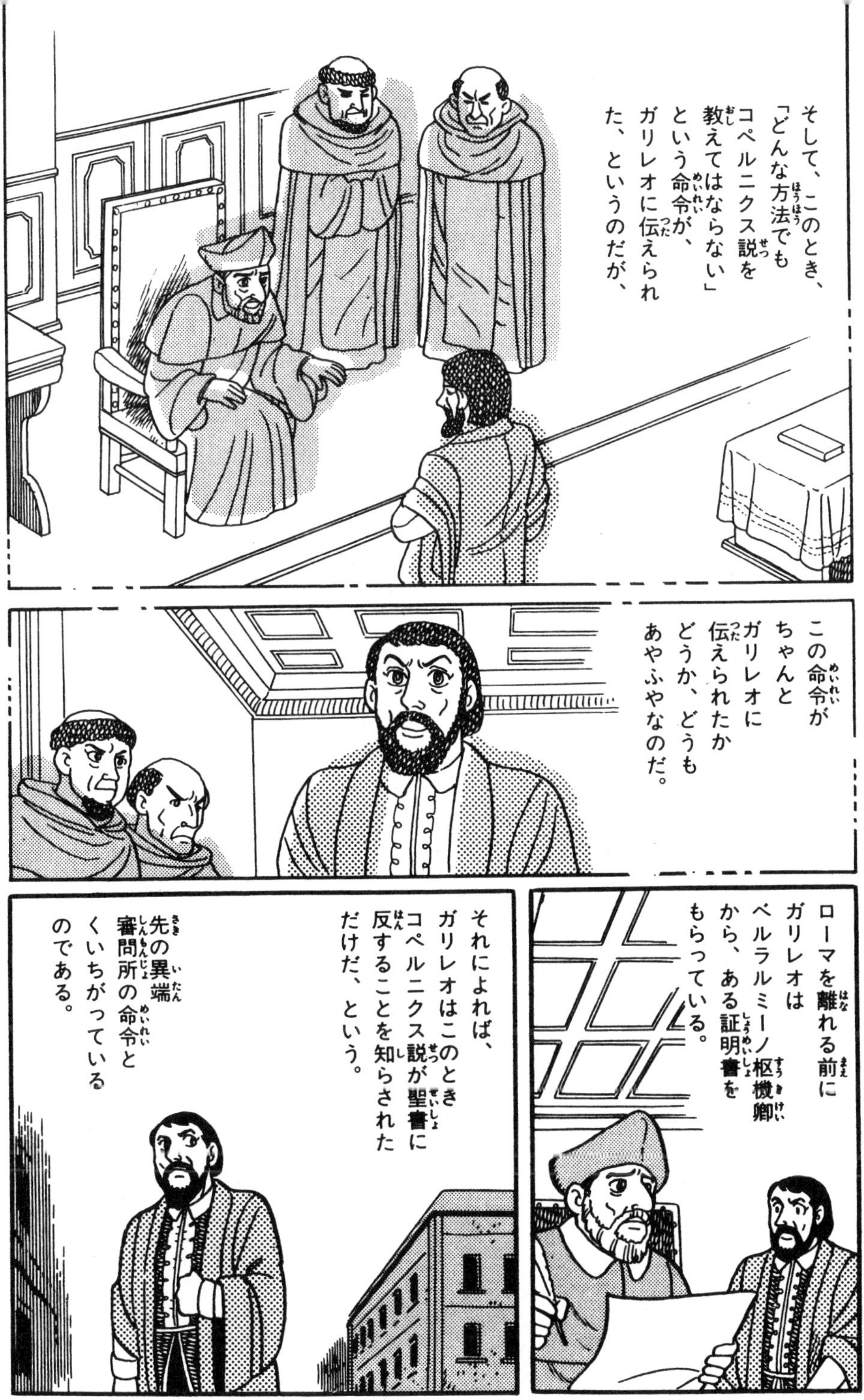
そして、このとき、「どんな方法《ほうほう》でもコペルニクス説《せつ》を教《おし》えてはならない」という命令《めいれい》が、ガリレオに伝《つた》えられた、というのだが、
この命令《めいれい》がちゃんとガリレオに伝《つた》えられたかどうか、どうもあやふやなのだ。
ローマを離《はな》れる前《まえ》にガリレオはベルラルミーノ枢機卿《すうきけい》から、ある証明書《しょうめいしょ》をもらっている。
それによれば、ガリレオはこのときコペルニクス説《せつ》が聖書《せいしょ》に反《はん》することを知《し》らされただけだ、という。
先《さき》の異端《いたん》審問所《しんもんじょ》の命令《めいれい》とくいちがっているのである。

このことは、後《のち》にやっかいな問題《もんだい》を引《ひ》き起《お》こすが――
とにかくガリレオは6月《がつ》に、苦労《くろう》の多《おお》かったローマからフィレンツェに帰《かえ》った。
私《わたし》は科学《かがく》についてもっと体系《たいけい》だった本《ほん》を書《か》きたいのだが…
ローマが許《ゆる》すだろうか…
1618年《ねん》の10月《がつ》から11月《がつ》にかけて、3つの彗星《すいせい》が現《あらわ》れた。

●旧教《きゅうきょう》と新教《しんきょう》／旧教《きゅうきょう》はカトリックのこと。宗教改革《しゅうきょうかいかく》によってカトリック教会《きょうかい》からわかれたキリスト教《きょう》を新教《しんきょう》という。

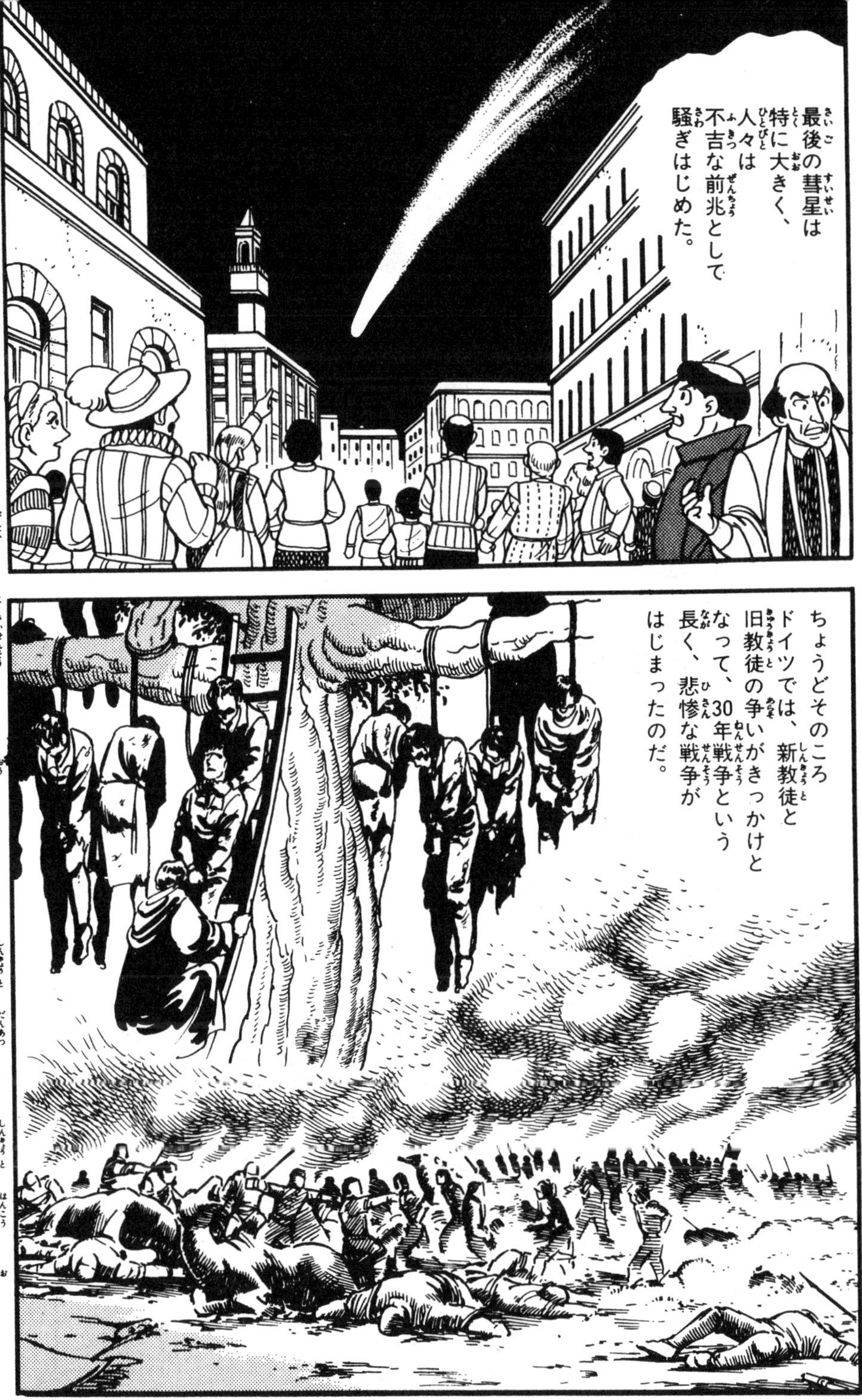
最後《さいご》の彗星《すいせい》は特《とく》に大《おお》きく、人々《ひとびと》は不吉《ふきつ》な前兆《ぜんちょう》として騒《さわ》ぎはじめた。
ちょうどそのころドイツでは、新教徒《しんきょうと》と旧教徒《きゅうきょうと》の争《あらそ》いがきっかけとなって、30年戦争《ねんせんそう》という長《なが》く、悲惨《ひさん》な戦争《せんそう》がはじまったのだ。

●**30年戦争《ねんせんそう》**／1618年《ねん》～1648年《ねん》。ドイツを舞台《ぶたい》にした国際戦争《こくさいせんそう》。ボヘミア王《おう》フェルディナンドが新教徒《しんきょうと》を弾圧《だんあつ》したため新教徒《しんきょうと》が反抗《はんこう》して起《お》こった。

DE TRIBVS COMETIS ANNI M. D.C XVIII
イエズス会士《かいし》のグラッシ神父《しんぷ》は彗星《すいせい》についての考《かんが》えを発表《はっぴょう》したが
ガリレオはこのとき持病《じびょう》で、彗星《すいせい》の観測《かんそく》ができなかった。
彗星《すいせい》について先生《せんせい》の意見《いけん》を教《おし》えてくれという人《ひと》の手紙《てがみ》がこんなにきています
こんな時《とき》に……
私《わたし》は　今《いま》天文学《てんもんがく》についてはは何《なに》も言《い》えないんだ
しかし　コペルニクスの説《せつ》に全《まった》くふれなければ何《なん》とかなるかもしれない
ガリレオの意見《いけん》は弟子《でし》の講演《こうえん》という形《かたち》で発表《はっぴょう》された。

この意見《いけん》はグラッシ神父《しんぷ》とまっこうから対立《たいりつ》するものだった。
とんでもないことだ
これはガリレオに反論《はんろん》しなければすまされないぞ
グラッシ神父《しんぷ》の激《はげ》しい反論《はんろん》の本《ほん》が書《か》かれ、
またもや大論争《だいろんそう》へと発展《はってん》してゆく。
ガリレオさんこんな本《ほん》にはすぐ反論《はんろん》しましょう
イエズス会士《かいし》たちは「ガリレオを亡《な》き者《もの》にする」なんてひどいことを言《い》ってますぞ
しかし先生《せんせい》イエズス会士《かいし》と争《あらそ》うのはまずいですよ
いや反論《はんろん》します

もう　皮肉《ひにく》に受《う》け答《こた》えするのはやめて徹底《てってい》して反論《はんろん》します
ガリレオは相手《あいて》の文章《ぶんしょう》に対《たい》して、しらみつぶしに反論《はんろん》していく
強烈《きょうれつ》な論争《ろんそう》の本《ほん》を書《か》きはじめた。
しかし、持病《じびょう》の発作《ほっさ》で、途中《とちゅう》、何度《なんど》も倒《たお》れた。
ガリレオ先生《せんせい》ローマからニュースですよ
1623年《ねん》、バルベリーニ枢機卿《すうきけい》が法王《ほうおう》に選《えら》ばれウルバヌス8世《せい》となった。
そうか　良《よ》いニュースだ
バルベリーニ枢機卿《すうきけい》は私《わたし》も知《し》っている科学《かがく》に理解《りかい》のある人《ひと》だ

●ウルバヌス8世《せい》／1568年《ねん》～1644年《ねん》。在位《ざいい》1623年《ねん》～1644年《ねん》。

これでひょっとして事態《じたい》は良《よ》くなるかもしれないぞ
よし　この本《ほん》はウルバヌス8世《せい》に捧《ささ》げよう
1623年《ねん》、この本《ほん》は「偽金鑑定官《にせがねかんていかん》」というタイトルで出版《しゅっぱん》された。
IL SAGGIATORE
哲学《てつがく》はこの宇宙《うちゅう》という書物《しょもつ》に数学《すうがく》の言葉《ことば》で書《か》かれています
円《えん》や三角《さんかく》などの文字《もじ》で書《か》かれているのです
それはローマでも大評判《だいひょうばん》になり、ウルバヌス8世《せい》も非常《ひじょう》に気《き》に入《い》ったという。

●フランチェスコ枢機卿《すうきけい》／1597年《ねん》～1679年《ねん》。ウルバヌス8世《せい》のおい。

ガリレオはこの本《ほん》を書《か》くのに3年《ねん》かかったそうだが
私《わたし》は3カ月《げつ》退屈《たいくつ》しのぎをするだけさ！
フン
ガリレオはその後《ご》4回目《かいめ》のローマ旅行《りょこう》に出《で》かける。
ガリレオさんお久《ひさ》しぶりです
これはフランチェスコさん　りっぱな枢機卿《すうきけい》におなりになった
これは新発明《しんはつめい》ですか？

小《ちい》さなものを レンズでうんと 拡大《かくだい》して見《み》せる 機械《きかい》です
フランチェスコさん 実《じつ》は 私《わたし》は新《あたら》しい 書物《しょもつ》を書《か》きたいの ですが…
それは コペルニクスと プトレマイオスの 世界体系《せかいたいけい》に ついてなのです
うーん まだコペルニクス 説《せつ》は禁止《きんし》された ままですが…
でも この間《あいだ》 法王《ほうおう》がおっしゃった のですが…
カトリック教《きょう》は コペルニクスの説《せつ》 など相手《あいて》にして おらぬ
あの説《せつ》は真実《しんじつ》で あると証明《しょうめい》できない から 異端《いたん》だと 判決《はんけつ》するつもりもない

そうですか
ひょっとするとコペルニクス説《せつ》を本《ほん》に書《か》けるかもしれない
ガリレオは新法王《しんほうおう》とも会見《かいけん》した。
ガリレオさんよく来《こ》られました
あなたの新《あたら》しい本《ほん》は読《よ》みました大変気《たいへんき》に入《い》っています
ありがとうございます
私《わたし》は次《つぎ》の本《ほん》を書《か》く用意《ようい》をしておりますそれは…
そうそうあなたは優秀《ゆうしゅう》な学者《がくしゃ》ですから…
あなたと子息《しそく》に年金《ねんきん》をさしあげましょう

コペルニクスのことになると話《はなし》をそらしてしまわれる
まだ禁止《きんし》はとけそうにないな
何《なに》かうまい方法《ほうほう》はないものだろうか…
ガリレオは考《かんが》えこみながらフィレンツェに帰《かえ》った。
カトリック教《きょう》がコペルニクス説《せつ》を禁止《きんし》しているうちに……
ひょっとして新教国《しんきょうこく》の人《ひと》がコペルニクス説《せつ》が真実《しんじつ》であると立証《りっしょう》してしまうかもしれない
そうすると新教徒《しんきょうと》たちはカトリック教徒《きょうと》は無知《むち》だと言《い》い出《だ》すだろう

そうならないうちに まずコペルニクス説《せつ》を徹底的《てっていてき》に研究《けんきゅう》して…
やはり まちがいだったという本《ほん》を書《か》けばどうだろう
そういう本《ほん》ならローマも許《ゆる》すだろうし
私《わたし》もコペルニクス説《せつ》について書《か》けるぞ
ガリレオは「天文対話《てんもんたいわ》」にとりかかった。
しかし、仕事《しごと》をさまたげるさまざまな事情《じじょう》があったのだ。
ひとつは持病《じびょう》の発作《ほっさ》である。命《いのち》が危《あぶ》ないときさえあった。

また、家庭内《かていない》のいざこざもあった。
ミケランジェロ おまえはドイツに帰《かえ》るのか?
ああ 兄《にい》さん でも帰《かえ》るには お金《かね》がいるんだ 新《あたら》しい楽器《がっき》も ほしいしね
お父《とう》さん ぼくだって来年《らいねん》 結婚《けっこん》するんだ 新《あたら》しい家《いえ》が ほしいよ
そうだったな でも もう少《すこ》し 待《ま》ってくれ
ちぇっ お父《とう》さんは イトコとか おじさんに大金《たいきん》を あげているのに
ぼくには 待《ま》ってくれ かよ
ビンツェンチオ わがまま 言《い》うんじゃ ないっ

弟《おとうと》も息子《むすこ》も
なかなか　ひとつの
仕事《しごと》に落《お》ちつかず、
お金《かね》のことも
からんで
ガリレオの
頭痛《ずつう》のタネ
になっていた。
プイ
こうして
著作《ちょさく》は
遅《おく》れがちだった。
シャイナー神父《しんぷ》が
また先生《せんせい》に反対《はんたい》
する本《ほん》を書《か》いて
いるそうです
あの太陽黒点《たいようこくてん》
で論争《ろんそう》した
人《ひと》だな
私《わたし》の本《ほん》も
急《いそ》がなければ
……
1630年《ねん》1月《がつ》
原稿《げんこう》が完成《かんせい》し、
ガリレオは
印刷許可《いんさつきょか》を
もらうために
ローマへ
交渉《こうしょう》にいった。

このときも法王《ほうおう》や枢機卿《すうきけい》に歓迎《かんげい》され、
ガリレオは満足《まんぞく》してフィレンツェに帰《かえ》る。
しかし本《ほん》はすんなりと出版《しゅっぱん》されたわけではない。
本《ほん》を出版《しゅっぱん》してくれるはずだったローマのチェシ公爵《こうしゃく》が、急病《きゅうびょう》で死《し》んでしまったのだ。
ローマで印刷《いんさつ》できなければフィレンツェでやろう
そのためには改《あらた》めて出版《しゅっぱん》許可《きょか》をもらわなければ…
ローマのトスカナ大使《たいし》が何度《なんど》も交渉《こうしょう》にあたった。
出版《しゅっぱん》の許可《きょか》を出《だ》すのは法王庁《ほうおうちょう》の図書検閲官《としょけんえつかん》である。
この検閲官《けんえつかん》はガリレオに好意的《こういてき》な人《ひと》だったが——

早《はや》く出版許可《しゅっぱんきょか》をください
ガリレオの本《ほん》の出版《しゅっぱん》に反対《はんたい》する人《ひと》がいて困《こま》っているんです
しかし　いつまでも待《ま》たせるわけにもいきませんし…
許可《きょか》を出《だ》すためには　いくつかの条件《じょうけん》があります
まず　このタイトルはまずいです変更《へんこう》してください
それとコペルニクス説《せつ》は　ただの仮説《かせつ》だとしてください
もう一《ひと》つ　1616年《ねん》にコペルニクス説《せつ》の禁止命令《きんしめいれい》が出《だ》されていることを書《か》いてください
そのことを守《まも》ってくだされば出版《しゅっぱん》していいでしょう
ありがたい交渉成立《こうしょうせいりつ》ですね

●天文対話《てんもんたいわ》／この本《ほん》には、地上《ちじょう》の現象《げんしょう》、天文現象《てんもんげんしょう》、潮汐現象《ちょうせきげんしょう》など、ガリレオの研究成果《けんきゅうせいか》のほとんどが盛《も》り込《こ》まれていた。

こうして1632年《ねん》「天文対話《てんもんたいわ》」は出版《しゅっぱん》された。
DIALOGO
DI
GALILEO GALILEI LINCEO
MATEMATICO SOPRAORDINARIO
GR. DVCADI TOSCANA
CON PRI VILEGI
「天文対話《てんもんたいわ》」は3人《にん》の人物《じんぶつ》の対話《たいわ》の形《かたち》で書《か》かれている。
その3人《にん》とはガリレオの代弁者《だいべんしゃ》サルビアチ、その友人《ゆうじん》サグレド、アリストテレス説《せつ》に忠実《ちゅうじつ》なシンプリチオである。
もし、地球《ちきゅう》が動《うご》いているのなら塔《とう》の上《うえ》から石《いし》を落《お》とすと石《いし》は塔《とう》から遠《とお》く離《はな》れたところに落《お》ちてしまうことになる。
そうです。そんなことは起《お》こらないから、地球《ちきゅう》は動《うご》いていないのです。

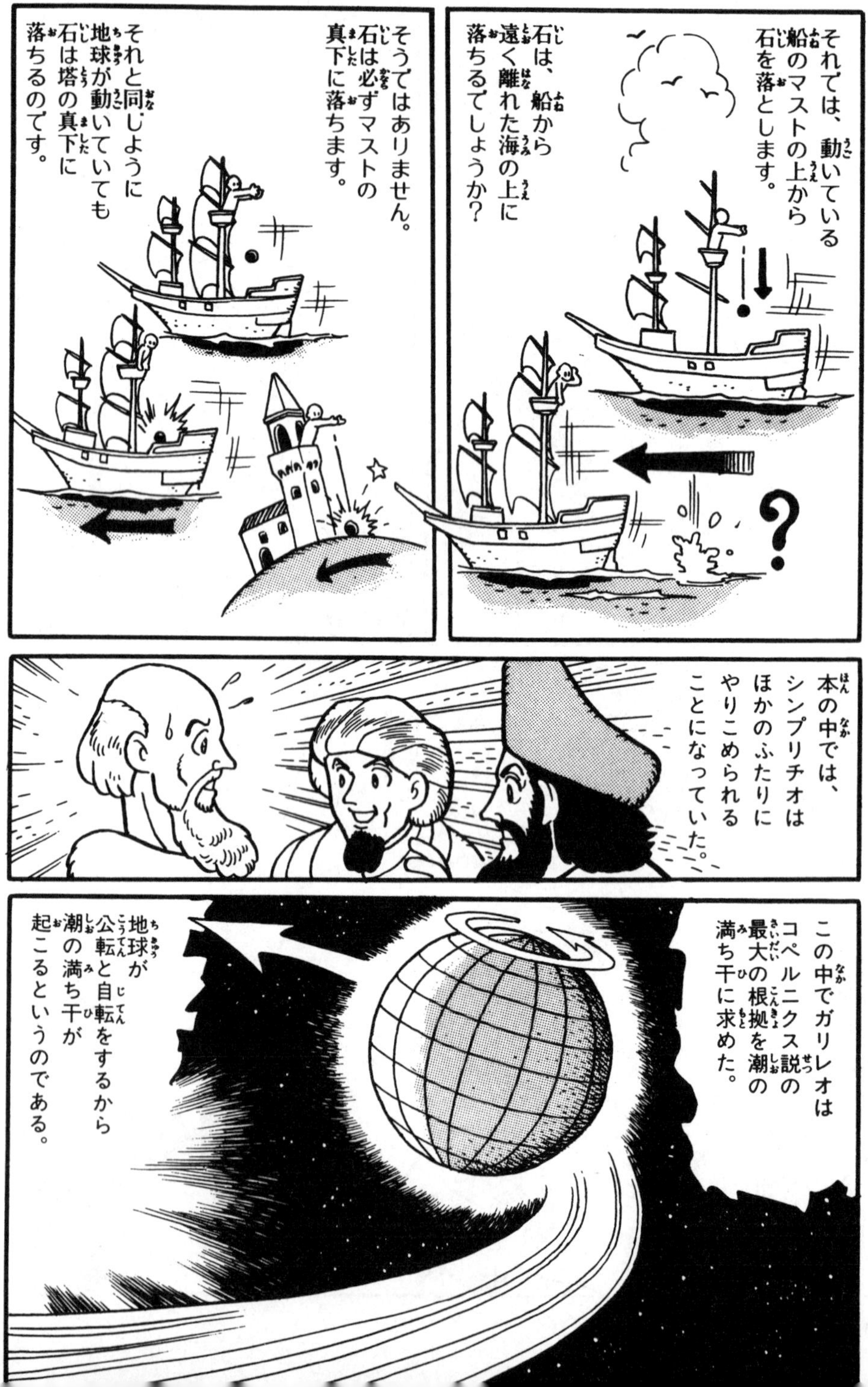
それでは、動《うご》いている船《ふね》のマストの上《うえ》から石《いし》を落《お》とします。
石《いし》は、船《ふね》から遠《とお》く離《はな》れた海《うみ》の上《うえ》に落《お》ちるでしょうか?
そうではありません。石《いし》は必《かなら》ずマストの真下《ました》に落《お》ちます。
それと同《おな》じように地球《ちきゅう》が動《うご》いていても石《いし》は塔《とう》の真下《ました》に落《お》ちるのです。
本《ほん》の中《なか》では、シンプリチオはほかのふたりにやりこめられることになっていた。
この中《なか》でガリレオはコペルニクス説《せつ》の最大《さいだい》の根拠《こんきょ》を潮《しお》の満《み》ち干《ひ》に求《もと》めた。
地球《ちきゅう》が公転《こうてん》と自転《じてん》をするから潮《しお》の満《み》ち干《ひ》が起《お》こるというのである。

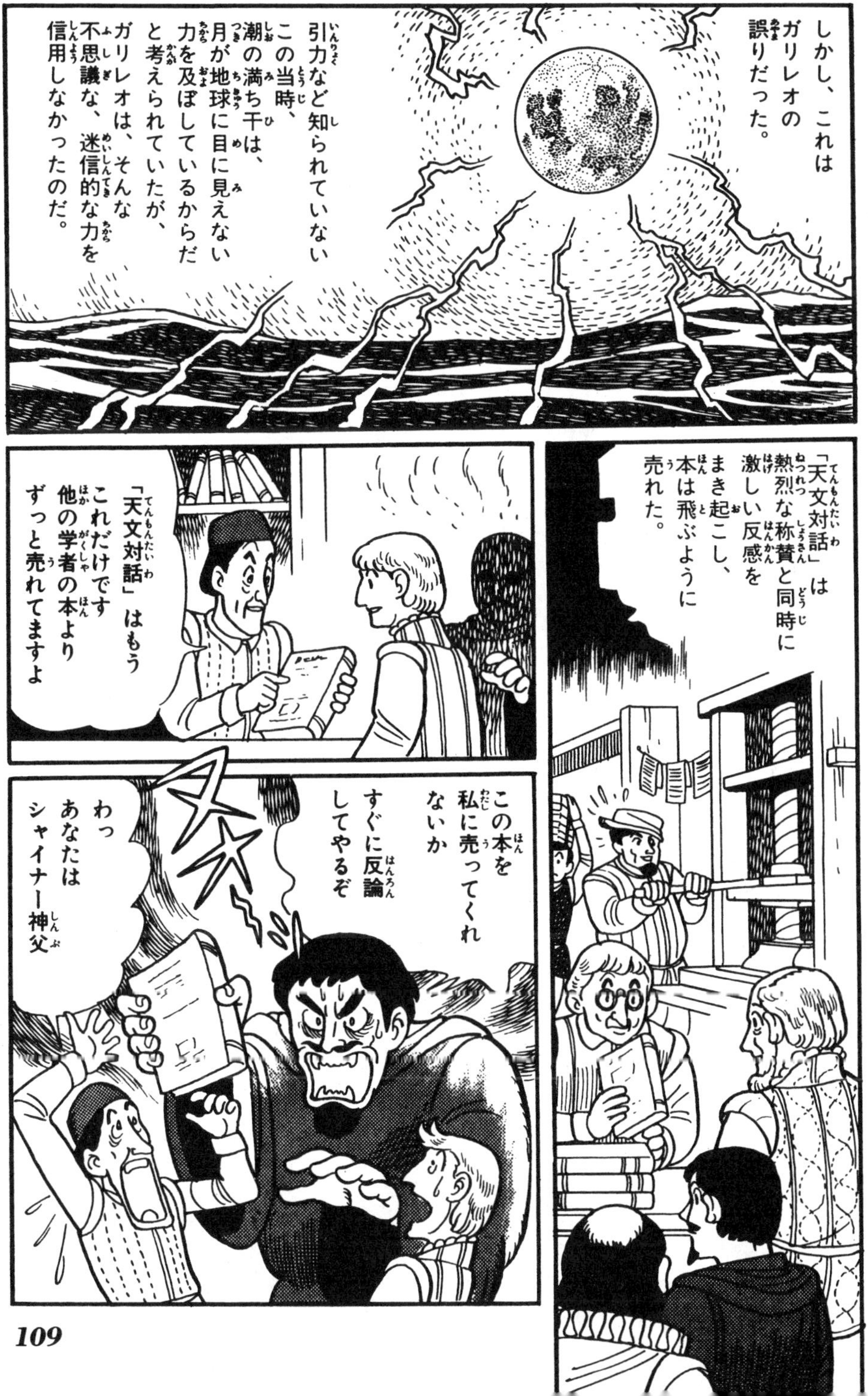
しかし、これはガリレオの誤《あやま》りだった。
引力《いんりょく》など知《し》られていないこの当時《とうじ》、潮《しお》の満《み》ち干《ひ》は、月《つき》が地球《ちきゅう》に目《め》に見《み》えない力《ちから》を及《およ》ぼしているからだと考《かんが》えられていたが、ガリレオは、そんな不思議《ふしぎ》な、迷信的《めいしんてき》な力《ちから》を信用《しんよう》しなかったのだ。
「天文対話《てんもんたいわ》」は熱烈《ねつれつ》な称賛《しょうさん》と同時《どうじ》に激《はげ》しい反感《はんかん》をまき起《お》こし、本《ほん》は飛《と》ぶように売《う》れた。
「天文対話《てんもんたいわ》」はもうこれだけです 他《ほか》の学者《がくしゃ》の本《ほん》よりずっと売《う》れてますよ
この本《ほん》を私《わたし》に売《う》ってくれないか すぐに反論《はんろん》してやるぞ
わっ あなたはシャイナー神父《しんぷ》

そして、ローマではなにかが起《お》こりはじめていた。
神学者《しんがくしゃ》たちは「天文対話《てんもんたいわ》」を禁書《きんしょ》にしようとしていた。
そしてローマにある「天文対話《てんもんたいわ》」は回収《かいしゅう》されてしまった。
本《ほん》を持《も》っていくなんてどういうことです ひどいじゃないですか
私《わたし》は言《い》われたことをやっているだけだよ
実《じつ》はこの本《ほん》のシンプリチオは法王様《ほうおうさま》がモデルでガリレオは法王様《ほうおうさま》をばかにしているといううわさがあるんだ
え!?

法王様《ほうおうさま》
ガリレオの件《けん》で
トスカナ大使《たいし》が
見《み》えています
ガリレオの宗教裁判《しゅうきょうさいばん》には
政治的《せいじてき》な策略《さくりゃく》があった、
といわれることもある。
ピィ
ピィ
このころドイツでは
30年戦争《ねんせんそう》が
たけなわだったが、
ウルバヌス8世《せい》は
ドイツの勢力《せいりょく》をくじくため
ドイツの敵国《てきこく》に
協力《きょうりょく》していた。
そして、ガリレオを
雇《やと》っているメジチ家《け》は
ドイツの後押《あとお》しによって
トスカナ大公《たいこう》になっていたのだ。

ガリレオを処罰《しょばつ》することは、トスカナ大公《たいこう》に、ひいてはドイツに一撃《いちげき》を加《くわ》えることになるのだった。
チチチチ
ピィ ピィ
厳《きび》しい国際情勢《こくさいじょうせい》の中《なか》でウルバヌス8世《せい》はそんなことも考《かん》えたかもしれない。
ええい鳥《とり》がうるさい
チチチ…
あの鳥《とり》を殺《ころ》してしまえ!
ガリレオの本《ほん》のことでまいりました
あのガリレオは最《もっと》も危険《きけん》な問題《もんだい》に手《て》を触《ふ》れたのだっ
「天文対話《てんもんたいわ》」は禁書《きんしょ》にする
そんな…せめて理由《りゆう》をおっしゃってください

どうしてこうなったかはガリレオが一番《いちばん》よく知《し》っているはずだ
法王様《ほうおうさま》！かりにもガリレオはトスカナ大公《たいこう》につかえる数学者《すうがくしゃ》ですぞそんなムチャなことは……
それじゃあトスカナ大公《たいこう》が自分《じぶん》でガリレオを処罰《しょばつ》しなさい
それがイヤなら大公《たいこう》は口出《くちだ》しをしないでもらおう
待《ま》ってください
会見《かいけん》は終《お》わりです
法王様《ほうおうさま》はお忙《いそが》しいのですおひきとりください
これはひどいことになった…

そのころ
ガリレオは
アルチェトリという
ところにある別荘《べっそう》で
静《しず》かな研究生活《けんきゅうせいかつ》を
送《おく》っていた。
すぐ近《ちか》くに
修道女《しゅうどうじょ》になった
ふたりの娘《むすめ》のいる
修道院《しゅうどういん》があり、
ガリレオは
娘《むすめ》に会《あ》うために
よく修道院《しゅうどういん》へ
いった。
さあ　ビルジニア
時計《とけい》の修理《しゅうり》が
できたよ
まあ　お父《とう》さん
ありがとう
助《たす》かるわ

●長女《ちょうじょ》ビルジニアは１６１６年《ねん》に修道女《しゅうどうじょ》マリア・チェレステとなり、翌《よく》１６１７年《ねん》、次女《じじょ》リビアが修道女《しゅうどうじょ》アルカンジョラとなった。

修道院《しゅうどういん》の規則《きそく》正《ただ》しい生活《せいかつ》にはないと不便《ふべん》ですからね
もっと正確《せいかく》な時計《とけい》ができればいいんだがね
また用事《ようじ》があればいつでも言《い》いなさい
もうぶどうが収穫《しゅうかく》の時期《じき》だな
ワインが楽《たの》しみじゃ
先生《せんせい》役人《やくにん》がきています
ガリレオさんローマからの命令《めいれい》を伝《つた》えます

ローマの異端審問所《いたんしんもんじょ》に今月中《こんげつちゅう》に出頭《しゅっとう》してください
何《なん》ですと!?
これは命令《めいれい》ですわかりましたね
また私《わたし》が異端《いたん》だと言《い》うのか?
私《わたし》は ずっとカトリックの信者《しんじゃ》だった
私《わたし》の科学《かがく》は異端《いたん》ではない私《わたし》は正《ただ》しいのだ!!

そのころイタリアでは恐《おそ》ろしい伝染病《でんせんびょう》ペストが大流行《だいりゅうこう》していた。
町《まち》では死者《ししゃ》がたくさん出《で》ていて、ローマへいくことも、非常《ひじょう》に危険《きけん》なことだった。
そのうえガリレオも持病《じびょう》の発作《ほっさ》で倒《たお》れてしまう。
これでは動《うご》けない ローマ出頭《しゅっとう》は延期《えんき》してもらうよう お願《ねが》いしよう
そんな口実《こうじつ》は聞《き》きたくない
鎖《くさり》をつけてでも連《つ》れてくるのだ
トスカナ大公《たいこう》フェルディナンド2世《せい》
法王命令《ほうおうめいれい》だ 私《わたし》にもどうしようもないが せめて宮廷《きゅうてい》の乗《の》り物《もの》でローマへ送《おく》ってやろう

●フェルディナンド2世《せい》／1610年《ねん》～1670年《ねん》。

1633年《ねん》1月《がつ》、69歳《さい》のガリレオはペストの流行《りゅうこう》の中《なか》をローマへと旅立《たびだ》った。
カァァ
アァー!
病院《びょういん》へ行《い》く患者《かんじゃ》だろうか…
しかし ペストに治療法《ちりょうほう》はないのだ
あの煙《けむり》は死体《したい》を焼《や》いているのだろうか……
メメント・モリ(死《し》を忘《わす》れるなかれ)…

私《わたし》も そう長《なが》くは 生《い》きられないが
私《わたし》の新《あたら》しい 科学《かがく》を完成《かんせい》 させたい…
2月《がつ》、ガリレオはローマに 到着《とうちゃく》した。
主《しゅ》よ お父《とう》さんを お守《まも》りください
もし 監獄《かんごく》に入《はい》る ようなことがあれば 私《わたし》が代《かわ》って入《はい》ります
父思《ちちおも》いの長女《ちょうじょ》 ビルジニアは ガリレオを 元気《げんき》づけようと
たくさんの 手紙《てがみ》を 書《か》き送《おく》った。
ローマ フィレンツェ 大使館《たいしかん》——

ガリレオさん 私《わたし》が調《しら》べたところでは
あなたは1616年《ねん》のコペルニクス説禁止命令《せつきんしめいれい》にそむいた罪《つみ》で裁判《さいばん》にかけられるのです
それなら私《わたし》には言《い》い分《ぶん》がある
4月《がつ》12日《にち》、審問《しんもん》がはじまった。
私《わたし》はコペルニクス説《せつ》は　あくまで仮説《かせつ》として扱《あつか》いました
しかし1616年《ねん》の禁止命令《きんしめいれい》ではコペルニクス説《せつ》は「どんな方法《ほうほう》でも教《おし》えてはいけない」となっています 仮説《かせつ》でもいけないはずですぞ

「どんな方法《ほうほう》でも教《おし》えてはいけない」という言葉《ことば》は覚《おぼ》えていません
その時《とき》伝《つた》えられた内容《ないよう》は ベルラルミーノ枢機卿《すうきけい》の証明書《しょうめいしょ》があります
そこにはそんな言葉《ことば》はありません
ガリレオの持《も》っていた証明書《しょうめいしょ》と異端審問所《いたんしんもんじょ》の命令《めいれい》とはくい違《ちが》っていた。
しかし、今《いま》となってはどちらが正《ただ》しいのかわからない。
このままでは裁判《さいばん》は進《すす》まない……
1回目《かいめ》の審問《しんもん》のあと裁判官《さいばんかん》が、ひそかにガリレオの部屋《へや》を訪《おとず》れた。
ガリレオさん このままでは……
あなたを拷問《ごうもん》にかけて自白《じはく》させることになります

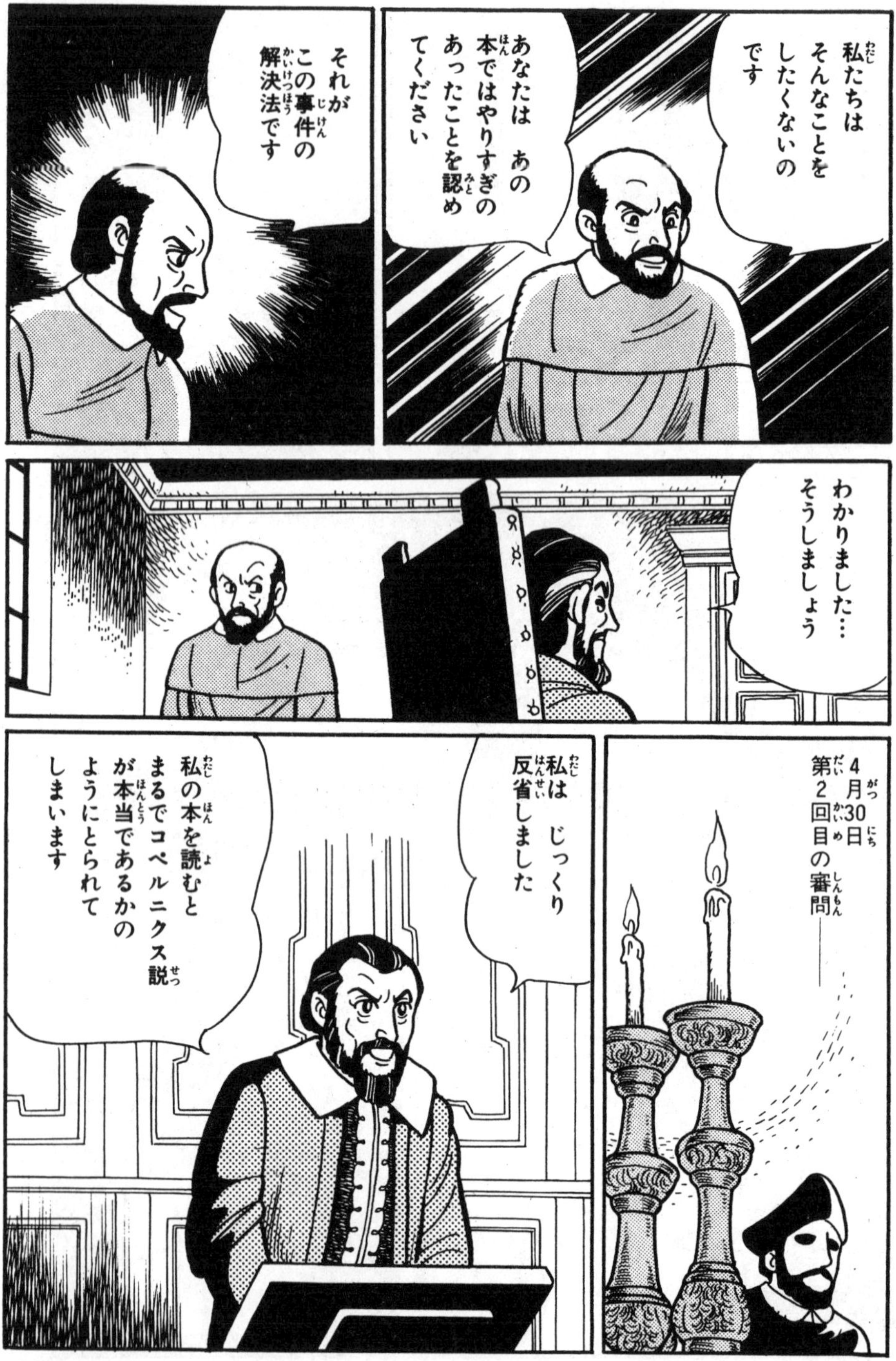
私《わたし》たちは そんなことをしたくないのです
あなたは あの本《ほん》ではやりすぎのあったことを認《みと》めてください
それがこの事件《じけん》の解決法《かいけつほう》です
わかりました…そうしましょう
4月《がつ》30日《にち》第《だい》2回目《かいめ》の審問《しんもん》——
私《わたし》は じっくり反省《はんせい》しました
私《わたし》の本《ほん》を読《よ》むとまるでコペルニクス説《せつ》が本当《ほんとう》であるかのようにとられてしまいます

それは　私《わたし》の誤《あやま》りでした
自分《じぶん》が賢《かしこ》いと思《おも》われたいための空《むな》しい野心《やしん》でした…
しかし、このあとガリレオは、またも、1616年《ねん》の禁止命令《きんしめいれい》にはそむいていない、と文章《ぶんしょう》に書《か》いて提出《ていしゅつ》したのだ。
まだ　こんなことを言《い》うのか！
ガリレオが本当《ほんとう》にコペルニクス説《せつ》を捨《す》てたかどうかもう一度《いちど》尋問《じんもん》しなさい
本当《ほんとう》のことを言《い》わないなら拷問《ごうもん》にかけるとおどしなさい
6月《がつ》21日《にち》、再《ふたた》び審問《しんもん》——
あなたは「天文対話《てんもんたいわ》」でコペルニクス説《せつ》をとっていますね

私《わたし》は禁止命令《きんしめいれい》が出《で》てからはコペルニクス説《せつ》をとっていません
仮説《かせつ》として扱《あつか》ったのです
あなたの本当《ほんとう》の気持《きも》ちを言《い》いなさい
でないと拷問《ごうもん》にかけますよ
私《わたし》は服従《ふくじゅう》するためにここにいるのです
禁止命令《きんしめいれい》の後《あと》はコペルニクス説《せつ》をとっていません
次《つぎ》の日《ひ》、判決《はんけつ》が下《くだ》された。
ガリレオは生涯《しょうがい》、投獄《とうごく》されることになり、「天文対話《てんもんたいわ》」は禁書《きんしょ》となった。
そしてガリレオは異端《いたん》の考《かんが》えを捨《す》てることを誓《ちか》う儀式《ぎしき》「異端誓絶《いたんせいぜつ》」をおこなう……
……わたくしは…偽《いつわ》りなき信仰心《しんこうしん》をもって……異端《いたん》の学説《がくせつ》を呪《のろ》い……嫌《きら》う…

しかし
それでも
……

地球《ちきゅう》は動《うご》く
のだ

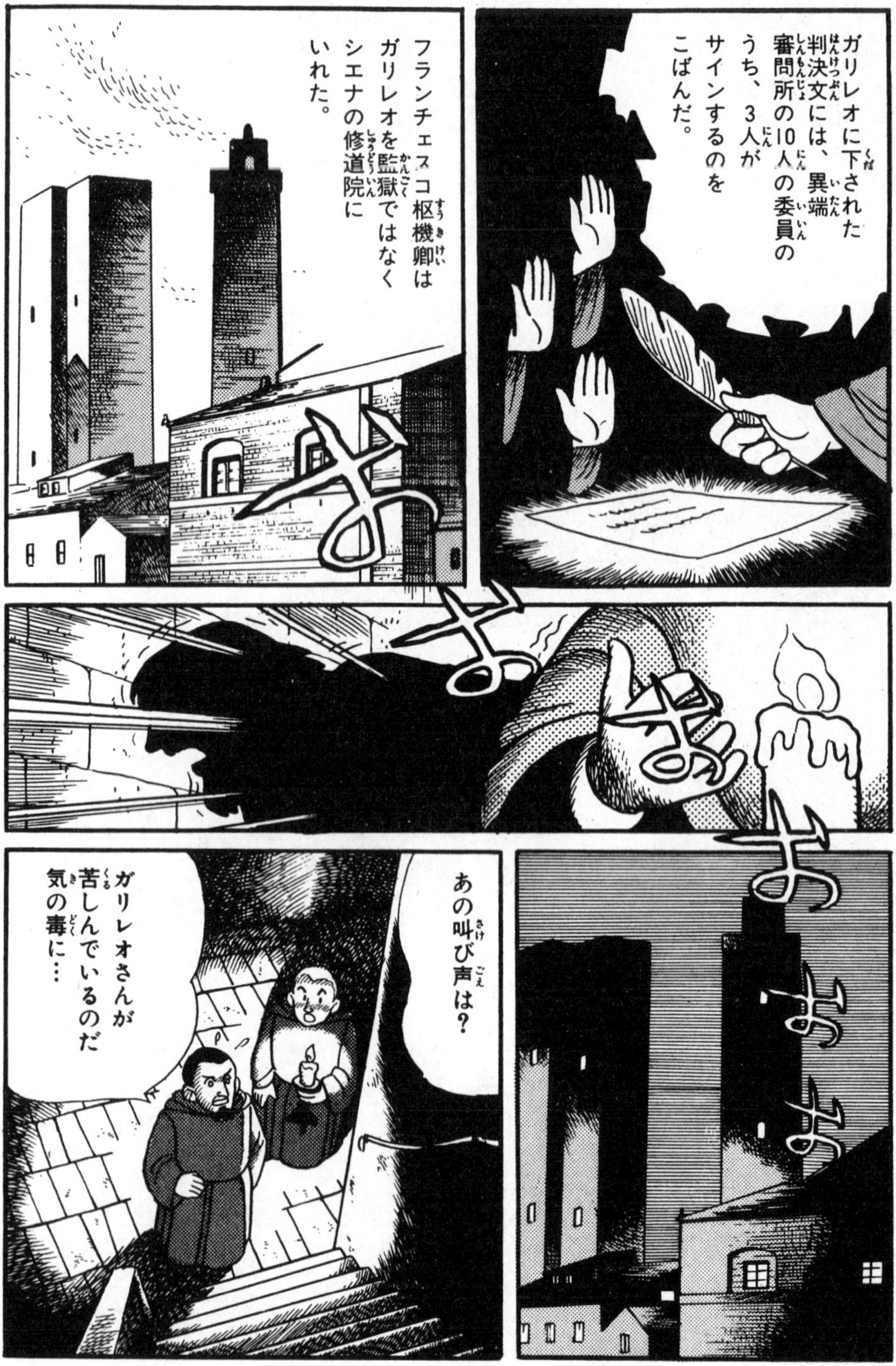
ガリレオに下《くだ》された判決文《はんけつぶん》には、異端《いたん》審問所《しんもんじょ》の10人《にん》の委員《いいん》のうち、3人《にん》がサインするのをこばんだ。
フランチェスコ枢機卿《すうきけい》はガリレオを監獄《かんごく》ではなくシエナの修道院《しゅうどういん》にいれた。
お
おお
おおお
あの叫《さけ》び声《ごえ》は?
ガリレオさんが苦《くる》しんでいるのだ気《き》の毒《どく》に…

ガリレオの裁判《さいばん》のことをきいたフランスの大哲学者《だいてつがくしゃ》デカルトは
コペルニクス説《せつ》を支持《しじ》した自分《じぶん》の論文《ろんぶん》をかくしてしまい、死《し》ぬまで発表《はっぴょう》しなかった。
ガリレオをせめてアルチェトリの別荘《べっそう》に帰《かえ》してもらえませんか
法王《ほうおう》にたのんでみましょう
12月《がつ》、やっとアルチェトリに帰《かえ》ってよいという許可《きょか》がおりた。
ガリレオは残《のこ》りの生涯《しょうがい》をアルチェトリの別荘《べっそう》で幽閉《ゆうへい》の生活《せいかつ》を送《おく》る。

●デカルト／1596年《ねん》～1650年《ねん》。フランスの哲学者《てつがくしゃ》・数学者《すうがくしゃ》・自然科学者《しぜんかがくしゃ》。「近代哲学《きんだいてつがく》の始祖《しそ》」と呼《よ》ばれる。

5　最後《さいご》の大作《たいさく》「新科学対話《しんかがくたいわ》」

●力学《りきがく》・運動論《うんどうろん》の完成《かんせい》●

ビルジニア（マリア・チェレステ尼《に》）はガリレオにかわって毎週《まいしゅう》、悔罪詩篇《かいざいしへん》を唱《とな》えていた。
この、父思《ちちおも》いのやさしい娘《むすめ》がガリレオの精神的《せいしんてき》な支《ささ》えだった。
1634年《ねん》4月《がつ》——
お父《とう》さん 姉《ねえ》さんが急病《きゅうびょう》よっ
このときガリレオ自身《じしん》も重《おも》い病気《びょうき》だった。
お気《き》の毒《どく》ですが……

●悔罪詩篇《かいざいしへん》／罪《つみ》を悔《く》やみ、神《かみ》にゆるしを求《もと》める祈《いの》り。

おお ビルジニア!
うおおっ
私《わたし》がこんなことにならなければ
娘《むすめ》も もっと生《い》きられたかも…
そのうえ、ローマから役人《やくにん》がきていて
ガリレオさん医者《いしゃ》にみてもらうためフィレンツェに行《い》きたいとか
ローマに願《ねが》い事《ごと》をするのはやめてください あなたは幽閉《ゆうへい》の身《み》ですぞ

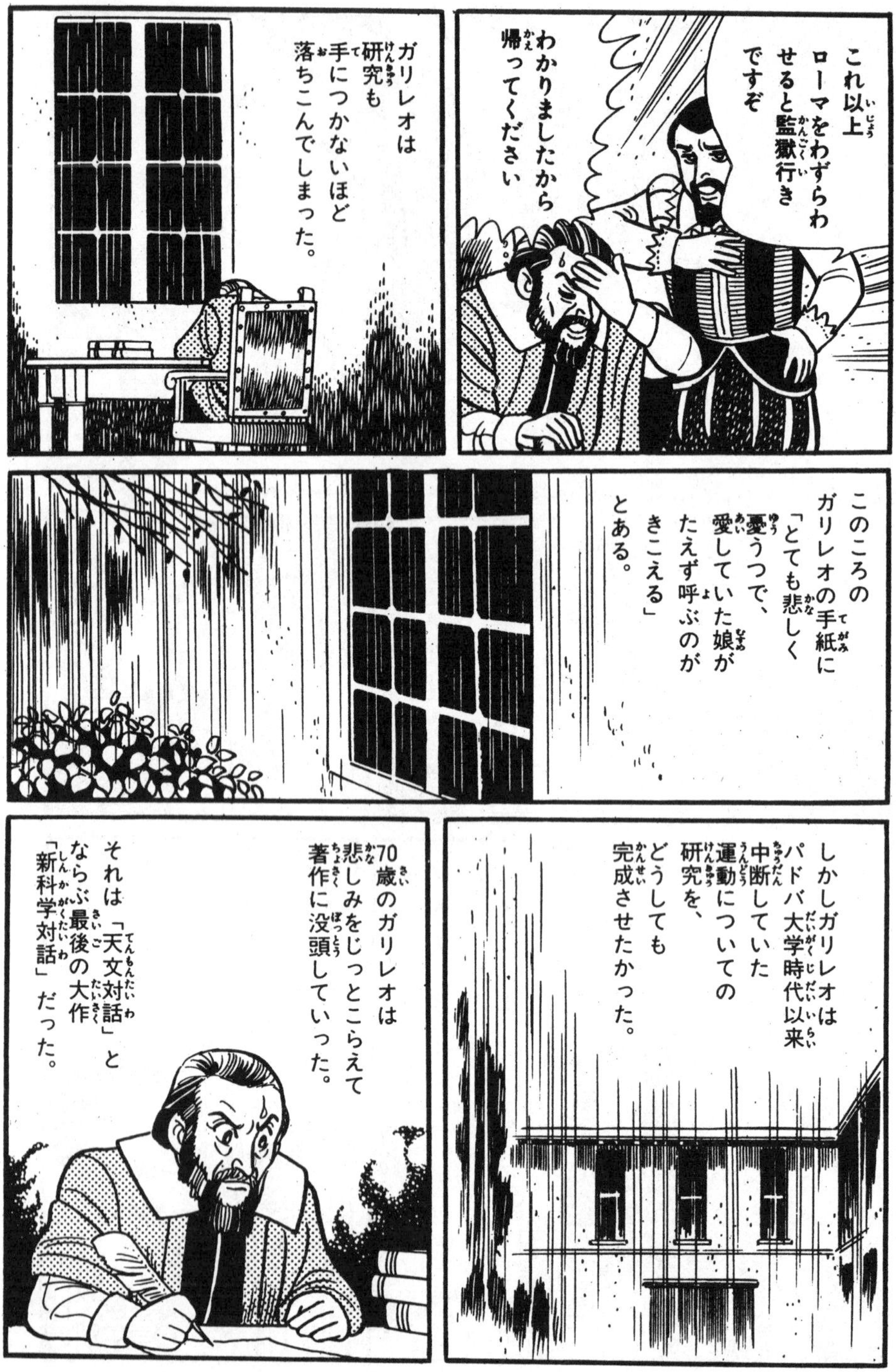
これ以上《いじょう》ローマをわずらわせると監獄《かんごく》行《い》きですぞ
わかりましたから帰《かえ》ってください
ガリレオは研究《けんきゅう》も手《て》につかないほど落《お》ちこんでしまった。
このころのガリレオの手紙《てがみ》に「とても悲《かな》しく憂《ゆう》うつで、愛《あい》していた娘《むすめ》がたえず呼《よ》ぶのがきこえる」とある。
しかしガリレオはパドバ大学時代以来《だいがくじだいいらい》中断《ちゅうだん》していた運動《うんどう》についての研究《けんきゅう》を、どうしても完成《かんせい》させたかった。
70歳《さい》のガリレオは悲《かな》しみをじっとこらえて著作《ちょさく》に没頭《ぼっとう》していった。
それは「天文対話《てんもんたいわ》」とならぶ最後《さいご》の大作《たいさく》「新科学対話《しんかがくたいわ》」だった。

しかし大《おお》きな
問題《もんだい》があった。
だれが
ガリレオの本《ほん》を
出版《しゅっぱん》して
くれるか、だ。
ベネチアでも
出版《しゅっぱん》の許可《きょか》はおりず
ドイツでもイエズス会《かい》の
反対《はんたい》にあって、
とんでもない
結局《けっきょく》、許可《きょか》のいらない
新教国《しんきょうこく》、オランダで
出版《しゅっぱん》されることになった。
原稿《げんこう》は、ベネチアの
友人《ゆうじん》を通《とお》して
オランダへ運《はこ》ばれ、
できあがった部分《ぶぶん》から
すぐに印刷《いんさつ》された。

次《つぎ》つぎと新《あたら》しい
考《かんが》えが浮《う》かんで
きて　すぐに前《まえ》の
考《かんが》えをくつがえ
してしまう
私《わたし》には時間《じかん》が
ないんだ
完成《かんせい》を
急《いそ》がなければ
……
ウ…くそっ
目《め》の病気《びょうき》が
ひどくなってきた
涙《なみだ》が止《と》まらない
息《いき》づまる
緊張感《きんちょうかん》のなかで
ガリレオは
原稿《げんこう》を書《か》きあげる。
1638年《ねん》7月《がつ》、
「新科学対話《しんかがくたいわ》」は
オランダで出版《しゅっぱん》された。

この本《ほん》にも
「天文対話《てんもんたいわ》」と同《おな》じ
3人《にん》の人物《じんぶつ》が登場《とうじょう》し
話《はなし》を進《すす》めてゆく。
密度《みつど》の大《おお》きな物《もの》ほど
水《みず》の中《なか》でも空気《くうき》の中《なか》でも
より速《はや》く落《お》ちます。
それは
密度《みつど》の大《おお》きい物《もの》ほど
水《みず》や空気《くうき》の抵抗《ていこう》に
うちかちやすいからです。
鉄《てつ》の玉《たま》は水《みず》の中《なか》より
空気《くうき》の中《なか》のほうが
速《はや》く落《お》ちますが、
それは水《みず》より空気《くうき》のほうが
抵抗《ていこう》が少《すく》ないからです。
では、まったく抵抗《ていこう》のない
真空《しんくう》のなかを、物《もの》が
落《お》ちるとすると……？
密度《みつど》に関係《かんけい》なく
すべて同《おな》じ速《はや》さで
落《お》ちます。

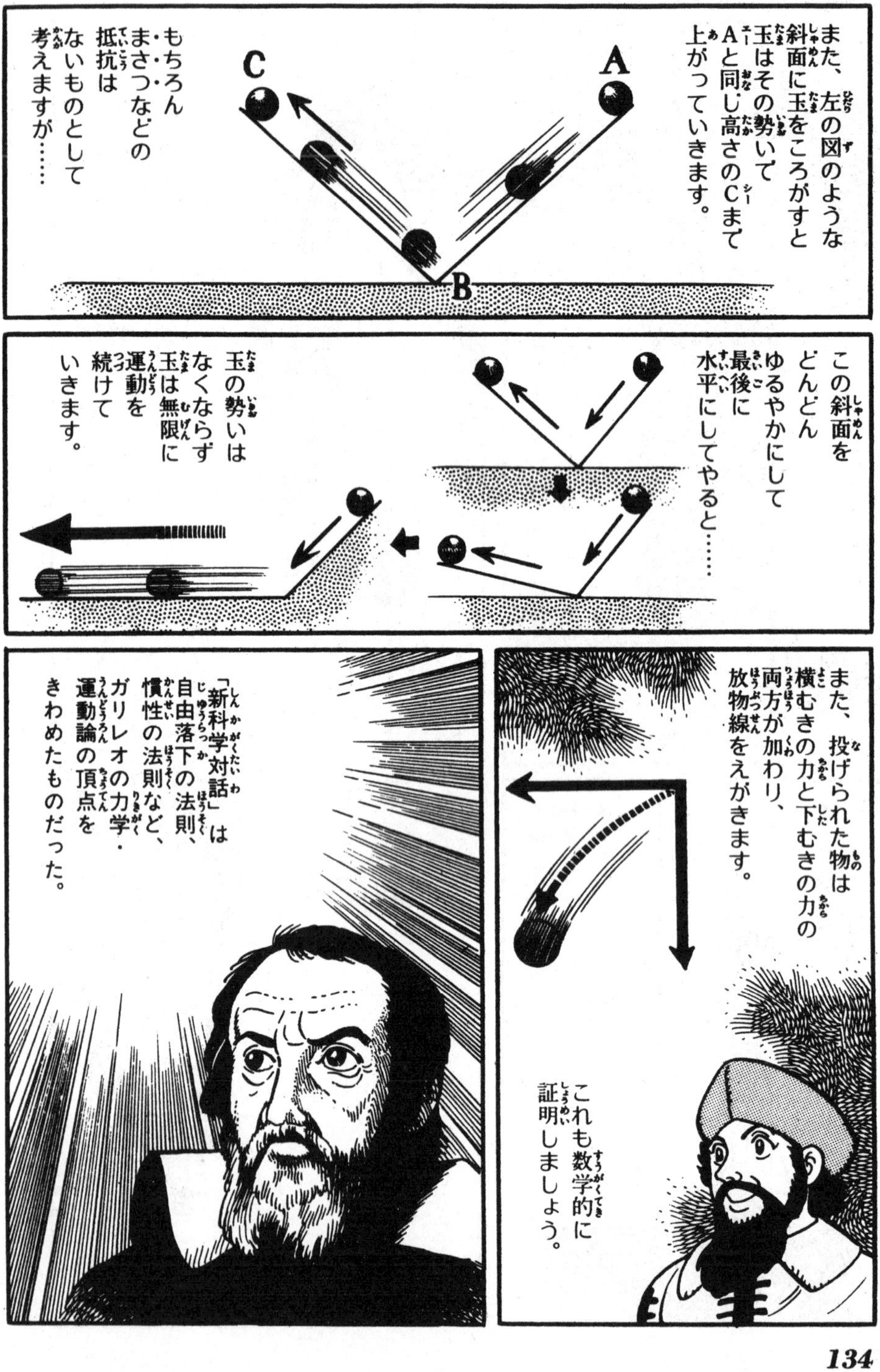

また、左《ひだり》の図《ず》のような
斜面《しゃめん》に玉《たま》をころがすと
玉《たま》はその勢《いきお》いて
A《エー》と同《おな》じ高《たか》さのC《シー》まで
上《あ》がっていきます。
A
B
C
もちろん
まさつなどの
抵抗《ていこう》は
ないものとして
考《かんが》えますが……
この斜面《しゃめん》を
どんどん
ゆるやかにして
最後《さいご》に
水平《すいへい》にしてやると……
玉《たま》の勢《いきお》いは
なくならず
玉《たま》は無限《むげん》に
運動《うんどう》を
続《つづ》けて
いきます。
また、投《な》げられた物《もの》は
横《よこ》むきの力《ちから》と下《した》むきの力《ちから》の
両方《りょうほう》が加《くわ》わり、
放物線《ほうぶつせん》をえがきます。
これも数学的《すうがくてき》に
証明《しょうめい》しましょう。
「新科学対話《しんかがくたいわ》」は
自由落下《じゆうらっか》の法則《ほうそく》、
慣性《かんせい》の法則《ほうそく》など、
ガリレオの力学《りきがく》・
運動論《うんどうろん》の頂点《ちょうてん》を
きわめたものだった。

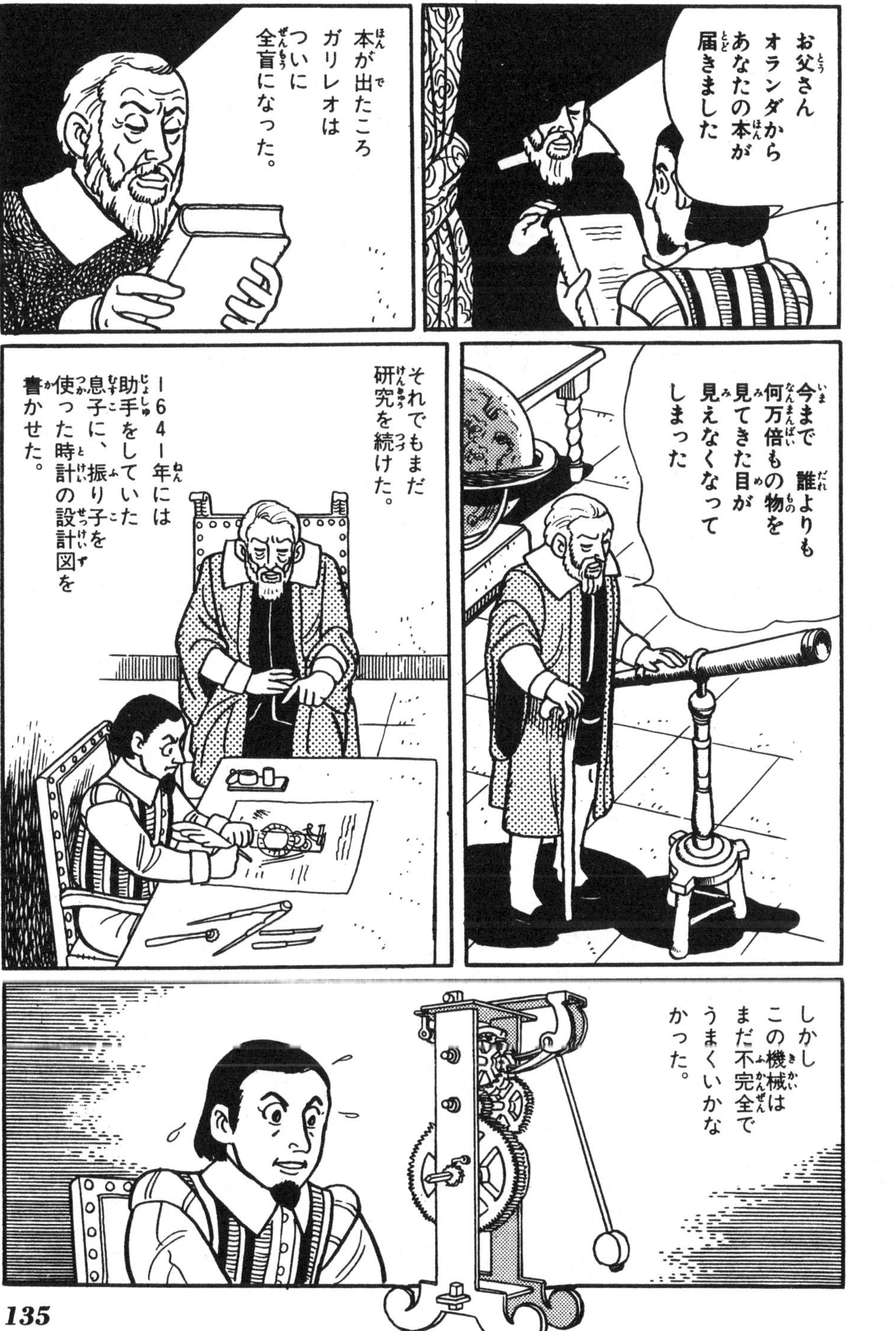
お父《とう》さん
オランダから
あなたの本《ほん》が
届《とど》きました
本《ほん》が出《で》たころ
ガリレオは
ついに
全盲《ぜんもう》になった。
今《いま》まで　誰《だれ》よりも
何万倍《なんまんばい》もの物《もの》を
見《み》てきた目《め》が
見《み》えなくなって
しまった
それでもまだ
研究《けんきゅう》を続《つづ》けた。
1641年《ねん》には
助手《じょしゅ》をしていた
息子《むすこ》に、振《ふ》り子《こ》を
使《つか》った時計《とけい》の設計図《せっけいず》を
書《か》かせた。
しかし
この機械《きかい》は
まだ不完全《ふかんぜん》で
うまくいかな
かった。

●ビビアーニ／1622年《ねん》〜1703年《ねん》。物理学者《ぶつりがくしゃ》・数学者《すうがくしゃ》。1640年《ねん》ころ弟子《でし》になる。のち、ガリレオの最初《さいしょ》の伝記《でんき》を書《か》いた。

●トリチェリ／1608年《ねん》～1647年《ねん》。物理学者《ぶつりがくしゃ》・数学者《すうがくしゃ》。1641年《ねん》にガリレオの弟子《でし》になる。

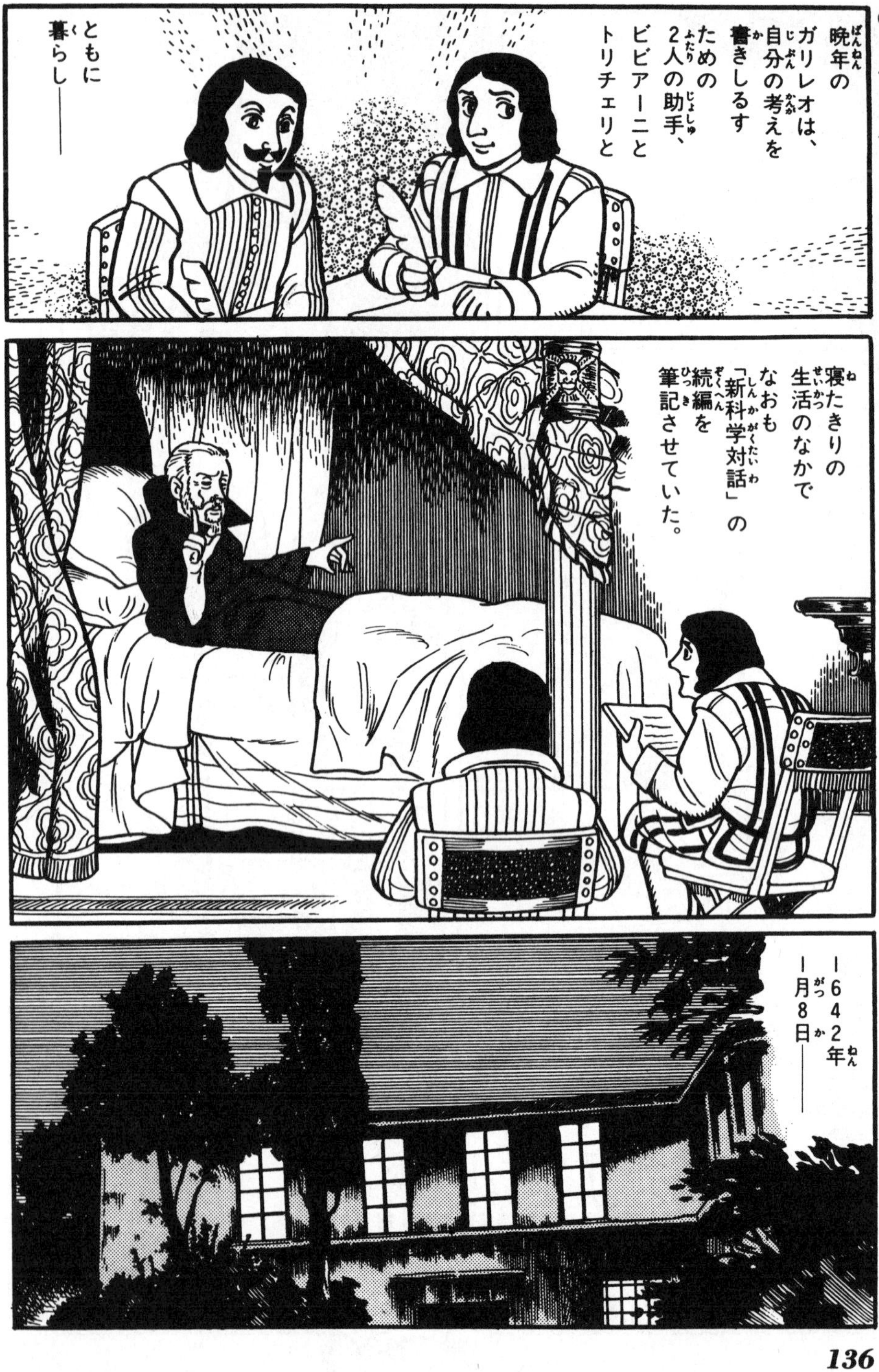
晩年《ばんねん》のガリレオは、自分《じぶん》の考《かんが》えを書《か》きしるすための2人《ふたり》の助手《じょしゅ》、ビビアーニとトリチェリと
ともに暮《く》らし――
寝《ね》たきりの生活《せいかつ》のなかでなおも「新科学対話《しんかがくたいわ》」の続編《ぞくへん》を筆記《ひっき》させていた。
1642年《ねん》1月《がつ》8日《か》――

トリチェリと
ビビアーニの
数学《すうがく》の議論《ぎろん》を
きいているとき
—

78年間《ねんかん》
活発《かっぱつ》に働《はたら》き続《つづ》けた
頭脳《ずのう》に、永遠《えいえん》の
休息《きゅうそく》のときが訪《おとず》れた。

●ホイヘンス／1629年《ねん》～1695年《ねん》。物理学者《ぶつりがくしゃ》。弾性体《だんせいたい》の衝突《しょうとつ》の法則《ほうそく》や遠心力《えんしんりょく》の法則《ほうそく》を発見《はっけん》。また振《ふ》り子時計《こどけい》を発明《はつめい》した。

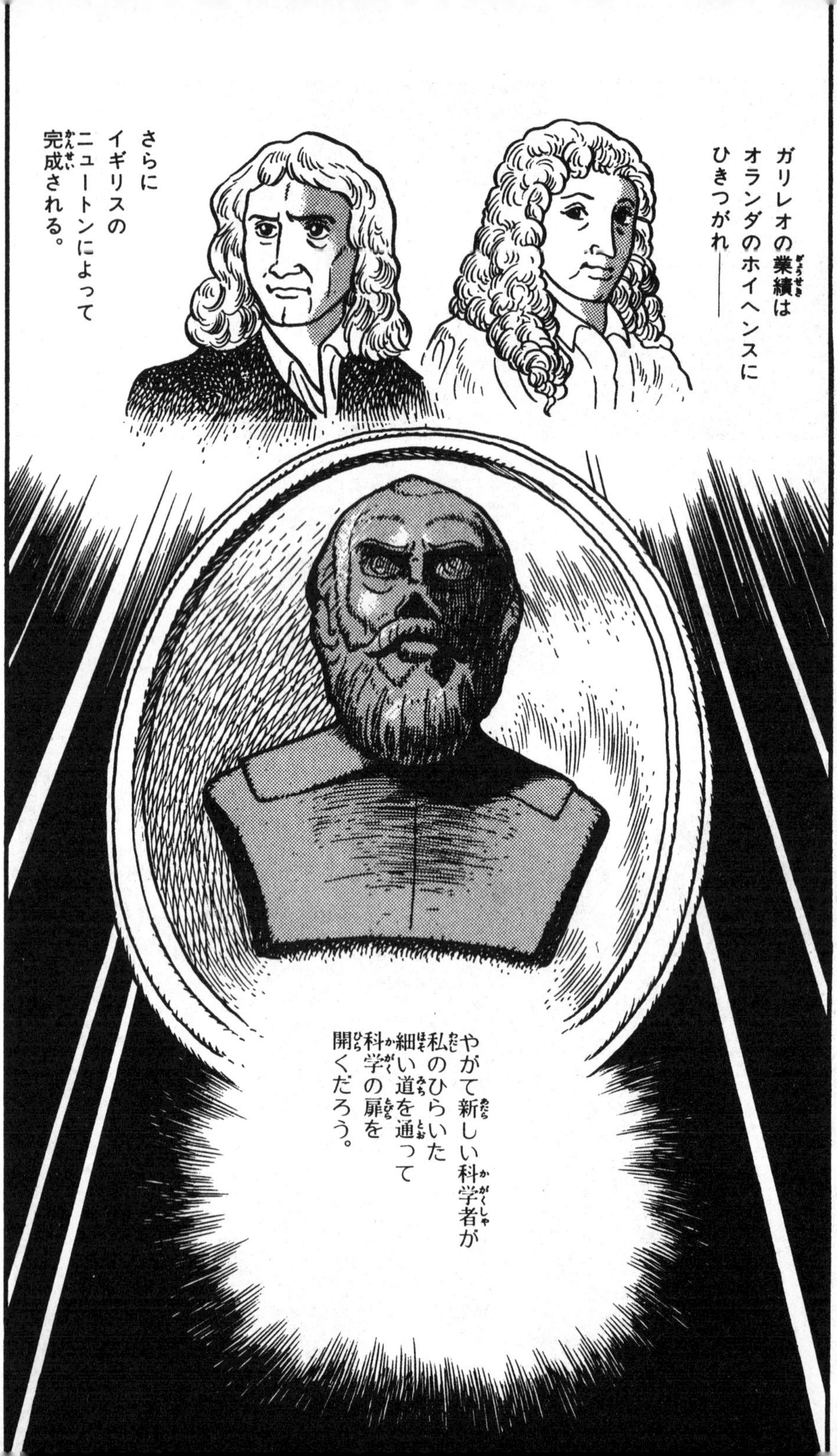
ガリレオの業績《ぎょうせき》はオランダのホイヘンスにひきつがれ――
さらにイギリスのニュートンによって完成《かんせい》される。
やがて新《あたら》しい科学者《かがくしゃ》が私《わたし》のひらいた細《ほそ》い道《みち》を通《とお》って科学《かが》の扉《とびら》を開《ひら》くだろう。

ニュートン

作画　中本 力

ニュートン

もくじ

主《おも》な登場《とうじょう》人物《じんぶつ》

アイザック・ニュートン

(1642年《ねん》～1727年《ねん》) ※
母親《ははおや》と離《はな》れて寂《さび》しい少年時代《しょうねんじだい》を送《おく》るが、やがて科学者《かがくしゃ》になり、万有引力《ばんゆういんりょく》を発見《はっけん》する。

※これは旧暦《きゅうれき》による。現在《げんざい》の暦《こよみ》では1643年《ねん》～1727年《ねん》になる。

アイザック・バロー

(1630年《ねん》～1677年《ねん》)
数学教授《すうがくきょうじゅ》。ニュートンの才能《さいのう》を認《みと》め、影響《えいきょう》を与《あた》える。

ストーリ

(生没《せいぼつ》は不明《ふめい》)
下宿先《げしゅくさき》の薬屋《くすりや》の娘《むすめ》。ニュートンを兄《あに》のように慕《した》う。

ロバート・フック

(1635年《ねん》～1703年《ねん》)
物理学者《ぶつりがくしゃ》。光学《こうがく》や万有引力《ばんゆういんりょく》の法則《ほうそく》についてニュートンと争《あらそ》う。

エドモンド・ハレー

(1656年《ねん》～1742年《ねん》)
天文学者《てんもんがくしゃ》。ニュートンに研究《けんきゅう》の発表《はっぴょう》をすすめ、援助《えんじょ》する。

1　泣《な》き虫《むし》ニュートン

●工作《こうさく》好《ず》きの少年《しょうねん》●

1642年《ねん》12月《がつ》25日《にち》クリスマスの真夜中《まよなか》
おお さむい
急《いそ》がなければ あの子《こ》は 死《し》んじまうよ
いや もうダメかも…あたしゃ あんな小《ちい》さな赤《あか》ん坊《ぼう》見《み》たことないよ
それじゃ せっかくの この薬《くすり》も…
めでたいクリスマスの夜《よる》だというのに… かわいそうな子《こ》だよ

お父《とう》さんが死《し》んでから生《う》まれてくるというのもよくよく　不幸《ふこう》な子《こ》だねえ
イギリス　リンカーン州《しゅう》の農村《のうそん》ウールスソープで
この日《ひ》、ひとりの男《おとこ》の子《こ》が生《せい》をうけた。
ふつうより　ずっと小《ちい》さな子《こ》どもで、1《いち》クォートの木《き》おけに　はいってしまうくらいだった。
この小《ちい》さな赤《あか》ん坊《ぼう》こそのちに「近代科学《きんだいかがく》の父《ちち》」といわれるアイザック・ニュートンであった。

●リンカーン州《しゅう》／イギリスのイングランド中部《ちゅうぶ》にある。

まあまあ わたしの かわいい アイザック
もう とっくに 首《くび》がすわっていい ころなのに そえ木《ぎ》をしなくちゃ ならないなんて 不憫《ふびん》な子《こ》だねえ
でも あんな 月《つき》たらずで 生《う》まれて ここまで 育《そだ》ったのよ
大丈夫《だいじょうぶ》よ きっと 一人前《いちにんまえ》に 育《そだ》つわ
でも 体《からだ》が弱《よわ》かったら どうしよう 知恵《ちえ》おくれだったら… せめて父《とう》さんの半分《はんぶん》ぐらい でいいから育《そだ》って ほしい……
ニュートンの家《いえ》は 土地《とち》と邸宅《ていたく》をもつ 地主《じぬし》だったが、実際《じっさい》には 自分《じぶん》で畑《はたけ》を耕《たがや》す自作農《じさくのう》で、 土地《とち》からの地代《ちだい》も わずかなものだった。
「アイザック」は 死《し》んだ父《ちち》の名《な》を とってつけられた。

●1クォート/約《やく》1・14リットル。

みんなの心配《しんぱい》をよそに「2代目《だいめ》アイザック」はすくすくと育《そだ》っていった。
ただどことなくぼんやりしていてあまり賢《かしこ》そうには見《み》えなかった。
アイザックが3歳《さい》になろうとするころ――
え――っ どうして――? どうして――?
どうしてお母《かあ》さんお嫁《よめ》にいっちゃうの

ぼくも連《つ》れてってくれなきゃやだ――っ
……
……
ゴメンネ　アイザック　でもそれはできないの…
お母《かあ》さんもとてもつらいのよ…
…ぼうやが大《おお》きくなったらお母《かあ》さんの気持《きも》ちをわかってくれると思《おも》うわ…
…許《ゆる》してちょうだいね

母《はは》ハンナの再婚相手《さいこんあいて》はバーナバス・スミスという、63歳《さい》になる金持《かねも》ちの牧師《ぼくし》だった。
結婚《けっこん》!?
……
でも　わたしがいなくなったらこのうちはどうなるの?
田《た》や畑《はたけ》は…
それに小《ちい》さなアイザックは……?
この話《はなし》がもちあがったときハンナはずいぶん悩《なや》んだ。
ああ…神様《かみさま》どうしたらいいの…

●このころイギリスでは旧暦《きゅうれき》を使《つか》っていた。現在《げんざい》の暦《こよみ》ではニュートンが生《う》まれたのは1643年《ねん》になる。

ハンナ
あなたが アイザックを 思《おも》う気持《きも》ちは よくわかります
それと同《おな》じく わたしは娘《むすめ》の あなたのことを 考《かんが》えます
あなたは まだ 若《わか》いのだから あなた自身《じしん》が 幸《しあわ》せになる ことだわ アイザックも いつかはわかって くれます
アイザックの ことは わたしに まかせて
うう…
あなたは お行《い》きなさい
おかあさん !!

ハンナの結婚《けっこん》の条件《じょうけん》として
アイザックの生活《せいかつ》の費用《ひよう》は
スミス牧師《ぼくし》が出《だ》すことに
なった。
おかあさーん
うっ！
ああ…
かわいそうなアイザック…
こんな小《ちい》さいうちから
悲《かな》しい思《おも》いを
いっぱいして
おばあちゃーん

毎日《まいにち》「母《はは》をうばった牧師《ぼくし》」がいる教会《きょうかい》を見《み》つめるアイザック
——
しかしそれも時《とき》とともに忘《わす》れていった。
キャ—— キャ
よその子《こ》はみんな元気《げんき》に遊《あそ》んでいるのに……

アイザックは いつも ひとりで 静《しず》かに遊《あそ》んで いるわ
あの子《こ》は じっと さびしさを かみころしている んだわねえ
……
ムリもねえですだ 奥様《おくさま》……
コッ
コッ
コッ
アイザックぼっちゃんの 年《とし》じゃ 一番《いちばん》母親《ははおや》が ほしい時《とき》ですだよ ……
…ひとりで 遊《あそ》び ひとりで 考《かんが》える子《こ》に なっちゃうのか ねえ
あっ あぶないい!!
ヨロ

きゃっ
アイザック!!
ふ…
うああ〜〜〜
んっ…
コッコッ
おお
よしよし
もう 泣《な》かないの
……
弱々《よわよわ》しく
すぐに泣《な》く
子《こ》どもだった。

1649年《ねん》
6歳《さい》になった
アイザックは小学校《しょうがっこう》に
かようようになった。
やあい
泣《な》き虫《むし》ニュートン
今日《きょう》も 先生《せんせい》に
しかられた
やーい
やーい
ニュートンくん
1たす2は
いくつかね
ケケ‥
は…
はい…
え〜と えっと
…
ぶる
ぶる

こたえられないのかねニュートン君《くん》
うっうっ…
しくしく
わはは
そっくりだよ
……
……
泣《な》き虫《むし》ニュートン
ニュートンのいくじなし
のろま!
まぬけ!
アホ
グズ
ううっ……
学校《がっこう》なんか…
学校《がっこう》なんかキライだ

ああ アイザック ぼっちゃん おかえり
ただいまー
おや その顔《かお》は… 学校《がっこう》で また 何《なに》かあったん ですかい?
ぼっちゃんは 学校《がっこう》より 大工仕事《だいくしごと》の ほうが好《す》き みたいですな
へへ…
へへ…
じいや ぼくにも 手伝《てつだ》わせてよ
アイザックは 学校《がっこう》でのいやな 思《おも》いを忘《わす》れようと するかのように ひとりで遊《あそ》べる 工作《こうさく》に熱中《ねっちゅう》した。

そして、この「小《ちい》さな大工《だいく》さん」はなかなかの発明家《はつめいか》でもあった。
ある日《ひ》のこと――
おや ぼっちゃん 今度《こんど》は何《なに》ができるんですかい？
ココッ
うん あのエサ箱《ばこ》だと ニワトリが中《なか》にはいっちゃって すぐよごれちゃうでしょ
そこで ぼくが考《かんが》えたのが これさ

なるほど アイザック ぼっちゃんは 発明家《はつめいか》だ
これだと 中《なか》にはいったり しないし たお れないや
OH!
まあ すてき
コッ
コッコ‥
へへ…
学校《がっこう》の勉強《べんきょう》はダメだったが この特技《とくぎ》のおかげで 工作《こうさく》では、だれにも 負《ま》けなかった。
カン
カン
「泣《な》き虫《むし》ニュートン」は あいかわらずだが、別《べつ》に 「細工屋《さいくや》ニュートン」とも 呼《よ》ばれはじめた。

ふー
アイザックや何《なに》をつくってるのかしら?
あっ おばあちゃん
もう少《すこ》しで完成《かんせい》さ
わっ…
その翌日《よくじつ》――
ヨイショ ヨイショ
うーん おもいなー
かげの一番短《いちばんみじか》くなった時《とき》 棒《ぼう》のかげが12時《じ》のところにくるようにしてと……

できた!!
りっぱな「日時計《ひどけい》」だよ アイザック
これだけすばらしい子《こ》が学校《がっこう》の成績《せいせき》が悪《わる》いなんて 信《しん》じられないわ…
これはきっと近所《きんじょ》でも評判《ひょうばん》になりますよ
今《いま》は成績《せいせき》が悪《わる》くてもこの子《こ》は 先《さき》で伸《の》びる子《こ》かもしれない…

●日時計《ひどけい》／棒《ぼう》を立《た》てて、その影《かげ》の方向《ほうこう》によって時刻《じこく》を知《し》る時計《とけい》。

祖母《そぼ》の言《い》ったとおり
この日時計《ひどけい》は
近所《きんじょ》で
大評判《だいひょうばん》になった。
ワイ
ワイ
ふむ〜
うーん
これはりっぱ
な時計《とけい》だ
なるほど
よく考《かんが》えて
いる
アイザック君《くん》は
大《たい》したもんだ
発明家《はつめいか》に
なるぞ
ワイ
へぇ〜
このころはふつうの家《いえ》には
時計《とけい》がなかったので
アイザックの「傑作《けっさく》」は
近所《きんじょ》の人《ひと》にも喜《よろこ》ばれた。
不思議《ふしぎ》なことに
そんな彼《かれ》も、学校《がっこう》では
あいかわらずの
さえない生徒《せいと》だった。
学校《がっこう》から帰《かえ》ると
別人《べつじん》のように
工作《こうさく》に
熱中《ねっちゅう》し——
成績表《せいせきひょう》を
もらうたびに
祖母《そぼ》はがっかり
するのだった。
いいのは
工作《こうさく》
だけ…

……
ごらんのように家《いえ》に帰《かえ》ると生《い》きかえったように元気《げんき》になるの…
アイザック
こんにちは
あっジェームズおじさん
ジェームズ・エイスキューはアイザックの母《はは》ハンナの兄《あに》でハンナの再婚後《さいこんご》、アイザックの後見人《こうけんにん》になっていた。

親《おや》のいないアイザックを
心配《しんぱい》し、父親《ちちおや》のように
はげましてくれたのも
ジェームズおじだった。
アイザックは
工作《こうさく》はじょうずだけど
学校《がっこう》の勉強《べんきょう》は　ぜんぜん
しないって　おばあちゃん
が心配《しんぱい》しているぞ
アイザックは
勉強《べんきょう》はきらい
かい？
……
きらいじゃ
ないけど……
おばあちゃんに
聞《き》いても　よく
教《おし》えてくれないし
……
すぐ人《ひと》にたずねるのは
よくないよ
自分《じぶん》でどこまでも
考《かん》えないとダメだよ
自分《じぶん》で考《かんが》えてわかったことは
いつまでも忘《わす》れないもんだよ
アイザックが工作《こうさく》で考《かんが》えるのが
お得意《とくい》なように　勉強《べんきょう》も
同《おな》じようにすればいいのさ

よし　こう しよう
さみしくなったら 工作《こうさく》をするんだ そして　あとはうんと 勉強《べんきょう》するんだ 少《すこ》し　おばあちゃんを 安心《あんしん》させてやろうじゃ ないか
アイザック 神様《かみさま》はね 歯《は》をくいしばって 我慢《がまん》している人《ひと》の 力《ちから》になってくれるんだ
そのたびに人《ひと》はりっぱに なっていくもんだよ
アイザックは小《ちい》さいころ から　お母《かあ》さんがいなくて さびしいのを　じっと我慢《がまん》 してきたね
だからアイザックは 弱虫《よわむし》なんかじゃ ないよ
ジェームズおじの話《はなし》は いつもアイザックの 心《こころ》に勇気《ゆうき》を与《あた》えて くれるのだった。

こうして
アイザックは
少《すこ》しずつ変《か》わって
いこうとしていた。
いつしかアイザックも
6年生《ねんせい》になっていた。

きのうの雨《あめ》で すごい いきおいで 回《まわ》ってるな
中《なか》は どうなって いるのか ちょっと のぞいて やれ
カタ
カタ
あー なるほど
フムフム

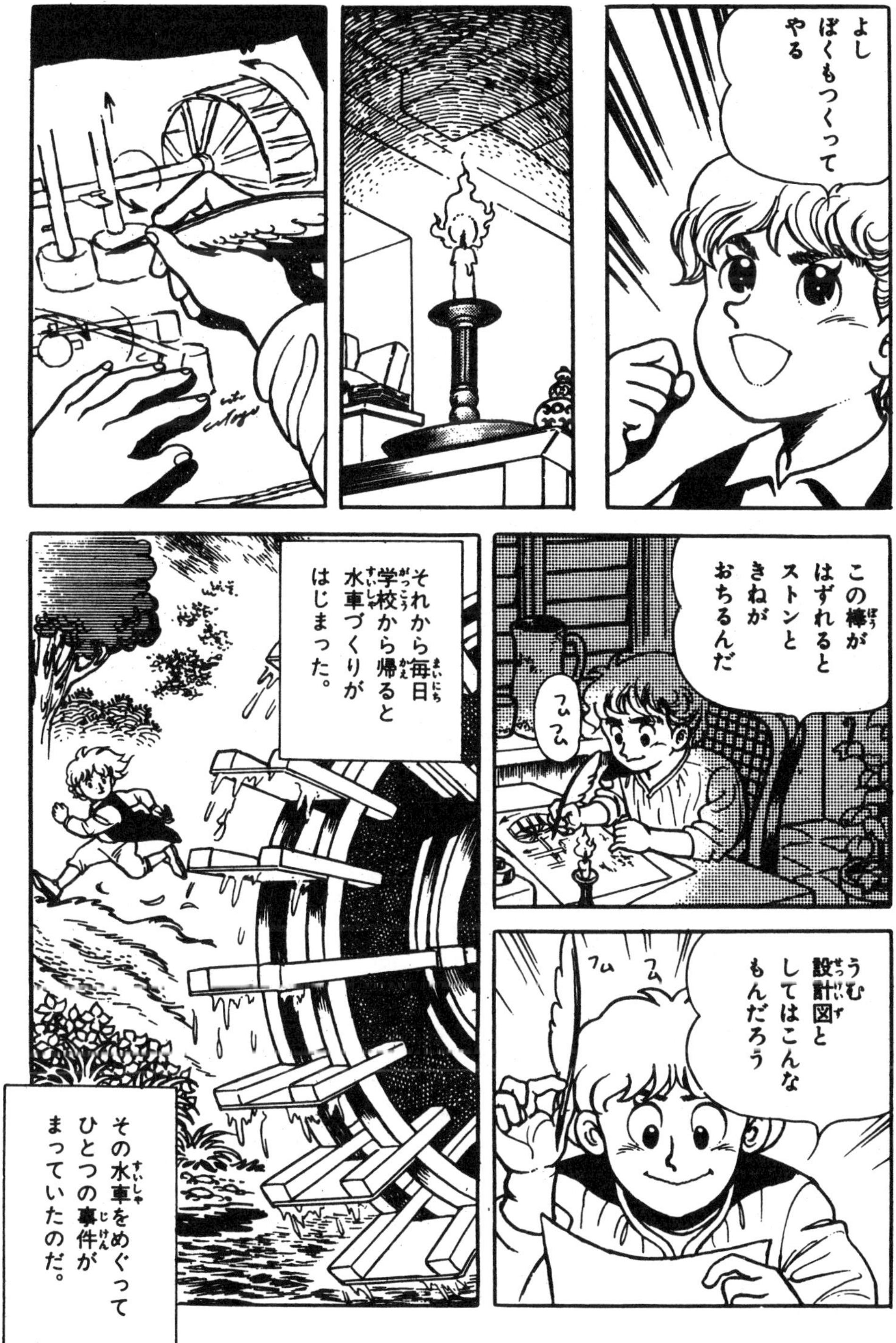
よし
ぼくもつくって
やる
この棒《ぼう》が
はずれると
ストンと
きねが
おちるんだ
フムフム
フム　フム
うむ
設計図《せっけいず》と
してはこんな
もんだろう
それから毎日《まいにち》
学校《がっこう》から帰《かえ》ると
水車《すいしゃ》づくりが
はじまった。
その水車《すいしゃ》をめぐって
ひとつの事件《じけん》が
まっていたのだ。

2週間後《しゅうかんご》――
よし できたぞ
フィ〜。
さっそく 川《かわ》で回《まわ》して みよう
まず 小《ちい》さな流《なが》れを つくって… と

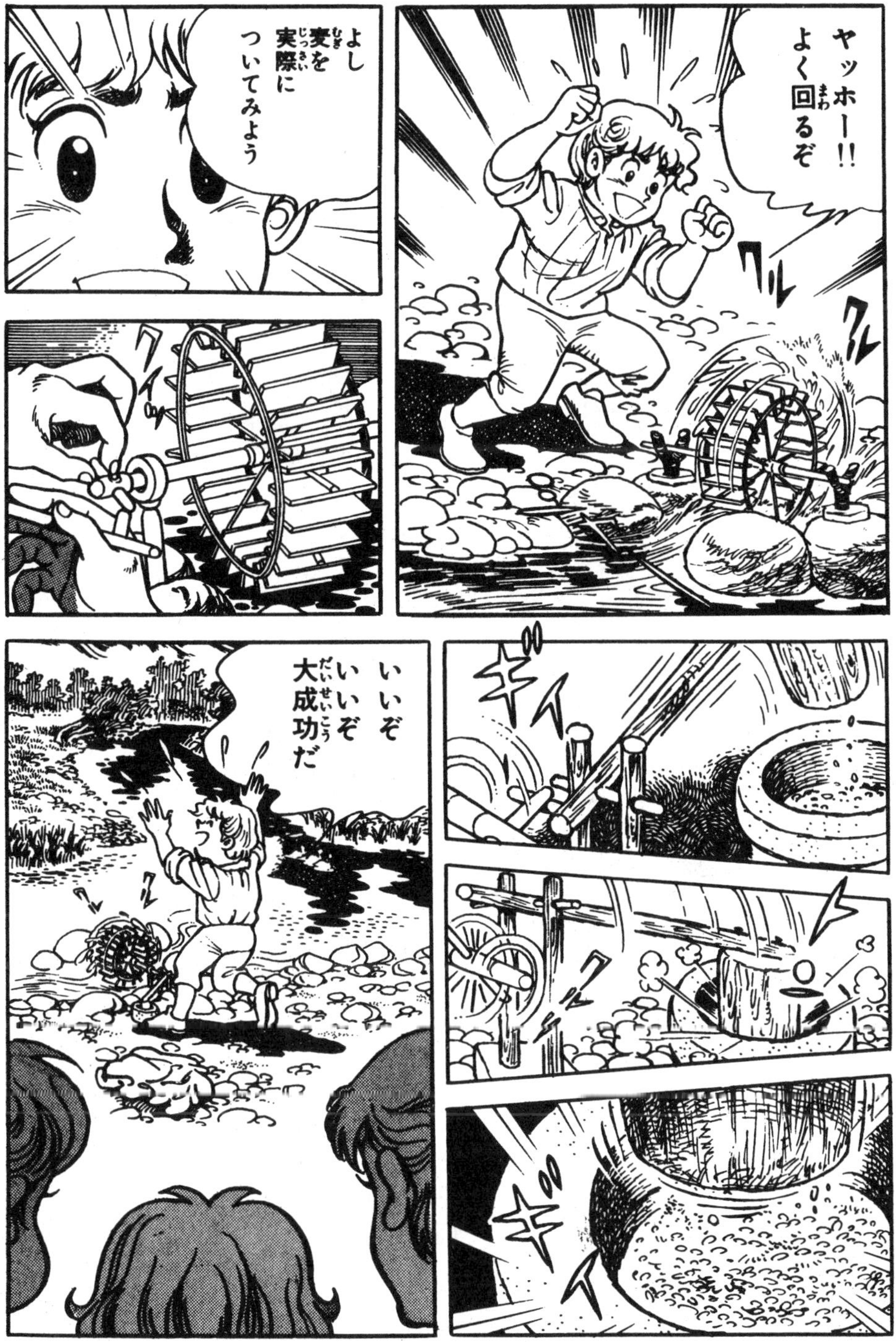
ヤッホー!!
よく回《まわ》るぞ
よし
麦《むぎ》を
実際《じっさい》に
ついてみよう
いいぞ
いいぞ
大成功《だいせいこう》だ

うーむ われながら よくできた なあ
にはは
ずいぶんと うれしそう じゃないか
えっ
へへ… こんにちは ニュートン君《くん》
あっ きみたち …
カタ
カタ
まずいなー こんなところでクラス一《いち》 いじわるなジャッジに 会《あ》うなんて…
おまえ いつもひとりで 遊《あそ》んでいる けど こんな もんつくって たのか
でも よくできて ますよ ジャッジさん
へ…へへ… ちゃんと 麦《むぎ》もつける んだよ

2週間《しゅうかん》かかって
つくったんだ
……
へぇ
ほんとに
麦《むぎ》をついて
らあ
すげえや
カタカタ
カタカタ
うーむ
……
ちっ
ばかやろう
おまえら
なに感心《かんしん》
してんだ!!
?
ふん
「泣《な》き虫《むし》ニュートン」に
しちゃ上出来《じょうでき》じゃないか
学校《がっこう》じゃ
まぬけな
くせによ
フフン
……
…
こんなもん
こうして
くれる!
ガッ

あっ!
な…
なんてことを
……
せ せっかく
……
つくったのに
ううう
うう…
!!
また 泣《な》き虫《むし》
ニュートンが
始《はじ》まった
行《い》こうぜ
まてっ!!
ジャッジ!

ひどすぎるぞ
許《ゆる》さない!!
なんだとー
こいつ…
泣《な》き虫《むし》
ニュートンが
だれにむかって
いってるんだ
わっ
…こ　こいつ
なまいき
だぞ!!
わっ

……
……
…よくも…
よくも…
水車《すいしゃ》を…
……

……こ この
はあ
はあ
…あの泣《な》き虫《むし》ニュートンが…
はあ
はあ
ジャッジは急《きゅう》に怖《こわ》くなった。
はあ
はあ
はあ
はあ
いこう……
……
はあ
はあ

アイザックは
はじめて
けんかをして――
そして勝《か》った。
しかも、あの
クラス一《いち》の乱暴者《らんぼうもの》の
ジャッジに!
か…
勝《か》った!
ジャッジを
負《ま》かしたんだ
……
このできごとは
アイザックに
大《おお》きな力《ちから》を与《あた》え、
「やればできる」と
いう自信《じしん》が生《う》まれた。
ぼくは もう
「泣《な》き虫《むし》ニュートン」
なんかじゃないぞ
水車《すいしゃ》はこわされて
しまったけれど、
アイザックの中《なか》で
何《なに》かが大《おお》きく変《か》わった。
この日《ひ》から
もうだれも
アイザックのことを
「泣《な》き虫《むし》ニュートン」
とは呼《よ》ばなくなった。

月日《つきひ》は過《す》ぎ——
アイザックや少《すこ》しは休《やす》まないと体《からだ》に毒《どく》ですよ
だいじょうぶだよおばあちゃん
このごろ勉強《べんきょう》が楽《たの》しくてしかたがないんだ
まあまあ
……

こんにちは じいや
あっ ジェームズ牧師《ぼくし》さま
コッコ
おやおや アイザックの工作《こうさく》の道具《どうぐ》ですね
へい牧師《ぼくし》さま このごろ ぼっちゃん 勉強《べんきょう》ばっかりで 道具《どうぐ》がさびついて まさあ
……
ははは そうですか そうですか
ニコ
ニコ
ほんとに あの子《こ》は変《か》わったわ 成績《せいせき》もグンと よくなって……
そうですか それは よかった

あの子《こ》はもともと頭《あたま》の悪《わる》い子《こ》じゃないんですよ
あの泣《な》き虫《むし》で勉強《べんきょう》ぎらいだったアイザックが…
よくそこまで…えらいぞアイザック
アイザックの成長《せいちょう》に、祖母《そぼ》とおじのジェームズは心《こころ》から喜《よろこ》ぶのだった。
学校《がっこう》でもだれも「まぬけ」とか「のろま」とか言《い》わなくなった。
アイザックにはそれがうれしくてますます熱心《ねっしん》に勉強《べんきょう》するのだった。
「まぬけのニュートン」や「泣《な》き虫《むし》ニュートン」は今《いま》はもういない。

2　大評判《だいひょうばん》の水時計《みずどけい》

●王立学校《おうりつがっこう》へ●

1655年《ねん》 小学校《しょうがっこう》を1番《ばん》の成績《せいせき》で卒業《そつぎょう》したアイザックは、ウールスソープから10キロほどのグランサムの王立学校《おうりつがっこう》に入学《にゅうがく》する。
リンカーン
グランサム
ウールスソープ
ケム川
ロンドン
イギリス
そこまで歩《ある》くと3時間《じかん》もかかり通学《つうがく》は無理《むり》なので、グランサムに下宿《げしゅく》することになった。
体《からだ》に気《き》をつけるんだよ
うん おばあちゃんも

いってきまーす
アイザックの下宿先《げしゅくさき》は
グランサムの
「クラーク薬局《やっきょく》」の
2階《かい》の一室《いっしつ》に決《き》まった。
アイザックを
まっていた
クラーク家《け》では……
ねえねえ
ママ
今度《こんど》うちに
くる人《ひと》って
どんな人《ひと》?
まあまあ
ストーリったら
うれしそうね
ウフフ…
早《はや》くお友《とも》だちに
なりたいわ

むかしの
ママのお友《とも》だちの
息子《むすこ》さんで
アイザック・
ニュートンさんと
おっしゃるの
へえ
ニュートンさん
工作《こうさく》が
お上手《じょうず》なんですって
とっても
まあ　ステキ！
早《はや》く会《あ》いたいわ
ポコ
ポコ
ポコ
ポコ
アイザックは
ウールスソープでの
いろいろなことを
思《おも》い出《だ》していた。
ジェームズ
おじさん
おばあちゃん
ジャッジ
グランサムに
いっても
ガンバレよ
ありがとう

やがて馬車《ばしゃ》はグランサムの町《まち》についた。
KOSUGI KUN VERY THANKS ARIGATO
ORE MATSUTANI
ぼっちゃん つきましたよ
やあ よくきたね アイザックくん
あっ はじめまして クラークさん
家内《かない》と娘《むすめ》のストーリだ ヨロシク
こんにちは アイザックさん
アイザック・ニュートンです よろしく

●王立学校《おうりつがっこう》／「グラマー・スクール」ともいい、中学《ちゅうがく》と高校《こうこう》を一緒《いっしょ》にしたような学校《がっこう》。

今日《きょう》から　ここが
きみの部屋《へや》だ
しっかり勉強《べんきょう》
したまえ
はい
小《ちい》さくはあったが
この部屋《へや》はなかなか
アイザックの
気《き》に入《い》った。
それに
クラーク家《け》の人々《ひとびと》は
みんな親切《しんせつ》で
やさしかった。
愛《あい》らしい
ストーリの存在《そんざい》も
アイザックの心《こころ》を
はずませた。
新生活《しんせいかつ》の
スタートは
まずまずだった。
おばあちゃんに
手紙《てがみ》を書《か》いて
おこう

王立学校《おうりつがっこう》は小高《こだか》い丘《おか》の上《うえ》にあり、みはらしのよいすてきな学校《がっこう》だった。
しかし、ここには各地《かくち》から成績《せいせき》のよい生徒《せいと》が集《あつ》まるのでアイザックの成績《せいせき》ははじめのうち、あまりぱっとしなかった。
それよりもアイザックの生活《せいかつ》は薬局《やっきょく》の2階《かい》にあった。
アイザックまた工作《こうさく》?
やあストーリ
ねえ何《なに》ができるの?
へへ…このまえきみの部屋《へや》を見《み》て思《おも》いついたんだ
えっあたしの部屋《へや》を見《み》て…?
きみの部屋《へや》には読書《どくしょ》をするテーブルがないんだもの
そこでぼくがつくってきみにプレゼントしようと思《おも》ったのさ
わあ! うれしい楽《たの》しみだわ

それから毎日《まいにち》
学校《がっこう》から帰《かえ》ると
テーブルづくりに
熱中《ねっちゅう》した。
ただいま
やあ
おかえり
アイザック
あり?
カン
カン
なんだあ
……
はん
アイザックは
ストーリの
喜《よろこ》ぶ顔《かお》を
思《おも》いえがきな
がら、夢中《むちゅう》で
作《つく》っていた。
ギコ
ギコ

そして3週間後《しゅうかんご》――
おおっ これは みごとだ
ステキ!!
なんて 器用《きよう》なん でしょ
ありがとう アイザック すばらしいわ
この作品《さくひん》は ストーリを 大喜《おおよろこ》びさせた だけでなく、クラーク夫妻《ふさい》をも 感心《かんしん》させた 立派《りっぱ》なものだった。
またアイザックは 学校《がっこう》や自分《じぶん》の部屋《へや》の 壁《かべ》や机《つくえ》など、あらゆる所《ところ》に 落書《らくが》きをした。
プッ! 似《に》てないや

動物《どうぶつ》や人間《にんげん》、スケッチ、幾何学図形《きかがくずけい》など……
これらは、何事《なにごと》も徹底的《てっていてき》に観察《かんさつ》したいという性格《せいかく》から生《う》まれたものかもしれない。
ある朝《あさ》——
チュン
チュン
ジ〜〜…
ン？
わしに何《なに》か用《よう》かね？

あっ　校長先生《こうちょうせんせい》
どうもすみません
きみはアイザック・ニュートン君《くん》だね
そのう…校長先生《こうちょうせんせい》の肖像《しょうぞう》をかこうと思《おも》いまして…
ウヒョ…
なるほど　そうか
よし　できあがったら見《み》せてくれたまえ
このストークス校長先生《こうちょうせんせい》はやがてアイザックのよき理解者《りかいしゃ》となってくれる人《ひと》である。
ハンサムにたのむぞ
は　はい
学校《がっこう》になじむにしたがって成績《せいせき》もぐんぐん良《よ》くなっていった。
スゲエや…
ようアイザック近《ちか》ごろきみすごいじゃないか
いやあ…
I. Newton
この調子《ちょうし》でいけばあのサインに恥《は》じないえらい人間《にんげん》になれるぞ

I. Newton
アイザックの彫《ほ》った、この記念《きねん》の落書《らくが》きは現在《げんざい》も王立学校《おうりつがっこう》に残《のこ》っている。
なにしろきみは落書《らくが》き魔《ま》だからなあ
ムホ…よくいうよン
そういうきみがみんなでやろうといったんじゃないか
はは…
はは…
学校《がっこう》での生活《せいかつ》は楽《たの》しいものだった。
……
……

川《かわ》を見《み》ると
ジャッジのこと
思《おも》い出《だ》すなあ
あの水車《すいしゃ》のことは
本当《ほんとう》にくやしかったけど
ぼくが一番《いちばん》で卒業《そつぎょう》したとき
には　祝福《しゅくふく》してくれたっけ…
あれからぼくは
変《か》わったけど……
いろいろ
ザッ
ザッ
工作好《こうさくず》きは
あいかわらずだな
……
今度《こんど》はクラークおじさんに
役《やく》に立《た》つものをつくって
あげたいいな…
何《なに》が
いいかなー
ザッ
ザッ
そうだ
!!

水時計《みずどけい》をつくろう!!
またアイザックの"大工《だいく》"が始《はじ》まった
工作《こうさく》に熱中《ねっちゅう》している時《とき》のアイザックは真剣《しんけん》そのもので、近《ちか》よりがたい雰囲気《ふんいき》だった。
……
……
……
ストーリは遊《あそ》んでもらえないのでとてもさびしかった。
ストーリ　アイザックは今度《こんど》は何《なに》をつくってるんだい？
しらない……

「水《みず》時《ど》計《けい》」は数千年《すうせんねん》も前《まえ》からあった。アイザックはそれを参考《さんこう》に、左《ひだり》の図《ず》のようなしくみを考《かんが》えたのだ。

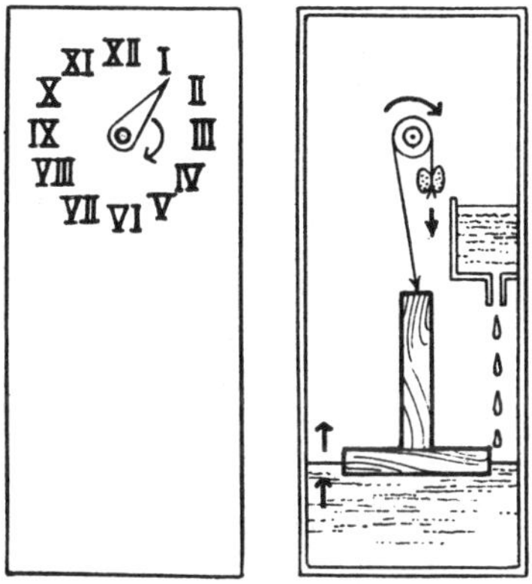

上《うえ》のタンクからポタポタと水《みず》が落《お》ちて下《した》のタンクにたまってゆくと板《いた》が少《すこ》しずつ上《うえ》にあがり、板《いた》の中心《ちゅうしん》につけた棒《ぼう》が時計《とけい》の針《はり》を回《まわ》す。

こうしちゃおれない!!
タンクに水《みず》を入《い》れなくちゃ
パタッ
針《はり》を6時《じ》に合《あ》わせて…
フ〜〜〜ッこれでよしと……

その日《ひ》は日曜日《にちようび》で教会《きょうかい》の礼拝《れいはい》があった。
ストーリ おいで 急《いそ》いで帰《かえ》ろう
えっ
なんなの？ アイザック
いいから 早《はや》く
わかったわ アイザック 新《あたら》しい作品《さくひん》がついにできたのね それでわたしに一番《いちばん》に… きっと そうだわ…
WOOHHOOAAAA
B.G.M "HANANO KAORINI" BY. K. KATE

わたしのこと ずっと 気《き》に かけてくれて いたのね うれしいわ!
まあ 時計《とけい》!!
はあ
はあ
はあ
はあ
へへ… 水時計《みずどけい》さ
耳《みみ》を近《ちか》づけて ごらん 水《みず》の落《お》ちる 音《おと》がするだろ
ええ するわ
……
この水時計《みずどけい》は たちまち近所《きんじょ》で 評判《ひょうばん》になり、 クラーク薬局《やっきょく》の 名物《めいぶつ》になった。
う〜む

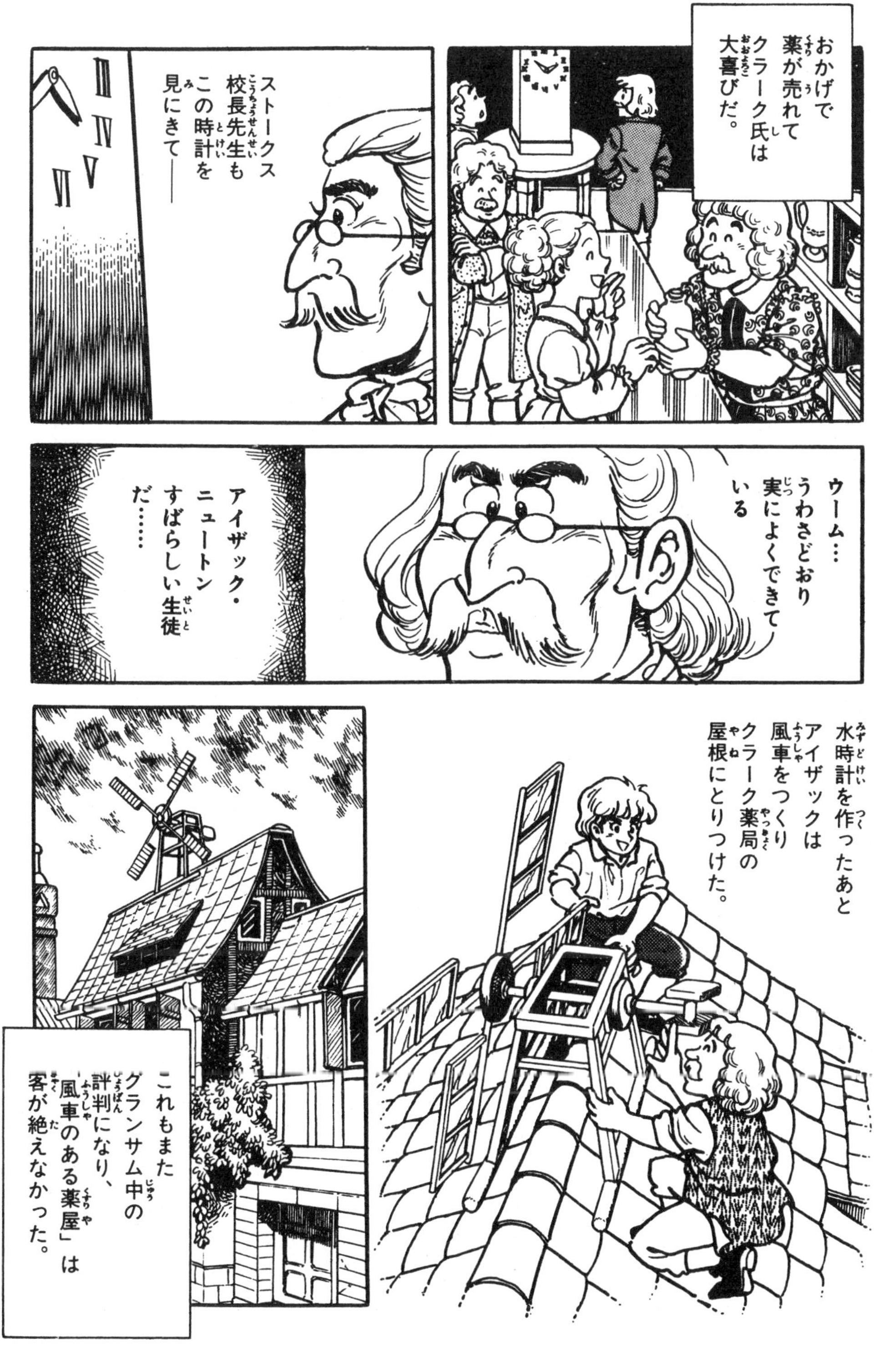
おかげで 薬《くすり》が売《う》れて クラーク氏《し》は 大喜《おおよろこ》びだ。
ストークス 校長先生《こうちょうせんせい》も この時計《とけい》を 見《み》にきて——
ウーム…… うわさどおり 実《じつ》によくできて いる
アイザック・ ニュートン すばらしい生徒《せいと》 だ……
水時計《みずどけい》を作《つく》ったあと アイザックは 風車《ふうしゃ》をつくり クラーク薬局《やっきょく》の 屋根《やね》にとりつけた。
これもまた グランサム中《じゅう》の 評判《ひょうばん》になり、 「風車《ふうしゃ》のある薬屋《くすりや》」は 客《きゃく》が絶《た》えなかった。

こんなわけで「風車《ふうしゃ》のある薬屋《くすりや》」に下宿《げしゅく》しているアイザックは、ちょっとした有名人《ゆうめいじん》になっていた。
この「有名人《ゆうめいじん》」がちょっぴり、ちゃめっ気《け》を出《だ》したために、町中《まちじゅう》が大騒《おおさわ》ぎになるのである。
ででで出《で》た〜〜っ!!
なんだどうした
み 見《み》ろ また丘《おか》の上《うえ》に 火《ひ》の玉《たま》が…

ヒュー
げっ!!
ほ　ほうき星《ぼし》だ
なんか悪《わる》いことが
起《お》きる前《まえ》ぶれ
だぞ
いや　ひとだま
にちがいない
国《くに》の中《なか》で
争《あらそ》いばかり
続《つづ》いているので
神《かみ》がお怒《いか》りに
なったのだ
ふ　不吉《ふきつ》
な……
当時《とうじ》ほうき星《ぼし》（彗星《すいせい》）は
悪《わる》いことが起《お》きる前《まえ》ぶれだ
と信《しん》じられていた。
たびたび起《お》きる
この不吉《ふきつ》な現象《げんしょう》に
町《まち》の人々《ひとびと》はいく晩《ばん》も
おびえたのだった。

そのうち――
おい　どうもあれは「風車《ふうしゃ》のある薬屋《くすりや》」のニュートンさんのいたずららしいぜ
うん　そういううわさだな
町《まち》のうわさを耳《みみ》にしたクラーク氏《し》は――
どうなんだねアイザック？
はい　あれはぼくがたこにちょうちんをつけてあげていたんです
アイザックは、たこの大《おお》きさや風《かぜ》のあたる角度《かくど》などを調《しら》べているうち、ふと思《おも》いついて、ちょうちんをぶらさげたのだ。
でも　ほうき星《ぼし》なんて迷信《めいしん》ですよ　本物《ほんもの》だって　このちょうちんと同《おな》じく何《なに》も悪《わる》いことはおきません
ンモウ…
ひ　ひとさわがせな……
その後《ご》、このにせのほうき星《ぼし》はあらわれなくなった。

アイザックが王立学校《おうりつがっこう》に入学《にゅうがく》して2年《ねん》がすぎたころ——
アイザック こんにちは
お お母《かあ》さん
!!
しばらく会《あ》わないうちに…… 大《おお》きくなったねえ…
母《はは》のハンナはスミス牧師《ぼくし》と死《し》に別《わか》れウールスソープに戻《もど》ってまた農業《のうぎょう》をやっていた。そして人手《ひとで》がたりないのでアイザックにも手伝《てつだ》ってほしいという身勝手《みがって》な相談《そうだん》に来《き》たのだった。

ぼくは もっと勉強《べんきょう》して
発明家《はつめいか》か学者《がくしゃ》になりたい…
……それに農業《のうぎょう》はすきではないし
……でも家《いえ》がそういう状態《じょうたい》なら
もう ぼちぼち おまえも一生《いっしょう》の仕事《しごと》を身《み》につける年《とし》ですよ
はい わかりました お母《かあ》さん
……
数日後《すうじつご》、アイザックは学校《がっこう》をやめる手続《てつづ》きをすませ、ウールスソープに帰《かえ》ることになった。
主《あるじ》のいなくなった2階《かい》の部屋《へや》——
NEMUI!!
壁中《かべじゅう》に書《か》かれたたくさんの落書《らくが》き…祖母《そぼ》、ストークス先生《せんせい》…しかし、母《はは》ハンナはどこにもない。

きみのような すぐれた生徒《せいと》が いなくなるということは わが校《こう》にとっても非常《ひじょう》に 残念《ざんねん》だ
ストークス 校長先生《こうちょうせんせい》 わざわざ…
いつでも帰《かえ》れるときが あったら帰《かえ》ってきなさい
…ありがとう ございます
……
さよなら ストーリ きみがいて とても楽《たの》しかった
……アイザック……
アイザック 気《き》をつけて
元気《げんき》でな
さようなら みなさん お世話《せわ》に なりました

ウールスソープでは、いっぺんに家族《かぞく》が増《ふ》えていた。
アイザック あなたの弟《おとうと》と妹《いもうと》たちよ
そうか ぼくはお兄《にい》さんになっちゃったんだ

おばあちゃんも
元気《げんき》そうだし
……
これだけ大家族《だいかぞく》だと
働《はたら》き手《て》がいるのも
ムリないな…
農業《のうぎょう》は好《す》きでは
ないけど　ここでも
ぼくなりの道《みち》は開《ひら》けるだろう
しかし、太陽《たいよう》の真下《ました》での
畑仕事《はたけしごと》は楽《らく》ではなかった。
ふう〜〜
はた
ストーリや
クラークおじさんは
今《いま》ごろどうしてる
だろ…
ぼ　ぼっちゃん
ちょっと!

どあっ
だめでがすよ どこ耕《たがや》してるんですか
えっ
……ったくもう 村中畑《むらじゅうはだけ》にしなさるつもりですかい
いけね
どうも身《み》がはいらないな
あ――… もうクタクタだ
………
おかあさーん

思《おも》い出《だ》すなあ
小《ちい》さいころを……
やっと
お母《かあ》さんと
暮《く》らせるよう
になったけど
……
弟《おとうと》や妹《いもうと》ができて　なんだか
ぼくのお母《かあ》さんじゃなく
なったみたい……
ぼくはこのうちで
農業《のうぎょう》をやるより
やはり勉強《べんきょう》のほうが
好《す》きだ
でもお母《かあ》さんは
体《からだ》が弱《よわ》いし……
おばあちゃん
だって　もう
年《とし》だし
……
グー……
グー……
アイザックは毎晩《まいばん》グランサムの
王立学校《おうりつがっこう》にいたころの夢《ゆめ》を見《み》た。

ある日《ひ》――
まあ!! 大変《たいへん》 ヒツジが…
アイザックは 何《なに》をしている のかしら
アイザーック

アイザーック
はっ
おまえは何《なに》をしてるんだい
ヒツジが逃《に》げ出《だ》してるじゃないの
わっ いけない
奥様《おくさま》大変《たいへん》ですだーっ
え？
まったくおまえって子《こ》は
ヒツジが7頭《とう》ばかし逃《に》げ出《だ》してとなりのトウモロコシ畑《ばたけ》を…
ええっ大変《たいへん》だわ

ゲップ
……
……
となりの奥《おく》さんはカンカンだった。
ハンナはなけなしの金《かね》をはたいて弁償《べんしょう》するしかなかった。
UNMEE
1658年《ねん》9月《がつ》、アイザックが家《いえ》に戻《もど》ってしばらくたったとき、村《むら》に大嵐《おおあらし》が吹《ふ》き荒《あ》れた。

この大嵐《おおあらし》がイギリス南部《なんぶ》をおそったのは
ちょうど当時《とうじ》の独裁者《どくさいしゃ》クロムウェルが
死《し》んだ直後《ちょくご》だった。
迷信《めいしん》ぶかい人《ひと》たちが、「みんなにうらまれて
死《し》んだクロムウェルの魂《たましい》が大嵐《おおあらし》に乗《の》り移《うつ》った」
と言《い》い出《だ》したために、この大嵐《おおあらし》は
「クロムウェル台風《たいふう》」と呼《よ》ばれた。
ウプッ すごいや
風《かぜ》の力《ちから》を ためすには 絶好《ぜっこう》の時《とき》 だぞ
あっ あれは

お　お母《かあ》さん
アイザックが
えっ
お母《かあ》さん
こわいよー
ア
アイザック！
いったい
何《なに》をしようと
……

風下《かざしも》に飛《と》んで4m《メートル》はあるぞ
よし 今度《こんど》は ここから 風上《かざかみ》にジャンプだ
そうれ
ふー 1m《メートル》くらいか……
この距離《きょり》の差《さ》が 今《いま》の風《かぜ》の力《ちから》なんだ
最初《さいしょ》の位置《いち》
約《やく》4m《メートル》
風下《かざしも》
約《やく》1m《メートル》
風《かぜ》の力《ちから》 約《やく》3m《メートル》
この時代《じだい》にはまだ 風力計《ふうりょくけい》や風速計《ふうそくけい》は なかったから ニュートンの この着眼点《ちゃくがんてん》は すばらしいと いえよう。

何度《なんど》もくりかえすうち……
風《かぜ》が強《つよ》いほどこの差《さ》が大《おお》きいことがわかった。
ぼっちゃんおやめなせえ
いいったい気《き》でも狂《くる》ったんですかい！この大嵐《おおあらし》の中《なか》を……
はあ
はあ
ぼくは正気《しょうき》だよ風《かぜ》の力《ちから》をはかっていたのさ
びしょぬれになったアイザックを見《み》て母親《ははおや》と祖母《そぼ》は怒《おこ》るのも忘《わす》れてぼうぜんと顔《かお》を見合《みあ》わせた。
ったくもう…
ただいま……へへ…
！

嵐《あらし》は過《す》ぎさり
また、いつもの
暮《く》らしが
はじまったころ――
ポコポコ
市《いち》へ野菜《やさい》を売《う》りに
いったじいやが
帰《かえ》りの馬車《ばしゃ》に
ひとりの客《きゃく》を
のせてきた。
…それで
きみはどう
思《おも》うかね
ポコ
へい やっぱり
ぼっちゃんは百姓《ひゃくしょう》にゃ
むかねえと思《おも》いますだ
ポコ
たぶん
学者《がくしゃ》にでもなるんで
ないでしょうか
ごらんのとおりですだ
また ヒツジの番《ばん》を
しないで本《ほん》を読《よ》んで
おります
奥様《おくさま》も ほとほと
失望《しつぼう》して おります
です
ポコ
ポコ
はっ

ストークス校長《こうちょう》先生《せんせい》!!
やあ　しばらくぶりだね　アイザック
ストークス先生《せんせい》は、王立学校《おうりつがっこう》の校長《こうちょう》をやめて、この教区《きょうく》の牧師《ぼくし》になったのだった。
こ　これは先生《せんせい》　よく　こんなへんぴなところへ
まあ　まあ
偉《えら》い教育者《きょういくしゃ》として名《な》の通《とお》った先生《せんせい》がみえたのでハンナはあわてた。
ストークス先生《せんせい》はアイザックの才能《さいのう》を惜《お》しみ、学校《がっこう》に戻《もど》るようにすすめた。
百姓《ひゃくしょう》としてのアイザックに見切《みき》りをつけていたハンナは、これで決心《けっしん》がついた。

えっ ほんとうですか お母《かあ》さん!!
おまえに農業《のうぎょう》はムリです
しっかり勉強《べんきょう》してりっぱな人《ひと》になりなさい
あ　ありがとうお母《かあ》さん……
よし ぼくはやるぞ お母《かあ》さんやみんなの気持《きも》ちにこたえるためにも
ストーリ　また きみに会《あ》えるぞ… そしてあの2階《かい》の部屋《へや》で好《す》きなことができるんだ

クルクル
ストーリ
また 帰《かえ》って きたよ
アイザック
ああ ストーリ しばらく会《あ》わない うちにキレイに なったな……
なつかしい 屋根裏《やねうら》 部屋《へや》…
あの時《とき》の ままだ ……
この再出発《さいしゅっぱつ》は アイザックを 本格的《ほんかくてき》に 学問《がくもん》の道《みち》へ 進《すす》ませた。

●王立協会《おうりつきょうかい》／化学者《かがくしゃ》のボイル、建築家《けんちくか》のレンなどを中心《ちゅうしん》にロンドンで設立《せつりつ》され、1662年《ねん》に「王立《おうりつ》」として認《みと》められた学会《がっかい》。科学革命《かがくかくめい》に大《おお》きく貢献《こうけん》した。

アイザックが王立学校《おうりつがっこう》に戻《もど》った1660年《ねん》、自然《しぜん》に関係《かんけい》する発見《はっけん》や研究《けんきゅう》を援助《えんじょ》するために、「王立協会《おうりつきょうかい》」が設立《せつりつ》された。
のちにアイザックも会長《かいちょう》になるこの協会《きょうかい》に、当時《とうじ》の国王《こくおう》チャールズ2世《せい》は非常《ひじょう》に力《ちから》を入《い》れていた。「王立協会《おうりつきょうかい》」はたくさんのすぐれた業績《ぎょうせき》をあげ、現在《げんざい》でも第《だい》1級《きゅう》の学会《がっかい》である。
翌《よく》1661年《ねん》、18歳《さい》のときアイザックはすばらしい成績《せいせき》で王立学校《おうりつがっこう》を卒業《そつぎょう》した。
おめでとう アイザック いよいよケンブリッジ大学《だいがく》だね
長《なが》い間《あいだ》 お世話《せわ》になりました 大学《だいがく》へ行《い》ってもがんばります
アイザック 体《からだ》に気《き》をつけて…
うん きみのことは忘《わす》れないよ ストーリ
なんだあ……

3　りんごの木《き》

●万有引力《ばんゆういんりょく》を発見《はっけん》●

こ　これがぼくが勉強《べんきょう》する大学《だいがく》か…
まるで〝バベルの塔《とう》〟だ
ケンブリッジ大学《だいがく》はいくつかの全寮制《ぜんりょうせい》のカレッジの集《あつ》まりで、ニュートンが入学《にゅうがく》した「トリニティ・カレッジ」はその規模《きぼ》とレベルにおいて最高《さいこう》の大学《だいがく》だった。
その建物《たてもの》はこのいなか出《で》の新入生《しんにゅうせい》をおどろかすのにじゅうぶんな巨大《きょだい》さでそびえ立《た》っていた。
ここでぼくは働《はたら》きながら勉強《べんきょう》できるんだ

ニュートンは「給費生《きゅうひせい》」といって学費《がくひ》などを免除《めんじょ》されるかわりに学生《がくせい》のせわや給仕《きゅうじ》などの仕事《しごと》をしなくてはならなかった。
だからユークリッドは…
やっぱり大学《だいがく》だ みんな勉強《べんきょう》のことしか話《はな》していない
おや あの人《ひと》は？

●バベルの塔《とう》／人間《にんげん》が天《てん》までとどく高《たか》い塔《とう》をたてようとした旧約聖書《きゅうやくせいしょ》の伝説《でんせつ》。

ねえ きみ あの人《ひと》はだれだい ?
ああ あの方《かた》は 曲線《きょくせん》に接線《せっせん》をひく方法《ほうほう》の発見《はっけん》で有名《ゆうめい》なバロー教授《きょうじゅ》だよ
バロー教授《きょうじゅ》・・・
アイザック・バローは当時《とうじ》、一流《いちりゅう》の数学者《すうがくしゃ》でまた、古典学者《こてんがくしゃ》・神学者《しんがくしゃ》でもあった。
このころの大学《だいがく》のおもな学科《がっか》は、神学《しんがく》・古典学《こてんがく》・法学《ほうがく》・医学《いがく》などで数学《すうがく》や実験科学《じっけんかがく》などは、重《おも》んじられていなかった。
ここでは 今《いま》までとちがって自分《じぶん》で勉強《べんきょう》しないと先生《せんせい》に教《おし》えてもらえないぞ
科学書《かがくしょ》(天文学《てんもんがく》)をわかるには数学《すうがく》が絶対必要《ぜったいひつよう》だ

●アイザック・バロー／1630年《ねん》～1677年《ねん》。イギリスの数学者《すうがくしゃ》・神学者《しんがくしゃ》。1671年《ねん》よりトリニティ・カレッジの学長《がくちょう》になる。

●コペルニクス／1473年《ねん》～1543年《ねん》。ポーランドの天文学者《てんもんがくしゃ》。1543年《ねん》、「天体《てんたい》の回転《かいてん》」を発表《はっぴょう》し、地動説《ちどうせつ》をとなえた。

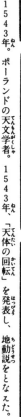

うい〜〜〜? こりゃいい 酒《さけ》だ
ところで きみは なんの本《ほん》を買《か》ったんだい?
デカルトと ユークリッドです 幾何学《きかがく》を勉強《べんきょう》して みたいんです
ふーん
それより どうだい 一杯《いっぱい》 ま
けっこうです 酒《さけ》はやりません ので
はん?
お先《さき》に 失礼《しつれい》します

●デカルト／1596年《ねん》〜1650年《ねん》。フランスの哲学者《てつがくしゃ》・数学者《すうがくしゃ》。「近代哲学《きんだいてつがく》の父《ちち》」といわれ、「われ思《おも》う、ゆえにわれあり」ということばは有名《ゆうめい》。

このころニュートンは「わずかな哲学的疑問《てつがくてきぎもん》」という題《だい》のノートを書《か》きはじめる。
このノートには、読《よ》んだ本《ほん》の要点《ようてん》、自分《じぶん》でおこなった天体観測《てんたいかんそく》や光学《こうがく》の実験《じっけん》の結果《けっか》などが書《か》きこまれている。
ピカッ
ピカッ
……
プリズムの実験《じっけん》かい？ニュートン君《くん》
バロー先生《せんせい》

きみだな
うわさの
ニュートン君《くん》は
少《すこ》しここに
かけて話《はな》さ
ないかい
ニュートンは、直接《ちょくせつ》には
講義《こうぎ》をうけていない
バロー教授《きょうじゅ》に、突然《とつぜん》話《はな》し
かけられて驚《おどろ》いたが――
うれしさをかくしきれず、
今《いま》まで勉強《べんきょう》した幾何学《きかがく》や天文学《てんもんがく》・
光学《こうがく》などについて熱心《ねっしん》に話《はな》した。
そして、たくさんの質問《しつもん》を
やつぎばやにするのだった。
ニュートンの才能《さいのう》に
驚《おどろ》くバロー――
うわさどおり
いや　うわさ以上《いじょう》
のすごい生徒《せいと》だ
こうして
ふたりの間《あいだ》に
師弟《してい》の関係《かんけい》を
こえた友情《ゆうじょう》が
生《う》まれていった。

●プリズム／ガラスなど透明《とうめい》なものでできた三角柱《さんかくちゅう》で、光《ひかり》を曲《ま》げたり分散《ぶんさん》させたりする。

た たいへん だーーっ
1665年《ねん》大学《だいがく》を卒業《そつぎょう》したニュートンは、そのまま大学《だいがく》に残《のこ》って、研究《けんきゅう》に取《と》り組《く》んでいた。
どうしました
ペ ペストが でたんですよ
えーーっ ペスト!?
1664年《ねん》から翌年《よくとし》にかけて、イギリスで大流行《だいりゅうこう》したペストのためロンドンだけでも数万人《すうまんにん》が死《し》んだ。
このため大学《だいがく》は閉鎖《へいさ》されニュートンもウールスソープの生家《せいか》に帰《かえ》ることになった。

●**ペスト**／ペスト菌《きん》によって起《お》こる伝染病《でんせんびょう》。高熱《こうねつ》を発《はっ》し、皮膚《ひふ》が乾燥《かんそう》して黒紫《くろむらさき》になり、死亡率《しぼうりつ》が高《たか》いので「黒死病《こくしびょう》」ともいう。

ただいまー
お帰《かえ》り アイザック よく帰《かえ》ったね
お帰《かえ》りなさい おにいさん
むこうは大変《たいへん》なんだってね
うん しばらくこちらで研究《けんきゅう》をさせてもらうよ
うーむ……

やはり光《ひかり》は色《いろ》によって
屈折率《くっせつりつ》が異《こと》なり
白色光《はくしょくこう》はさまざまな
色《いろ》の束《たば》なんだ
ウ〜ム…
わっ
おにいさん
少《すこ》しぼくたち
とも遊《あそ》んで
よ
あ〜〜〜っ
ビックリ
した
よーし
それでは
おもしろいものを
お見《み》せしよう
どうだい
キレイッ
すごいや

さて とり出《だ》したるは虫《むし》メガネ これでちょっと魔法《まほう》を使《つか》いまーす
……

あれっ 虹《にじ》が消《き》えちゃった
すんごーい 手品師《てじなし》みたーい

ステキ!!
さーすが

この実験《じっけん》でニュートンは虹《にじ》の原因《げんいん》が、光《ひかり》の屈折《くっせつ》だと知《し》った。望遠鏡《ぼうえんきょう》で天体《てんたい》を観測《かんそく》するとき、倍率《ばいりつ》を上《あ》げると像《ぞう》に虹《にじ》がかかって見《み》にくかったので、ニュートンは虹《にじ》の出《で》ない望遠鏡《ぼうえんきょう》を作《つく》ろうと考《かんが》える。

●**光《ひかり》の屈折《くっせつ》**／光《ひかり》が、たとえば空中《くうちゅう》から水中《すいちゅう》に入《はい》る時《とき》など、ちがう種類《しゅるい》の物質《ぶっしつ》に入《はい》る時《とき》、その境《さかい》の面《めん》で進《すす》む向《む》きが曲《ま》がること。この曲《ま》がり方《かた》を屈折率《くっせつりつ》という。

●万有引力《ばんゆういんりょく》／すべての物体《ぶったい》の間《あいだ》に引《ひ》きあう力《ちから》（引力《いんりょく》）があるということ。その大《おお》きさは物体《ぶったい》の質量《しつりょう》（重《おも》さ）に比例《ひれい》し、距離《きょり》の2乗《じじょう》に反比例《はんぴれい》する。

そ　そうか
地球《ちきゅう》はリンゴを引《ひ》っぱっている
けど　リンゴもまた地球《ちきゅう》を
引《ひ》いているんだ…
この力《ちから》は
月《つき》と地球《ちきゅう》の間《あいだ》にも
働《はたら》いているはずだ
リンゴが落《お》ちるのも
月《つき》が地球《ちきゅう》のまわりを
回《まわ》って落《お》ちてこないのも
同《おな》じ法則《ほうそく》のために
ちがいない
リンゴ
山《やま》
A
B
地球《ちきゅう》
C
山《やま》からリンゴを
投《な》げるとする
より大《おお》きな速度《そくど》で
投《な》げればより遠《とお》く
の地面《じめん》に落《お》ちる
投《な》げる速度《そくど》を
しだいに増《ま》して
いくと　ついには
元《もと》にもどってくる

物質《ぶっしつ》が物質《ぶっしつ》を引《ひ》っぱる力《ちから》は宇宙全体《うちゅうぜんたい》にみなぎっているのだ
それが万有引力《ばんゆういんりょく》の思想《しそう》だ
ニュートンの頭《あたま》の中《なか》をすさまじい嵐《あらし》が吹《ふ》き荒《あ》れた！
そうだ！ ケプラー先生《せんせい》の考《かんが》えをもとに自分《じぶん》で実際《じっさい》に計算《けいさん》してみよう
引力《いんりょく》の法則《ほうそく》を数学的《すうがくてき》に証明《しょうめい》するんだ

●ケプラー／1571年《ねん》～1630年《ねん》。ドイツの天文学者《てんもんがくしゃ》。どの惑星《わくせい》が、いつ、どこにいるか計算《けいさん》できるような惑星《わくせい》の運動《うんどう》の法則《ほうそく》を発見《はっけん》した。

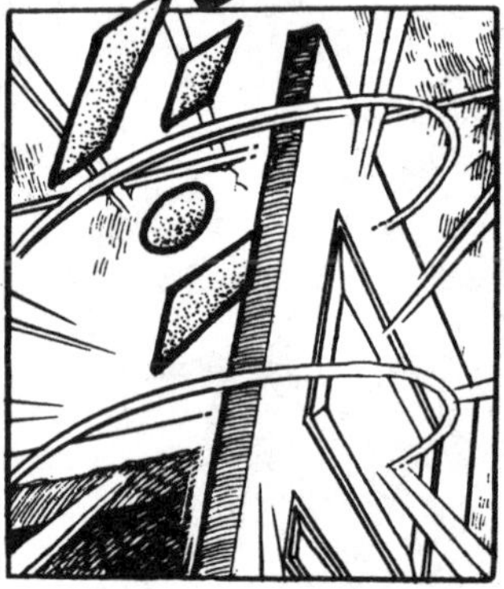

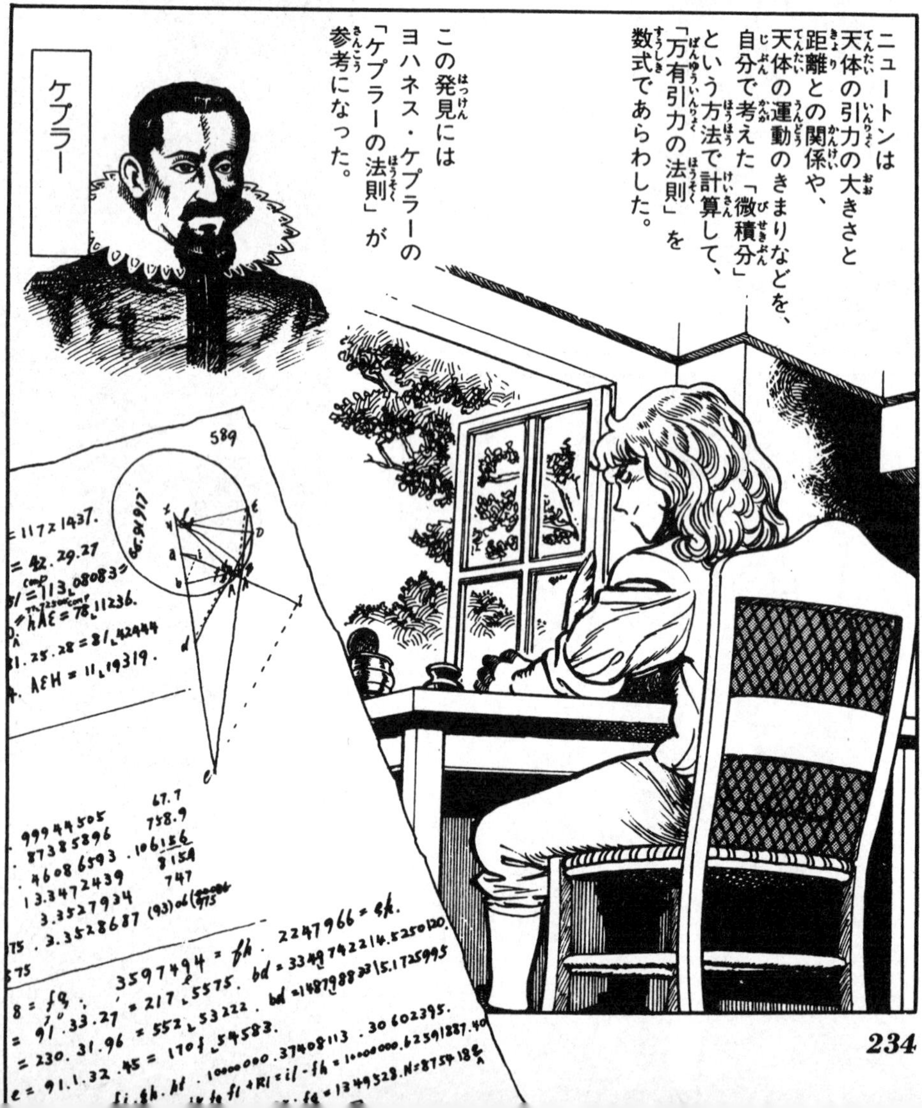
ニュートンは天体《てんたい》の引力《いんりょく》の大《おお》きさと距離《きょり》との関係《かんけい》や、天体《てんたい》の運動《うんどう》のきまりなどを、自分《じぶん》で考《かんが》えた「微積分《びせきぶん》」という方法《ほうほう》で計算《けいさん》して、「万有引力《ばんゆういんりょく》の法則《ほうそく》」を数式《すうしき》であらわした。
この発見《はっけん》にはヨハネス・ケプラーの「ケプラーの法則《ほうそく》」が参考《さんこう》になった。
ケプラー

ウールスソープで過《す》ごした1年半《ねんはん》は、ニュートンにとって実《みの》り多《おお》いものとなった。
光《ひかり》の屈折《くっせつ》や白色光《はくしょくこう》の構成《こうせい》の研究《けんきゅう》、微積分《びせきぶん》という数学《すうがく》の計算法《けいさんほう》の発見《はっけん》、そして有名《ゆうめい》な「万有引力《ばんゆういんりょく》の法則《ほうそく》」――ニュートンの業績《ぎょうせき》の大部分《だいぶぶん》はこの時期《じき》に完成《かんせい》されている。
しかし、ニュートンはこれらの研究《けんきゅう》を自分《じぶん》ひとりの胸《むね》に秘《ひ》めたまま、長《なが》い間《あいだ》発表《はっぴょう》しようとしなかった。

4　反《はん》射《しゃ》望《ぼう》遠《えん》鏡《きょう》

●フックとの論争《ろんそう》●

1667年《ねん》
ペストが下火《したび》になり、ニュートンは再《ふたた》び大学《だいがく》に戻《もど》った。
がんばってるね ニュートン君《くん》
あっ バロー先生《せんせい》
このころニュートンは、ウールスソープで考《かん》えていた新式《しんしき》の望遠鏡《ぼうえんきょう》を作《つく》ろうとしていた。

フム 変《か》わった
望遠鏡《ぼうえんきょう》だね
ガリレイやケプラーの考《かんが》えたものとはちがうな
反射式《はんしゃしき》なんです
反射式《はんしゃしき》……
もうすぐ完成《かんせい》なんですが 反射鏡《はんしゃきょう》をみがくのに時間《じかん》がかかっちゃって
なるほど レンズを使《つか》わないで 銅《どう》を使《つか》うのか
できあがるのが楽《たの》しみだよ ぜひ のぞいてみたいものだ
やはりぼくの見込《みこ》んだとおりの男《おとこ》だ! 彼《かれ》しかいない!
ところでニュートン君《くん》 今日《きょう》はきみに話《はなし》があってきたんだよ
はあ なんでしょう?

●ガリレイ／１５６４年《ねん》〜１６４２年《ねん》。イタリアの物理学者《ぶつりがくしゃ》・天文学者《てんもんがくしゃ》。望遠鏡《ぼうえんきょう》で木星《もくせい》や金星《きんせい》、月《つき》などを観測《かんそく》し、コペルニクスの地動説《ちどうせつ》を支持《しじ》した。

まだ少《すこ》し先《さき》の話《はなし》なんだが…きみにぼくの後任《こうにん》になってほしいんだ
えっ ルーカス教授《きょうじゅ》の後任《こうにん》ですか？
「ルーカス教授《きょうじゅ》」とは ヘンリー・ルーカスという人《ひと》の遺産《いさん》で開設《かいせつ》された「ルーカス数学講座《すうがくこうざ》」の教授《きょうじゅ》で、バローは、初代《しょだい》ルーカス教授《きょうじゅ》だった。
すると先生《せんせい》は？
ぼくはロンドンに行《い》きます 王室《おうしつ》の礼拝堂《れいはいどう》で神《かみ》につかえるのです
ルーカス教授《きょうじゅ》になることは大《おお》きな名誉《めいよ》だった。
このうれしい知《し》らせを聞《き》いて、ニュートンはますますはりきって反射望遠鏡《はんしゃぼうえんきょう》の製作《せいさく》を進《すす》めた。

反射鏡《はんしゃきょう》の材料《ざいりょう》の合金《ごうきん》や、鏡《かがみ》をみがくのに必要《ひつよう》な道具《どうぐ》も、ニュートンは自分《じぶん》で作《つく》った。
小《ちい》さなころから工作《こうさく》好《ず》きだったニュートンは職人《しょくにん》よりも器用《きよう》だったのだ。
夜《よ》がふけても研究室《けんきゅうしつ》の灯《ひ》が消《き》えないこともたびたびだった。
やっと反射鏡《はんしゃきょう》ができたぞ
あとはかんたんな円筒《えんとう》と支持台《しじだい》だけだ
できたも同然《どうぜん》だぞ

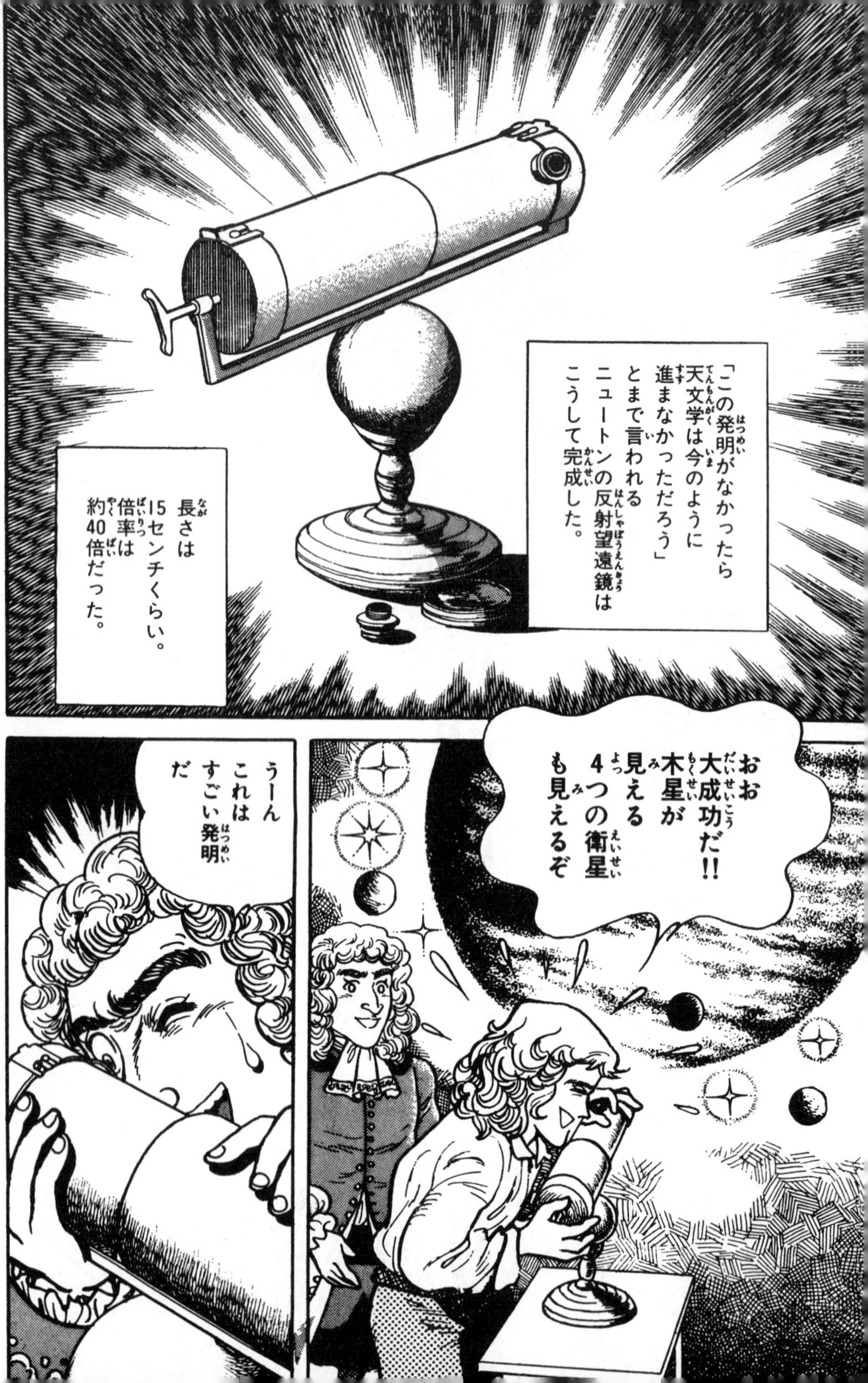
「この発明《はつめい》がなかったら天文学《てんもんがく》は今《いま》のように進《すす》まなかっただろう」とまで言《い》われるニュートンの反射望遠鏡《はんしゃぼうえんきょう》はこうして完成《かんせい》した。
長《なが》さは15センチくらい。倍率《ばいりつ》は約《やく》40倍《ばい》だった。
おお大成功《だいせいこう》だ!! 木星《もくせい》が見《み》える 4《よっ》つの衛星《えいせい》も見《み》えるぞ
うーん これは すごい発明《はつめい》だ

おめでとう
ニュートン君《くん》
これはきっと
評判《ひょうばん》に
なりますよ
しかし、ニュートンは
またもこの発明《はつめい》を
公表《こうひょう》しなかったので
話題《わだい》にはならなかった。
そして、翌《よく》1669年《ねん》、ニュートンは
バロー教授《きょうじゅ》の推薦《すいせん》によって、26歳《さい》の
若《わか》さでルーカス教授《きょうじゅ》となる。
わたしのいう
光学《こうがく》とは
……
ニュートン教授《きょうじゅ》の
講義《こうぎ》はつまらんぜ
むずかしすぎて
頭《あたま》いたくなるよ
ハン

…であるから
……
おれ明日《あす》学校《がっこう》サボる
……オレも
ニュートンの光学《こうがく》の講義《こうぎ》は、学生《がくせい》たちにまったく評判《ひょうばん》が悪《わる》かった。講義《こうぎ》の内容《ないよう》がむずかしすぎたのだ。
しかし、ニュートンはそういう評判《ひょうばん》を少《すこ》しも気《き》にせず自分《じぶん》の研究《けんきゅう》に夢中《むちゅう》だった。

そして、ついに——
な　なんて いうことだ 講義《こうぎ》を 受《う》けようと する生徒《せいと》が だれもいない
わはは… こりゃ マイッタネ
このほうが 研究《けんきゅう》に集中《しゅうちゅう》できて いいぞ　うん

教授《きょうじゅ》になった
ニュートンは
生活《せいかつ》も楽《らく》になり
時間《じかん》の余裕《よゆう》もできて
研究《けんきゅう》に打《う》ち込《こ》める
ようになった。
1671年《ねん》、
最初《さいしょ》の望遠鏡《ぼうえんきょう》に改良《かいりょう》を加《くわ》えた
第《だい》2号《ごう》の望遠鏡《ぼうえんきょう》が完成《かんせい》。
バローの紹介《しょうかい》で
王立協会《おうりつきょうかい》に
提示《ていじ》することになる。
おおっ！
これは画期的《かっきてき》な
望遠鏡《ぼうえんきょう》だ
これを作《つく》ったのは
どんな人物《じんぶつ》だ！

反射望遠鏡《はんしゃぼうえんきょう》はたちまち学会《がっかい》の話題《わだい》をさらい国王《こくおう》のチャールズ2世《せい》も見《み》にきたほどだった。
フム…よくできておる

すごい望遠鏡《ぼうえんきょう》ができたそうだ
ああニュートンの反射望遠鏡《はんしゃぼうえんきょう》だろ
ニュートンの望遠鏡《ぼうえんきょう》は……
望遠鏡《ぼうえんきょう》のうわさとともにニュートンの名前《なまえ》も、国中《くにじゅう》に知《し》れわたる。

そして、1672年《ねん》、29歳《さい》のとき、ニュートンは王立協会《おうりつきょうかい》の会員《かいいん》となった。
よし「光《ひかり》と色《いろ》の新理論《しんりろん》」を学会《がっかい》で発表《はっぴょう》しよう
人々《ひとびと》の賞賛《しょうさん》に気《き》をよくしたニュートンは、光学《こうがく》の研究《けんきゅう》を公表《こうひょう》した。
ロンドン――
今度《こんど》王立協会《おうりつきょうかい》の会員《かいいん》になったニュートンについてどう思《おも》われますかフックさん
うーむ

●ロバート・フック／1635年《ねん》～1703年《ねん》。イギリスの物理学者《ぶつりがくしゃ》・天文学者《てんもんがくしゃ》。1679年《ねん》、「フックの法則《ほうそく》」（弾性《だんせい》の法則《ほうそく》）を発表《はっぴょう》。

彼《かれ》の光学《こうがく》の論文《ろんぶん》を読《よ》んだが 私《わたくし》を説得《せっとく》するものはなにもない
のちに「フックの法則《ほうそく》」を発見《はっけん》するロバート・フックは王立協会《おうりつきょうかい》の中心的人物《ちゅうしんてきじんぶつ》だった。
彼《かれ》のやったことは私《わたくし》の仮説《かせつ》でも他《ほか》の仮説《かせつ》でも説明《せつめい》できます
ニュートンのものも仮説《かせつ》にすぎないですな
おおかた私《わたくし》の本《ほん》でも読《よ》んで勉強《べんきょう》したんでしょう
……
…
若《わか》き科学者《かがくしゃ》として名声《めいせい》を得《え》たニュートンだったが、賞賛《しょうさん》と同時《どうじ》にさまざまな批判《ひはん》もおこってきた。
うーむ なんてことだ このフック教授《きょうじゅ》の論評《ろんぴょう》は見当《けんとう》ちがいもはなはだしい！

●フックの法則《ほうそく》／ばねの伸《の》びは、ばねに働《はたら》いた力《ちから》に比例《ひれい》する、という法則《ほうそく》。

不愉快《ふゆかい》だ
反論《はんろん》を書《か》こう
人《ひと》の研究《けんきゅう》をみな自分《じぶん》が先《さき》にやってると思《おも》ってる
自信過剰《じしんかじょう》もいいところだ
この、ニュートンとフックの論争《ろんそう》は、何年間《なんねんかん》も尾《お》を引《ひ》いた。
むう〜〜〜！
ちょっと先輩《せんぱい》だと思《おも》って…石頭《いしあたま》め
徹底的《てっていてき》に論文《ろんぶん》を送《おく》るぞ
この論争《ろんそう》を通《つう》じて、1675年《ねん》、ニュートンは光《ひかり》の干渉《かんしょう》のためにできる「ニュートン環《かん》」を発見《はっけん》する。フックとの論争《ろんそう》は、結果的《けっかてき》に光学《こうがく》の分野《ぶんや》においてもニュートンの名《な》を残《のこ》させることになった。
ニュートン環《かん》

●光《ひかり》の干渉《かんしょう》／しゃぼん玉《だま》の表面《ひょうめん》のようなうすい膜《まく》や細《ほそ》いみぞに光《ひかり》があたり、光《ひかり》の波《なみ》の山《やま》と山《やま》、谷《たに》と谷《たに》が重《かさ》なり合《あ》って虹《にじ》の七色《なないろ》が見《み》える現象《げんしょう》。

フックさん
お顔《かお》の色《いろ》がすぐれないようですが……
えっ
あ…む
ニュートンとの光学論争《こうがくろんそう》でおつかれですかな
……むむ…
たしかに彼《かれ》は天才的《てんさいてき》なひらめきのある男《おとこ》です…
しかし！
MIYATA SAN ARIGATŌ ARIGATŌ
彼《かれ》のやったことはすべて私《わたくし》の研究《けんきゅう》がヒントになったりそのマネでしかないんですよ
…
ダヒヒ…
フックは、事実《じじつ》、すぐれた学者《がくしゃ》だったがあらゆる問題《もんだい》を手《て》がけたので、他人《たにん》の研究《けんきゅう》が自分《じぶん》のまねに見《み》えた。その上《うえ》、ずけずけとものを言《い》うので、人《ひと》にけむたがられた。

●ニュートン環《かん》／凸《とつ》レンズを平《たい》らなガラス板《いた》にのせて上《うえ》から見《み》ると色《いろ》づいた何重《なんじゅう》もの円《えん》が見《み》える。この円《えん》をニュートン環《かん》という。

王立協会《おうりつきょうかい》から
送《おく》られてくる
「哲学会報《てつがくかいほう》」を見《み》る
たびに、ニュートンは
いらいらした。
あ〜っ またこういう解釈《かいしゃく》を！
どうしてフック教授《きょうじゅ》はこうなんだ！
もう ウンザリだ
自分《じぶん》の説《せつ》だってデカルトの借《か》り物《もの》じゃないか
こんなことなら協会《きょうかい》をやめたほうがいい！

しかし、
王立協会《おうりつきょうかい》の書記《しょき》の
オルデンバーグが説《と》きふせて
なんとか協会《きょうかい》をやめること
だけは思《おも》いとどまらせた。
ニュートンは
すっかり
論争《ろんそう》にこりて
このあと
新発見《しんはっけん》はいっさい
公表《こうひょう》しないことに
決《き》めてしまった。
この公表《こうひょう》ぎらいのために
のちに、いろいろな
もめ事《ごと》が起《お》きるのである。

5　プリンキピア

●物理学《ぶつりがく》の基礎《きそ》をつくる●

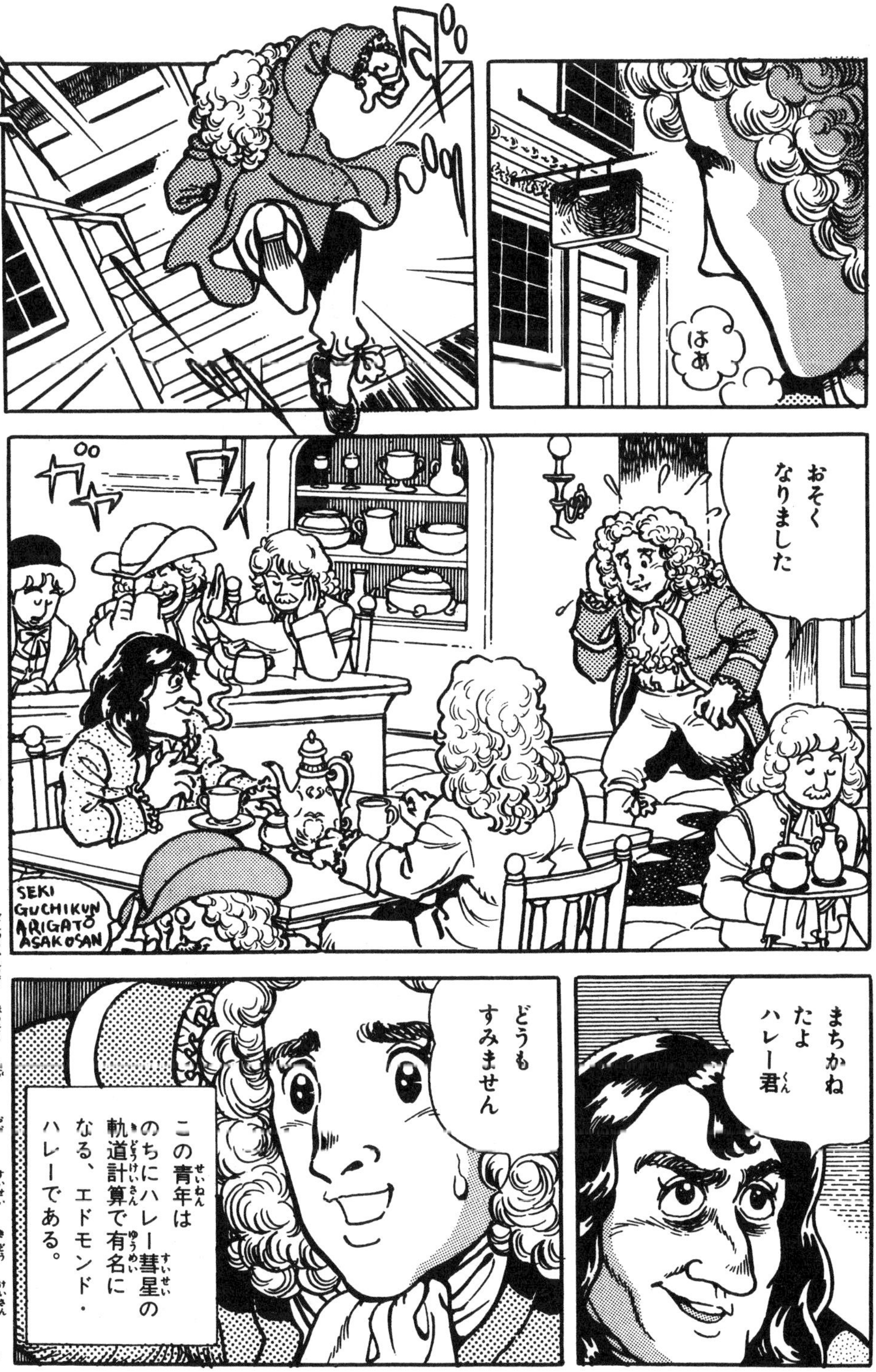
はあ
ガヤガヤ
おそくなりました
SEKI GUCHIKUN ARIGATO ASAKOSAN
まちかねたよハレー君《くん》
どうもすみません
この青年《せいねん》はのちにハレー彗星《すいせい》の軌道計算《きどうけいさん》で有名《ゆうめい》になる、エドモンド・ハレーである。

●エドモンド・ハレー／1656年《ねん》～1742年《ねん》。イギリスの天文学者《てんもんがくしゃ》。ニュートンの万有引力《ばんゆういんりょく》の法則《ほうそく》に従《したが》って多《おお》くの彗星《すいせい》の軌道《きどう》を計算《けいさん》した。

この前《まえ》の
彗星《すいせい》の観測結果《かんそくけっか》を見《み》たが
研究《けんきゅう》はその後《ご》
すすんでいるかな
クリストファ・レン
イギリス最高《さいこう》の
建築家《けんちくか》のひとり。
セントポール寺院《じいん》
グリニッジ天文台《てんもんだい》
など、たくさんの
公共建築物《こうきょうけんちくぶつ》を作《つく》っ
た。王立協会設立《おうりつきょうかいせつりつ》
者《しゃ》のひとりである。
いや、どうも
むずかしくて……
ORE NAOE KUN
TAKURŌ KITEII?
昨夜《さくや》 ずっと考《かんが》えて
いたのですが 太陽《たいよう》が
惑星《わくせい》におよぼす力《ちから》は
どんな法則《ほうそく》にしたがう
とお思《おも》いでしょうか?

●クリストファ・レン／1632年《ねん》〜1723年《ねん》。イギリスの建築家《けんちくか》・科学者《かがくしゃ》。若《わか》くして天文学《てんもんがく》の教授《きょうじゅ》となったが、1663年《ねん》、建築家《けんちくか》の道《みち》へ進《すす》む。

●2乗《じじょう》とは、同《おな》じ数《かず》を2回《かい》かけること。「距離《きょり》の2乗《じじょう》に反比例《はんぴれい》する」とは、距離《きょり》が5倍《ばい》になれば引力《いんりょく》は1/25になること。

そりゃ きみ 距離《きょり》の2乗《じじょう》に 反比例《はんぴれい》するに 決《き》まってるさ
しかし どうして それが 断言《だんげん》できるの ですかな フック先生《せんせい》
かんたんさ 光《ひかり》の強《つよ》さは光源《こうげん》からの 距離《きょり》の2乗《じじょう》に反比例《はんぴれい》する じゃないか それと同《おな》じ計算《けいさん》 でいくと思《おも》うね
……
しかし 証明《しょうめい》が できなくては
フッ…
ム

それは必《かなら》ず証明《しょうめい》できる
でもこれはまだだれもやったことのない数学《すうがく》ですよ
もし　できたとしたらこれは相当《そうとう》なる高等数学《こうとうすうがく》といえますね
ワハハ　これはおもしろいことになったぞ
どうだろう　2ヵ月《げつ》と期限《きげん》を決《き》めて　きみたちふたりで証明《しょうめい》をしてみないか?
もしできたら　ぼくは40シリングの賞金《しょうきん》を出《だ》してもいい
BUTSU BUTSU
AYAKO MYLOVE
よし　見《み》てろ　必《かなら》ず証明《しょうめい》してみせる

そして、約束《やくそく》の2カ月《げつ》はまたたく間《ま》に過《す》ぎた——
……
……
スパ
スパー
ICHIKAWA SAN MUROSHI TATEBAYASHI SAN Mr. AWA KURA ARIGATO
UENO KOMA TAKUCHAN MITAI UFU…
ギュ
わたしの考《かんが》えはこの前《まえ》のとおりだ…
フー

ぼくは
賞金《しょうきん》を
とられやしないか
とビクビクして
いただけさ
……
……
はっ
そうだ
どうぞ

お久《ひさ》しぶりです ニュートン先生《せんせい》
ハレー君《くん》
このごろ あまり協会《きょうかい》にも顔《かお》を出《だ》されないみたいですね
はは…出不精《でぶしょう》でね
ところでニュートン先生《せんせい》
今日《きょう》はお聞《き》きしたいことがあるのです
なんでしょう？
重力《じゅうりょく》が距離《きょり》の2乗《じじょう》に反比例《はんぴれい》して働《はたら》くとしたら 惑星《わくせい》はどんな軌道《きどう》を描《えが》くでしょうか？

楕円《だえん》です
どうして それを…
自分《じぶん》で計算《けいさん》したことですから知《し》ってますよ
ウールスソープのいなかでやったもので もう20年《ねん》くらいも前《まえ》でしょうか…
な なぜ そんな重大《じゅうだい》な発見《はっけん》を発表《はっぴょう》なさらないんですか
研究《けんきゅう》は発表《はっぴょう》のためのもんでもないんですよ
おどろいた方《かた》だ… 光学上《こうがくじょう》の業績《ぎょうせき》だけでも大変《たいへん》な方《かた》だと思《おも》っていたのに…
重力《じゅうりょく》についてもそれだけのご研究《けんきゅう》があるとは…

ニュートン先生《せんせい》 ぜひ それを まとめて発表《はっぴょう》 いたしましょう!!
まあ そう あわてないで ください
その論文《ろんぶん》が どこかにあるはずです 探《さが》してみましょう
えっ
しかし それは見《み》つからず また新《あたら》しく書《か》いて ハレーに送《おく》った。
うーむ… これはスゴイ! そうだ ニュートン先生《せんせい》の全研究《ぜんけんきゅう》を 本《ほん》にしたら
ハレーはニュートンに 本《ほん》を書《か》くことを 熱心《ねっしん》にすすめ、
その熱意《ねつい》に 負《ま》けて、ついに ニュートンは本《ほん》を 書《か》くことになった。
その執筆《しっぴつ》のために 秘書《ひしょ》をひとり雇《やと》った。
ダルマ どーえす
「力《ちから》と運動《うんどう》の法則《ほうそく》」とは 物体《ぶったい》は加《くわ》えられた力《ちから》に 従《したが》ってどこまでも動《うご》こう とする 力《ちから》を加《くわ》えられない 物体《ぶったい》は その場《ば》にとどま ろうとする

●ニュートンは、この「運動《うんどう》の3法則《ほうそく》」のほかにも「摩擦《まさつ》」「加速度《かそくど》」「遠心力《えんしんりょく》と求心力《きゅうしんりょく》」など、あらゆる力学現象《りきがくげんしょう》を説明《せつめい》する体系《たいけい》をつくり上《あ》げた。

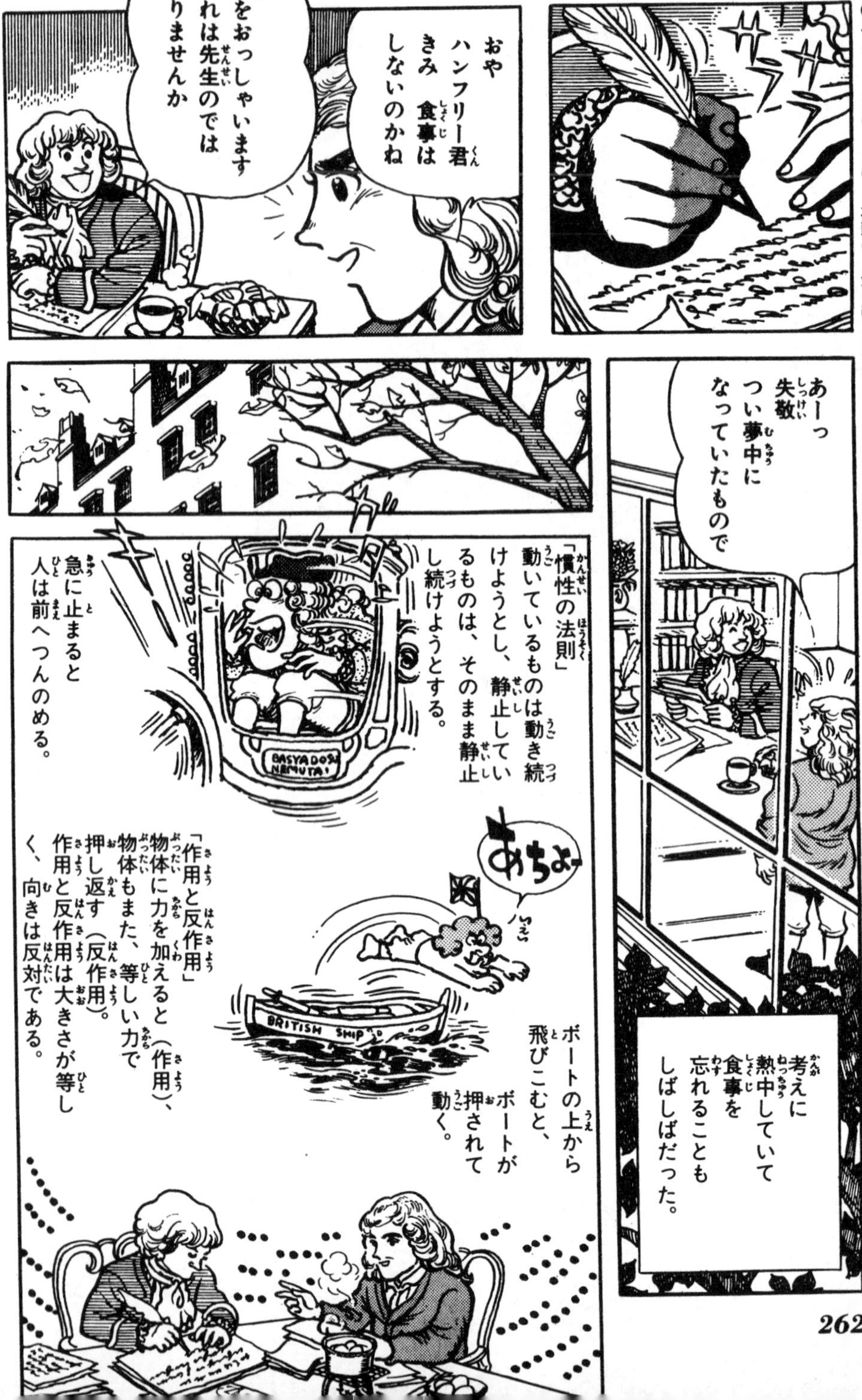
サラ
サラ
サラ
おや ハンフリー君《くん》 きみ 食事《しょくじ》は しないのかね
何《なに》をおっしゃいます これは先生《せんせい》のでは ありませんか
あーっ 失敬《しっけい》 つい夢中《むちゅう》に なっていたもので
考《かんが》えに 熱中《ねっちゅう》していて 食事《しょくじ》を 忘《わす》れることも しばしばだった。
「慣性《かんせい》の法則《ほうそく》」 動《うご》いているものは動《うご》き続《つづ》けようとし、静止《せいし》しているものは、そのまま静止《せいし》し続《つづ》けようとする。
ガッ
BASYADOSU NEMUTAI
急《きゅう》に止《と》まると 人《ひと》は前《まえ》へつんのめる。
あちょー
BRITISH SHIP
ボートの上《うえ》から 飛《と》びこむと、 ボートが 押《お》されて 動《うご》く。
「作用《さよう》と反作用《はんさよう》」 物体《ぶったい》に力《ちから》を加《くわ》えると（作用《さよう》）、物体《ぶったい》もまた、等《ひと》しい力《ちから》で押《お》し返《かえ》す（反作用《はんさよう》）。作用《さよう》と反作用《はんさよう》は大《おお》きさが等《ひと》しく、向《む》きは反対《はんたい》である。

以上《いじょう》 運動《うんどう》についての根本《こんぽん》法則《ほうそく》です
はっ
せ、先生《せんせい》 タマゴと一緒《いっしょ》に時計《とけい》をゆでてますよ
うむー こいつは食《く》えん
……
こんなことをくり返《かえ》しながらも仕事《しごと》は着実《ちゃくじつ》に進《すす》められた。
ここで述《の》べられていることは現在《げんざい》の物理学《ぶつりがく》の基礎《きそ》を築《きず》いたもので、そのためにニュートンは「近代科学《きんだいかがく》の父《ちち》」と呼《よ》ばれるのだ。
そして、1年《ねん》と8ヵ月《げつ》が過《す》ぎたころ――
ニュートン先生《せんせい》ついにできましたねおめでとうございます!!
これを本《ほん》にして出版《しゅっぱん》するのはわたしにまかせてください

1687年《ねん》
科学史上最大《かがくしじょうさいだい》の
書物《しょもつ》といわれる
「プリンキピア」は
こうして世《よ》に出《で》た。
PHILOSOPHIÆ NATURALIS PRINCIPIA MATHEMATICA
IMPRIMATUR
S. PEPYS, Reg. Soc. PRÆSES
LONDINI,
「プリンキピア」を
読《よ》んだ学者《がくしゃ》たちは
そのすばらしさに
目《め》をみはったが
これは すごい 本《ほん》だ…
ひとりだけ
文句《もんく》をつけた
学者《がくしゃ》がいた。
け けしからん
……

ニュートンの重力《じゅうりょく》の法則《ほうそく》はわたしの逆《ぎゃく》2乗則《じじょうそく》からヒントを得《え》たものだ
それなのに なぜ わたしの名前《なまえ》を出《だ》さないのだ!!
ニュートンの公表《こうひょう》ぎらいがわざわいして、フックはニュートンが20年前《ねんまえ》に引力《いんりょく》の研究《けんきゅう》を完成《かんせい》していたことを知《し》らなかったのだ。
抗議文《こうぎぶん》を出《だ》そう
なんてことだ…
この争《あらそ》いはハレーが中《なか》にはいってまるくおさめた。
しかし、「プリンキピア」の成功《せいこう》によって、学者《がくしゃ》としてのフックは急激《きゅうげき》に光《ひかり》を失《うしな》い、
一方《いっぽう》ニュートンの名声《めいせい》は世界中《せかいじゅう》に広《ひろ》まった。

●逆《ぎゃく》2乗則《じじょうそく》／この場合《ばあい》、引力《いんりょく》が距離《きょり》の2乗《じじょう》に反比例《はんぴれい》すること。

1689年《ねん》、46歳《さい》のとき
ケンブリッジ大学《だいがく》を
代表《だいひょう》する国会議員《こっかいぎいん》に
選《えら》ばれる。
この
学者議員《がくしゃぎいん》は
まったく
無口《むくち》で、
SPECIAL THANKS TEZUKA PRODUCTION ALL STAFF FROM RIKI
BUTSU BUTSU
発言《はつげん》したのは
たった1回《かい》、
きみ 回転窓《かいてんまど》を閉《し》めてください
と、守衛《しゅえい》に言《い》っただけだった。

この年《とし》、母親《ははおや》ハンナが重《おも》い熱病《ねつびょう》にかかる。
アイザック…りっぱになって…おまえはわたしの誇《ほこ》りです……
お母《かあ》さんしっかりするんですよ
悪《わる》い母親《ははおや》でしたね許《ゆる》してくださいね
何《なに》をいうんです……
お母《かあ》さんお母《かあ》さん
お母《かあ》さん

ホゥ…
お母《かあ》さん!!
母《はは》の死《し》にうちのめされた
ニュートンは、半年間《はんとしかん》も
家《いえ》に閉《と》じこもっていた。
ニュートンは
いちども
両親《りょうしん》といっしょに
暮《く》らしたことがなく、
自分《じぶん》もまた
生涯独身《しょうがいどくしん》だった。
この内《うち》なる孤独《こどく》が
ニュートンを
天才科学者《てんさいかがくしゃ》に
したのかもしれない。

●造幣局《ぞうへいきょく》／貨幣《かへい》を製造《せいぞう》する役所《やくしょ》。

6　栄光《えいこう》の日々《ひび》

●晩年《ばんねん》のニュートン●

1696年《ねん》造幣局《ぞうへいきょく》の監事《かんじ》となりロンドンへ移《うつ》る。
3年後《ねんご》、56歳《さい》で造幣局長官《ぞうへいきょくちょうかん》となる。
お帰《かえ》りなさいおじさま
ただいまキャサリン
キャサリン・バートンはニュートンのめいで、このころニュートンの身《み》の回《まわ》りの世話《せわ》をしていた。

当時《とうじ》17歳《さい》のキャサリンは、その美《うつく》しさと才智《さいち》のため社交界《しゃこうかい》の花形《はながた》となりニュートンの家《いえ》にもたくさんの人々《ひとびと》が集《あつ》まるようになる。
『ガリバー旅行記《りょこうき》』の作者《さくしゃ》、ジョナサン・スウィフトもそのひとりだった。
1703年《ねん》、王立協会《おうりつきょうかい》の会長《かいちょう》になる。
そして2年後《ねんご》、もっと大《おお》きな栄光《えいこう》が待《ま》っていた。

アン女王《じょおう》がケンブリッジ大学《だいがく》を訪《おとず》れて
アイザック・ニュートン そなたを貴族《きぞく》として認《みと》めます
身《み》に余《あま》る光栄《こうえい》です ありがたくお受《う》けします
わたしの生涯《しょうがい》最良《さいりょう》の日《ひ》だ
科学者《かがくしゃ》から貴族《きぞく》に選《えら》ばれたのはイギリス史上《しじょう》ニュートンがはじめてだった。

●アン女王《じょおう》／在位《ざいい》１７０２年《ねん》～１７１４年《ねん》。

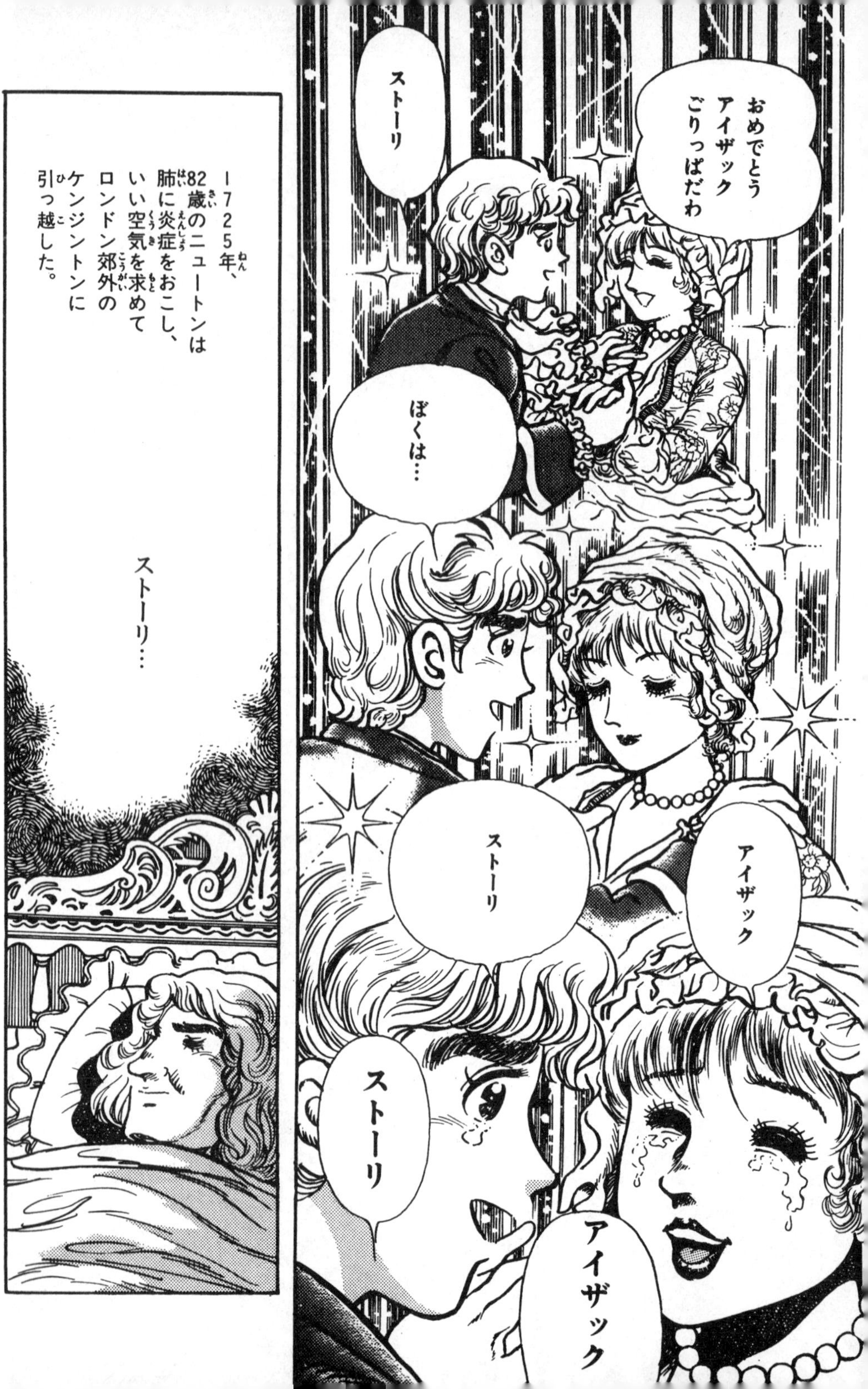
おめでとう
アイザック
ごりっぱだわ
ストーリ
ぼくは…
ストーリ
アイザック
ストーリ
アイザック
1725年《ねん》、
82歳《さい》のニュートンは
肺《はい》に炎症《えんしょう》をおこし、
いい空気《くうき》を求《もと》めて
ロンドン郊外《こうがい》の
ケンジントンに
引《ひ》っ越《こ》した。
ストーリ…

1727年《ねん》、
肺《はい》の炎症《えんしょう》をこじらせて
意識《いしき》不明《ふめい》の重体《じゅうたい》と
なる。
おかあさん
おかあさん
おかあさん
ぼくだけの
お母《かあ》さん……
3月20日《がつはつか》、
ケンジントンで
多《おお》くの人《ひと》に惜《お》しまれながら
アイザック・ニュートンは
84年間《ねんかん》にわたる
その輝《かがや》かしい生涯《しょうがい》の
幕《まく》を閉《と》じた。

私《わたし》が世間《せけん》からどのように
見《み》られているかは、わからない。
しかし、自分《じぶん》には
波《なみ》うちぎわでたわむれている
ひとりの少年《しょうねん》にすぎなかったように
思《おも》われる。
真理《しんり》の大海《たいかい》が、まったく解《と》かれずに
横《よこ》たわっているのに、
少年《しょうねん》は浜《はま》べで
美《うつく》しい小石《こいし》や貝《かい》がらを見《み》つけては
喜《よろこ》んでいるのだ。
(ニュートンが晩年《ばんねん》に
自分《じぶん》の一生《いっしょう》をふり返《かえ》って
いったことば)

エジソン

作画　田中つかさ

エジソン

もくじ

主《おも》な登場《とうじょう》人物《じんぶつ》

トーマス・アルバ・エジソン

(1647年《ねん》～1931年《ねん》)
もちまえの探求心《たんきゅうしん》と努力《どりょく》で数《かぞ》えきれないほどの発明《はつめい》をし「世界《せかい》の発明王《はつめいおう》」と呼《よ》ばれる。

父《ちち》サミエルと母《はは》ナンシー

(?～1896年《ねん》)
(?～1871年《ねん》)
正義感《せいぎかん》が強《つよ》く陽気《ようき》な父《ちち》。エジソンの素質《そしつ》を見《み》ぬき、やさしく見守《みまも》る母《はは》。

ヘンリー・フォード

(1863年《ねん》～1947年《ねん》)
アメリカの自動車王《じどうしゃおう》。エジソンとは大《だい》の親友《しんゆう》。

マッケンジー駅長《えきちょう》

(生没《せいぼつ》は不明《ふめい》)
息子《むすこ》の命《いのち》の恩人《おんじん》、エジソンに電信技術《でんしんぎじゅつ》を教《おし》える。

ミルトン・アダムス

(生没《せいぼつ》は不明《ふめい》)
エジソンの親友《しんゆう》。エジソンの才能《さいのう》を認《みと》め励《はげ》ます。

1　アルは困《こま》った子《こ》

●なぜ？　なぜ？　どうして？●

ねえ どうして!? ねえ!
うるさい!!
商売《しょうばい》のじゃまだ むこうへ行《い》け!!
イ〜〜〜ダ!!
ズロロ ズロロ
キョロ キョロ

●小《ちい》さいころエジソンは「アル」と呼《よ》ばれていた。

なぜ〝火《ひ》〟はあついの？
燃《も》えるからだよ!!
そんなこたァあたりまえじゃねえか！
なぜ〝火《ひ》〟は燃《も》えるの!?なぜあたりまえなの!?
ねえなぜ!?
なぜ!?
こ こらっあぶないはなせ!!
アルのやつへんなことばかりききやがる！
頭《あたま》がおかしいのさ！

どんなことにも興味《きょうみ》を示《しめ》し、おとなたちを質問《しつもん》ぜめにしてこまらせるアル――
これが、のちの〝発明王《はつめいおう》〟エジソンです。
トーマス・アルバ・エジソンは、1847年《ねん》2月《がつ》11日《にち》、雪《ゆき》の朝《あさ》に生《う》まれました。
母《はは》ナンシー。
父《ちち》サミエルは、屋根板《やねいた》製造工場《せいぞうこうじょう》を経営《けいえい》していました。

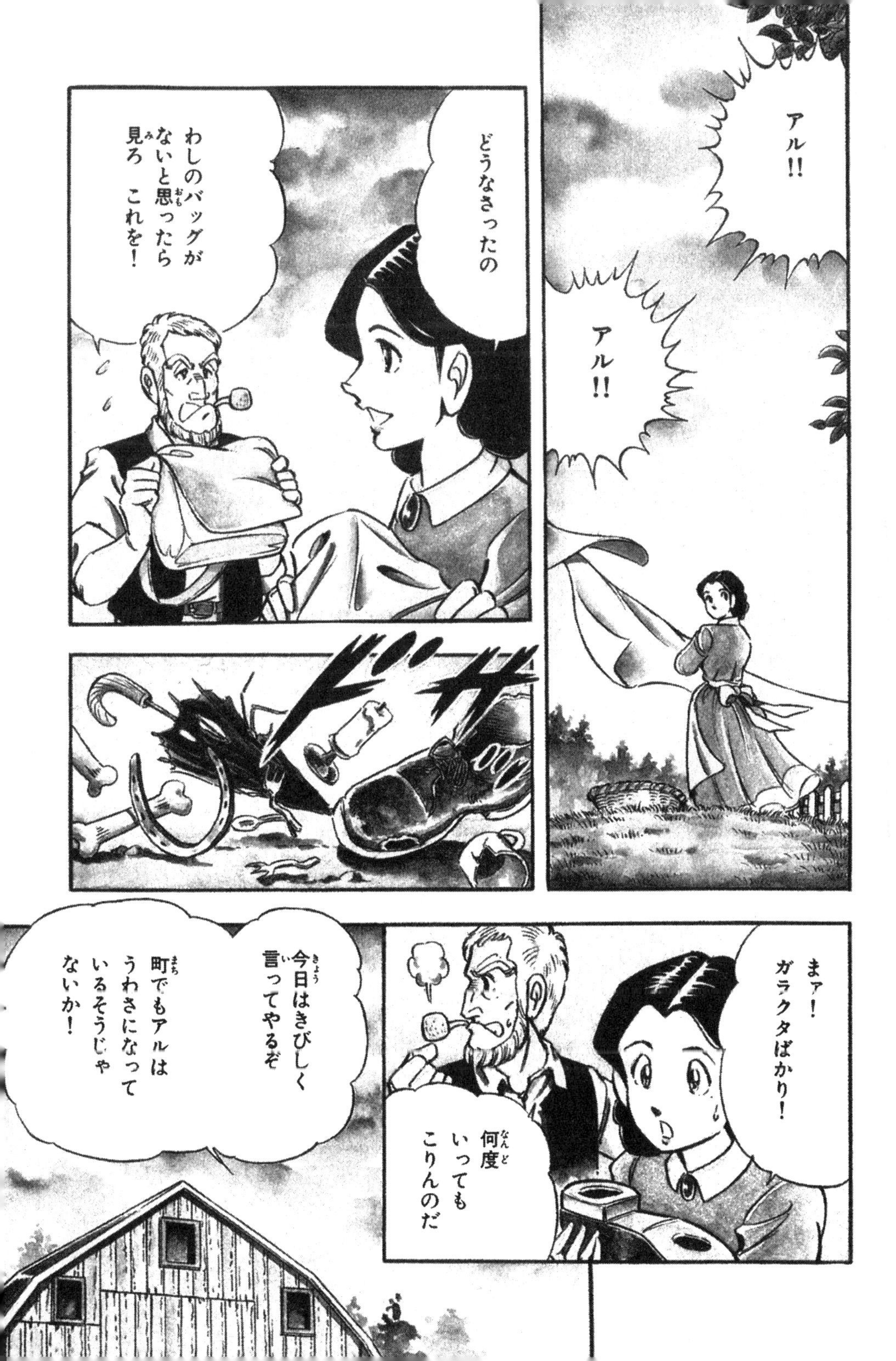
アル!!
アル!!
どうなさったの
わしのバッグがないと思《おも》ったら見《み》ろ　これを!
まァ!ガラクタばかり!
何度《なんど》いってもこりんのだ
今日《きょう》はきびしく言《い》ってやるぞ
町《まち》でもアルはうわさになっているそうじゃないか!

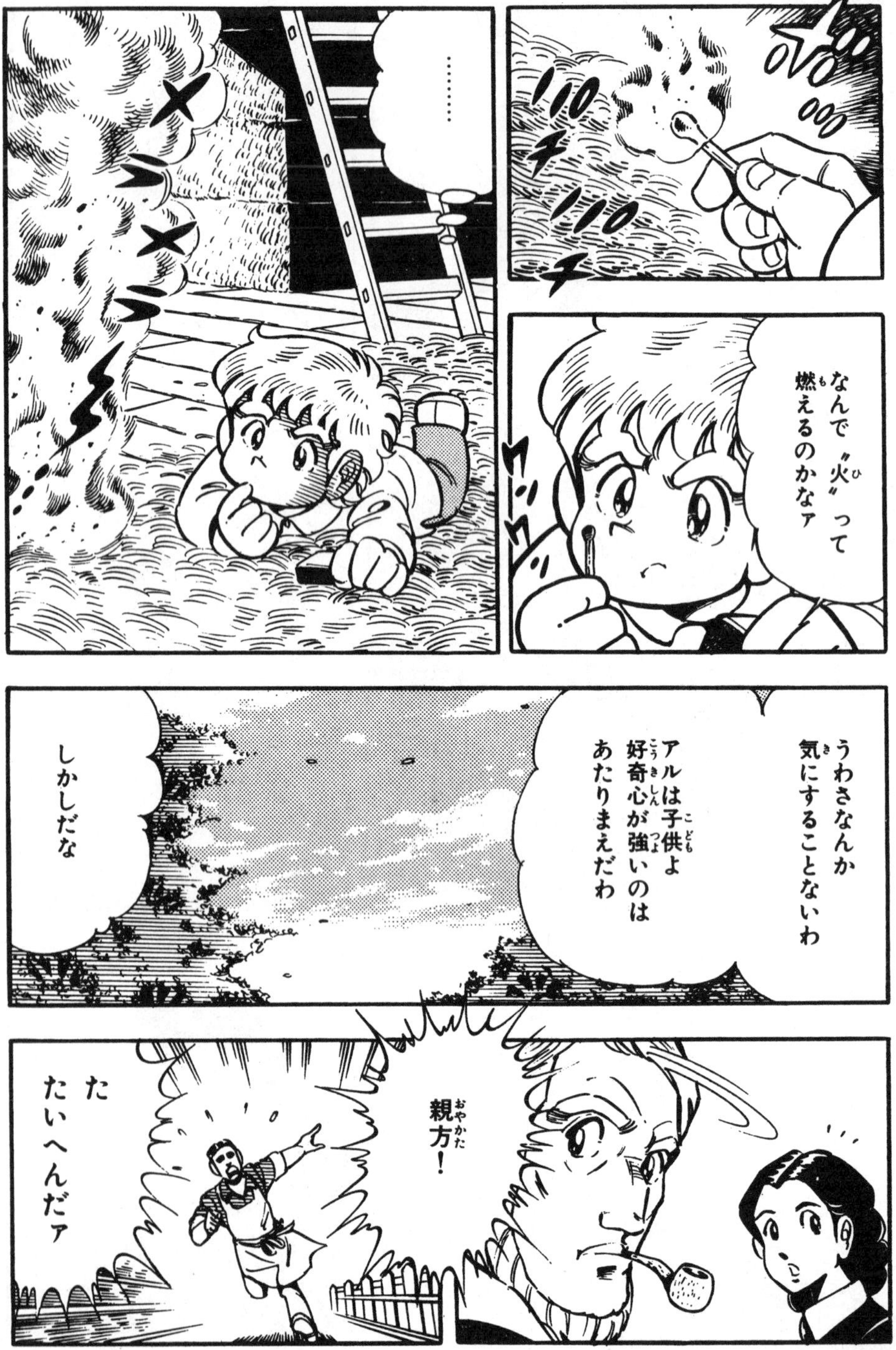
なんで〝火《ひ》〟って
燃《も》えるのかなァ
……
うわさなんか
気《き》にすることないわ
アルは子供《こども》よ
好奇心《こうきしん》が強《つよ》いのは
あたりまえだわ
しかしだな
親方《おやかた》!
た
たいへんだァ

ああーーっ
納屋《なや》が!!
アル!!
水《みず》だァ
水《みず》をもって
こーーーい!!
ドッ
ゲホ
ゲホッ

あ〜ん
アルバ いたずらにも ほどがあるぞ!!
人《ひと》さまの家《いえ》まで 燃《も》えたら どうする気《き》だ!!
え〜ん
親方《おやかた》も困《こま》った子《こ》を もったもんだ
んだ
しっ!
……
……

数日後《すうじつご》──
……
ピ
ピ
わっ
わあーっ
ピ

ねえ
なぜ!?
どうして卵《たまご》から
ヒナがかえるの!?
ねえ!!
グェ?
アルーーッ
アル
ごはんよ
ーーっ
アルのやつ
どこへ行《い》ったんだ
!?
あらっ
ピイ
ピイー
ガァ
ガァ

アル!?
ア
おまえってやつは!
ホホホホ
……

なぜそんなに笑《わら》うの？
ぼく
卵《たまご》からなぜヒナがかえるのかたしかめたかっただけだよ！
アルバ!!
服《ふく》を卵《たまご》だらけにしてかい
……
……

●1853年《ねん》、ペリーがアメリカの使節《しせつ》として来航《らいこう》。日本《にほん》に開国《かいこく》を求《もと》めた。日本《にほん》は、この要求《ようきゅう》を受《う》けいれ翌年《よくねん》、日米和親条約《にちべいわしんじょうやく》を結《むす》び、下田《しもだ》と函館《はこだて》の2港《こう》を開《ひら》いた。

たしかにアルバは
ほかの子《こ》とは
かわっているわ
おとなになったら
いったい
どんな人《ひと》に
なるのかしら
エジソンは、
この時《とき》6歳《さい》――
日本《にほん》では、浦賀《うらが》に
黒船《くろふね》がやってきて、
国中《くにじゅう》が大《おお》さわぎを
していたころでした。

1854年《ねん》——
エジソン一家《いっか》は、
ミランから
ポートヒューロンに
移《うつ》りました。
湖《みずうみ》が一目《ひとめ》で見渡《みわた》せる
美《うつく》しい場所《ばしょ》です。
父《ちち》サミエルは、ここで
穀物《こくもつ》と木材《もくざい》の取《と》り引《ひ》きを
始《はじ》めました。
ヒューロン湖《こ》
ポートヒューロン
サンクレア湖《こ》
デトロイト
ミラン
エリー湖《こ》
次《つぎ》の年《とし》、
8歳《さい》になったアルバは
小学校《しょうがっこう》に入学《にゅうがく》しました。
ところが——
先生《せんせい》
汽車《きしゃ》はどうして
走《はし》るの?

……
なぜ星《ほし》は落《お》ちないの?
ザワ
ザワ
ザワ
雲《くも》はなんでできてるの?
クスクス
クスクス
声《こえ》はなぜでるの?
あ〜あ〜
アーーー
アルバ!!
どうしてあなたは授業《じゅぎょう》のじゃまばかりするんです!!
でてなさい!!
あ〜!!
不思議《ふしぎ》だなァ

アルは、わざと授業《じゅぎょう》のじゃまをしたのではありません。「なぜ？」と思《おも》うと気《き》になってしかたがないのでした。
……
？
？
？
アルバ！
この問題《もんだい》を解《と》いてみたまえ！
3+2=

先生《せんせい》！ なぜ雨《あめ》は ふるの？
ワァ
また はじまった
そんなことは どうでもいい！
それより問題《もんだい》が わかるかね？
ううん わかんない
ほーーっ
クスクス
ヒソ
こんな簡単《かんたん》な 問題《もんだい》もわからんのかね こりゃ おどろいた！
だから いつも へんな質問《しつもん》ばかり してごまかして いたーー
そうだな!!
ちがうよ ぼく 本当《ほんとう》に…

アルバ!!
おまえみたいな
バカはもう学校《がっこう》へ
来《こ》んでもいいい!!
キョトッ
まァ なんて
ひどいことを!
教師《きょうし》の
くせ
しおって!
ねえ バカって
なァに?
ズッ
ル

エジソンさん はっきり申《もう》し上《あ》げますが おたくのアルバ君《くん》は 問題児《もんだいじ》ですな
他《ほか》の生徒《せいと》の足《あし》を ひっぱるだけです お気《き》の毒《どく》だが やめていただきたい
けっこうですわ
型《かた》にはまった教育《きょういく》では アルバの才能《さいのう》は 伸《の》ばせませんからね！
こうして アルバは たった 3カ月《げつ》で 学校《がっこう》をやめて しまいました。

今日《きょう》から ママが先生《せんせい》よ
わぁーい やったァ
母《はは》ナンシーは、結婚《けっこん》する前《まえ》、カナダで、村《むら》の学校《がっこう》の先生《せんせい》をしていました。
ぼく ほんとは 学校《がっこう》へ行《い》くの イヤだったんだ
でも ママなら なにきいても おこったり 笑《わら》ったり しないよね?
もちろんよ! さあ はじめましょう
アルは本当《ほんとう》は バカなんじゃ ないだろうか……
それとも頭《あたま》が よすぎるのか……

ナンシーの教《おし》え方《かた》はちょっと変《か》わっていました。字《じ》が読《よ》めて、その意味《いみ》がわかりさえすれば、どんなむずかしい本《ほん》でもあたえたのです。
ママ この字《じ》は?
それはね……
ママァ これは?
OF ENGLAND
ヒュームの「英国史《えいこくし》」だって!?
アルのやつ 本当《ほんとう》に こんなもん 読《よ》んどるのか!?
わたしも びっくりしてるの

●「自然《しぜん》科学《かがく》の学校《がっこう》」には、家庭《かてい》でできるいろいろな科学《かがく》の実験《じっけん》が絵《え》入《い》りでのっていた。アルは、これをひとつ残《のこ》らずやってみたという。

見《み》て！ ごはんも食《た》べずに夢中《むちゅう》なの
すごい集中力《しゅうちゅうりょく》だわ！
あの子《こ》はバカなんかじゃないわ！ 今《いま》にきっとりっぱな人《ひと》になるわよ！
うむ！
このころアルは、パーカーの「自然《しぜん》科学《かがく》の学校《がっこう》」という本《ほん》に夢中《むちゅう》でした。
そして、しだいに「化学《かがく》」に興味《きょうみ》をもつようになったのです。

2　アル、奮戦《ふんせん》す！

●走《はし》る実験室《じっけんしつ》●

あっ ワシだ！
カーッチョイイ!!
あんなふうに飛《と》べたら気持《きも》ち いいだろな
!!
マイケル うちに おいでよ！
あっ 石《いし》が
いいよ そんなもん
ただいまァ
あらっ 帰《かえ》ってきたわ
ガチャ
お帰《かえ》りなさい
ちょうどパイが焼《や》けたところよ

あと！
あと！
キャッ
また
地下室《ちかしつ》ね
マイケル
暗《くら》いから
気《き》をつけて
ああ
わァ すんげェ!!
これみんなアルの
もんかァ!?
うん！
おこづかいためて
少《すこ》しずつ
そろえたんだ
アルは地下室《ちかしつ》を
実験室《じっけんしつ》に
していたのです。

●フットウ酸《さん》／炭酸水素《たんさんすいそ》ナトリウムと酒石酸《しゅせきさん》を混《ま》ぜたもの。下剤《げざい》などに使《つか》われる。

ゴク…
プハーッ
……
……
どう？体《からだ》が軽《かる》くなってきた感《かん》じがしない？
そういやあおなかのあたりが……
く苦《くる》しい!!
アル助《たす》けてえ!!
ママイケル!!

ふたりとも
パイが
さめ……
!!
ママア
マイケルが!!
さいわい
マイケルは
無事《ぶじ》でしたが…
!
人《ひと》を実験《じっけん》に使《つか》うなんて
なんてことするの!!
もう
ここは
使《つか》わせません

薬品《やくひん》や道具《どうぐ》はすててしまえ！
ガチャ
ガチャッ
あっ
まって　パパ
それだけは！
アルバ!!
マイケルにもあやまる!!
もう人《ひと》を実験《じっけん》に使《つか》ったりしない!!
だから……
ぼ
ぼくから実験《じっけん》をとりあげないで………
ハァ
ハァ
……
——こうして約束《やくそく》を守《まも》るということで実験《じっけん》を続《つづ》けられるようになりました。

1859年《ねん》——
アル12歳《さい》。
アメリカ全土《ぜんど》に
わたって
鉄道《てつどう》と電信《でんしん》とが
ひろまっている
最中《さいちゅう》でした。
ようし!
働《はたら》いて
お金《かね》をもうけて
電信機《でんしんき》をつくるんだ!

パパ　ママ
ぼく　これからは
化学《かがく》のほかにも
電信《でんしん》の勉強《べんきょう》も
やりたいんだ
カチャ
カチャ
でも　お金《かね》が
どっちゃりかかるんだ
そこで――
汽車《きしゃ》で売《う》り子《こ》を
やることに
決《き》めたよ
な
なんだと
!?
まあ!
当時《とうじ》は、ポートヒューロンと
デトロイトの間《あいだ》100km《キロメートル》を
グランド・トランク鉄道《てつどう》の
汽車《きしゃ》が、毎日一往復《まいにちいちおうふく》して
いたのです。
ポートヒューロン
デトロイト

●1851年《ねん》、イギリス、フランス間《かん》に世界初《せかいはつ》の海底電線《かいていでんせん》がひかれ、1857年《ねん》からアメリカのフィールドによって大西洋《たいせいよう》を横断《おうだん》させる事業《じぎょう》が進《すす》んでいた。

おはよう!
おーす!
汽車《きしゃ》は朝《あさ》7時《じ》に
ポートヒューロンを出発《しゅっぱつ》。
3時間《じかん》かかって、
10時《じ》に
デトロイトに到着《とうちゃく》。
STOP
帰《かえ》りは
デトロイトを
夕方出発《ゆうがたしゅっぱつ》し、
夜《よる》9時《じ》すぎに
家《いえ》にもどります。
この、行《ゆ》き帰《かえ》りの汽車《きしゃ》の中《なか》で、
新聞《しんぶん》やキャンディを売《う》るのが
アルの仕事《しごと》でした。
もうけは、1日《にち》
8ドルから10ドル。

毎日《まいにち》、母親《ははおや》に1ドルを渡《わた》し、
ありがと助《たす》かるわ
父親《ちちおや》には、あまった新聞《しんぶん》をもって帰《かえ》りました。
わしはこれが一番《いちばん》の楽《たの》しみだ
アルは、帰《かえ》りの汽車《きしゃ》の時間《じかん》まで、デトロイトの図書館《としょかん》で勉強《べんきょう》し、
家《いえ》に帰《かえ》ってからは実験《じっけん》にあけくれる、という毎日《まいにち》でした。
そんなある日《ひ》——
だめだ　だめだ!! 火事《かじ》にでもなったらどうする!!

家《いえ》に帰《かえ》ってからだと
実験《じっけん》する時間《じかん》が足《た》りないんだ
ぼく　もっと実験《じっけん》が
したいんだよ！
だから手《て》荷《に》物車《もつしゃ》の
喫煙室《きつえんしつ》を貸《か》せだと？
ふざけるな！
いいじゃねえか
使《つか》わせてやれよ
だけど　会社《かいしゃ》には内緒《ないしょ》だぜ
気《き》をつけてくれよ
ありがとう
アレンさん
こうして〝走《はし》る実験室《じっけんしつ》〟が
できあがりました。
そして、アルが
14歳《さい》になったころ――

南北戦争《なんぼくせんそう》が始《はじ》まったのです。

●南北戦争《なんぼくせんそう》／1861年《ねん》～1865年《ねん》。どれい制度《せいど》などをめぐって、アメリカ合衆国《がっしゅうこく》が北部《ほくぶ》と南部《なんぶ》に分《わ》かれて戦《たたか》った戦争《せんそう》。

押《お》すなよ!
見《み》えないだろ
ザワ
ザワ
なんだろ?
デトロイト駅《えき》の掲示板《けいじばん》には、「シャイローの戦《たたか》い」のニュースがはりだされていました。
ガヤ
ガヤ
南軍《なんぐん》 北軍《ほくぐん》 合《あ》わせて 2万《まん》5千人《せんにん》の 死傷者《ししょうしゃ》だとさ!
そうだ!!
おじさん
!!
おや アル

●シャイローの戦《たたか》い/1862年《ねん》4月《がつ》、グラント将軍《しょうぐん》の北軍《ほくぐん》とジョンストン将軍《しょうぐん》の南軍《なんぐん》がシャイローで戦《たたか》い、南北軍《なんぼくぐん》あわせて2万《まん》5千人《せんにん》の死傷者《ししょうしゃ》をだした。

帰《かえ》りの駅《えき》全《ぜん》部《ぶ》にシャイローのニュースを掲《けい》示《じ》するように電《でん》信《しん》を打《う》って!!
大《だい》至《し》急《きゅう》だよ!!
今日《きょう》は「デトロイト・フリー・プレス」を1000部《ぶ》くれる!
ええーっそんなに!?
新聞《しんぶん》はいかが――っ
"シャイローの戦《たたか》い"がくわしくのってるよ――っ

く　くれーーっ
わしもだ!!
はい 押《お》さないで! 5セントですよ 5セント!
へへ 思《おも》ったとおりだ
やったね!
10セントですよ 10セント!
駅《えき》に着《つ》くたび 新聞《しんぶん》は とぶように 売《う》れます。
最後《さいご》には 25セントまで 値上《ねあ》げしたのですが、全部《ぜんぶ》売《う》りきれて しまいました。

HERALD
THE WEEKLY HERALD.
PUBLISHED BY A. EDISON.
TERMS.
THE WEEKLY Eight Cents Per Month,
Profiesser Power has returned to Canada a
entertaining delighted audiences at New B
more for the past two weeks listening to
comical lectures etc.
Did'nt succeed—A gentleman by the na
Watkins agent for the Hayitan gover
recently tried to swindle the Grand Trunk
おもしろい記事《きじ》が
あれば売《う》れる！
アルは自分《じぶん》で新聞《しんぶん》を発《はっ》
行《こう》することにしました。
名前《なまえ》は「ウィークリー・
ヘラルド」です。
新聞《しんぶん》には、ニュース、
商品市況《しょうひんしきょう》、汽車《きしゃ》の時刻変更《じこくへんこう》、
おもしろい小話《こばなし》などが
のっており、たいへん
評判《ひょうばん》になりました。
HERALD
たまたま
乗《の》りあわせた
イギリス人《じん》の目《め》にとまり、
イギリスで紹介《しょうかい》された
こともあります。
たいしたもんじゃ ないか アル！
まァね！
この子《こ》ったら フフ……
HERALD

●黄燐《おうりん》／空気《くうき》に触《ふ》れると燃《も》えだすため水《みず》の中《なか》に保存《ほぞん》しておく。たいへん有毒《ゆうどく》で、指《ゆび》に触《ふ》れると、やけどをする。

アルババ!!
ああ──っ なんてことを!!
アレンさん
見《み》ろ! だから いわんこっちゃ ねえんだ!!
このガキィ!!

こうして、
〝走《はし》る実験室《じっけんしつ》〟は
とりやめになって
しまいました。
STOP
ところで、みなさんは
エジソンの片方《かたほう》の耳《みみ》が
よく聞《き》こえないことを
知《し》っていますか？
汽車《きしゃ》で火事《かじ》を出《だ》した時《とき》
なぐられたことが原因《げんいん》
といわれていますが、
それだけではないよう
です。
ジジ・・・

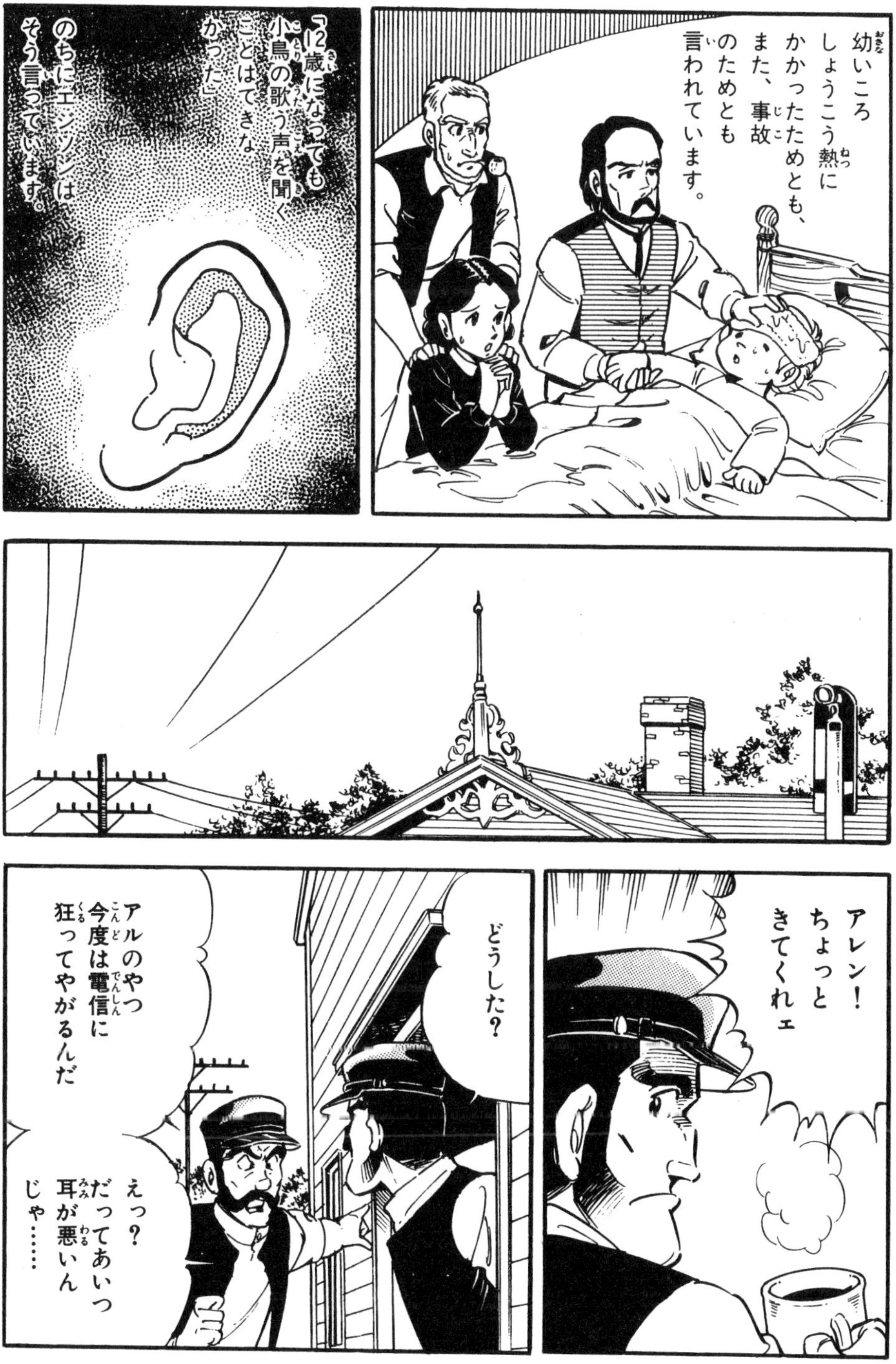
幼《おさな》いころ しょうこう熱《ねつ》に かかったためとも、 また、事故《じこ》 のためとも 言《い》われています。
「12歳《さい》になっても 小鳥《ことり》の歌《うた》う声《こえ》を聞《き》く ことはできな かった」
のちにエジソンは そう言っています。
アレン！ ちょっと きてくれェ
どうした？
アルのやつ 今度《こんど》は電信《でんしん》に 狂《くる》ってやがるんだ
えっ？ だってあいつ 耳《みみ》が悪《わる》いん じゃ……

●しょうこう熱《ねつ》／のどの痛《いた》みとともに高熱《こうねつ》を発《はっ》し、全身《ぜんしん》に赤《あか》い発疹《ほっしん》ができる。現在《げんざい》は溶連菌感染症《ようれんきんかんせんしょう》と呼《よ》ばれ、ペニシリンで治療《ちりょう》できるようになった。

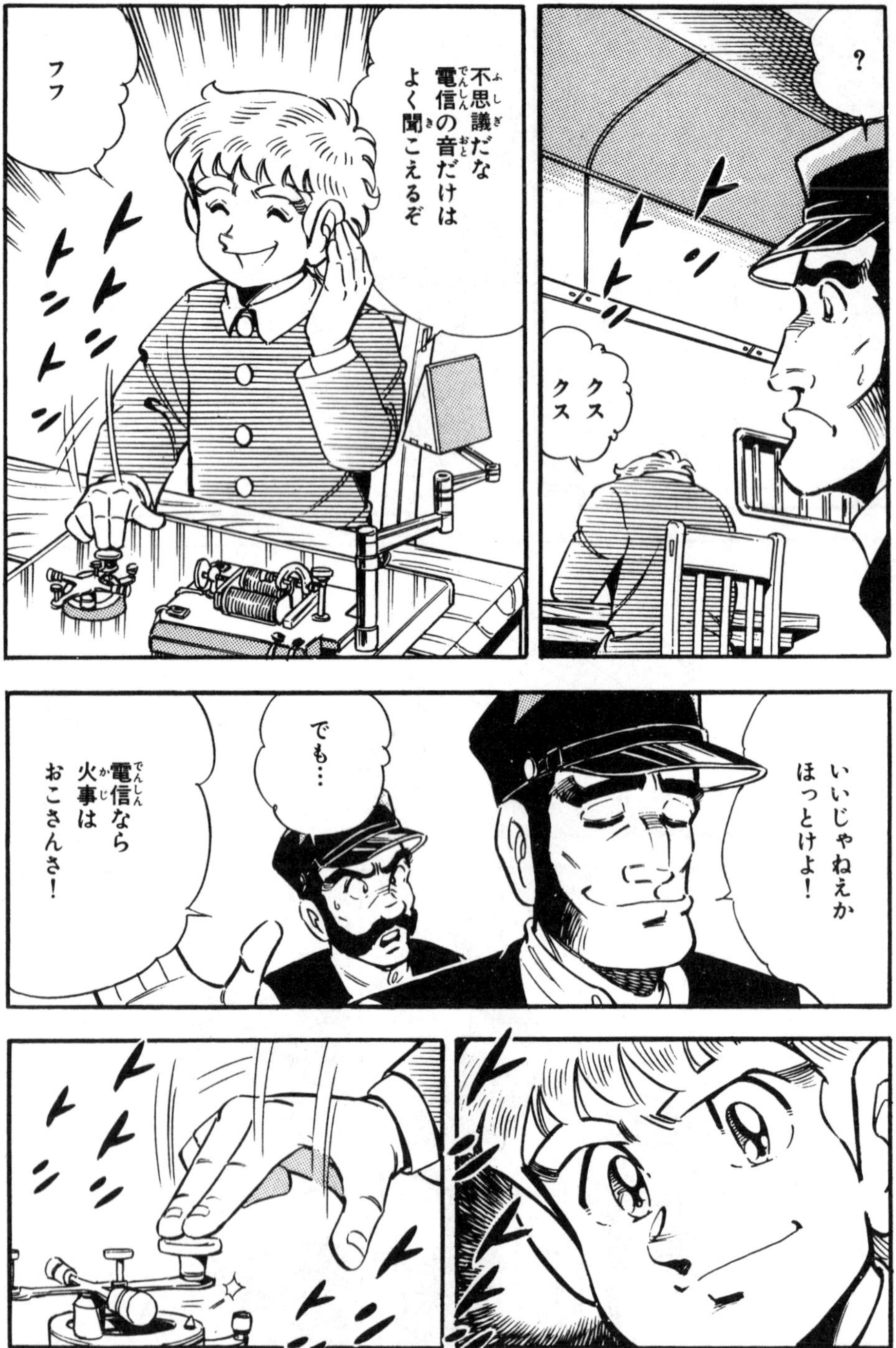
？
クスクス
不思議《ふしぎ》だな
電信《でんしん》の音《おと》だけはよく聞《き》こえるぞ
フフ
いいじゃねえか
ほっとけよ！
でも・・・
電信《でんしん》なら
火事《かじ》は
おこさんさ！

●マウント・クレメンズ駅《えき》／ポートヒューロンから35km《キロメートル》のところにある。

ジ〜〜ン ミ〜〜ン ジ〜……
マウント・クレメンズ駅《えき》
MOUNT CLEMENS
やあ アル 今日《きょう》も暑《あつ》いね
新聞《しんぶん》も汗《あせ》をかいてますよ マッケンジー駅長《えきちょう》
ああーっ ジミーが!!
あぶない!!

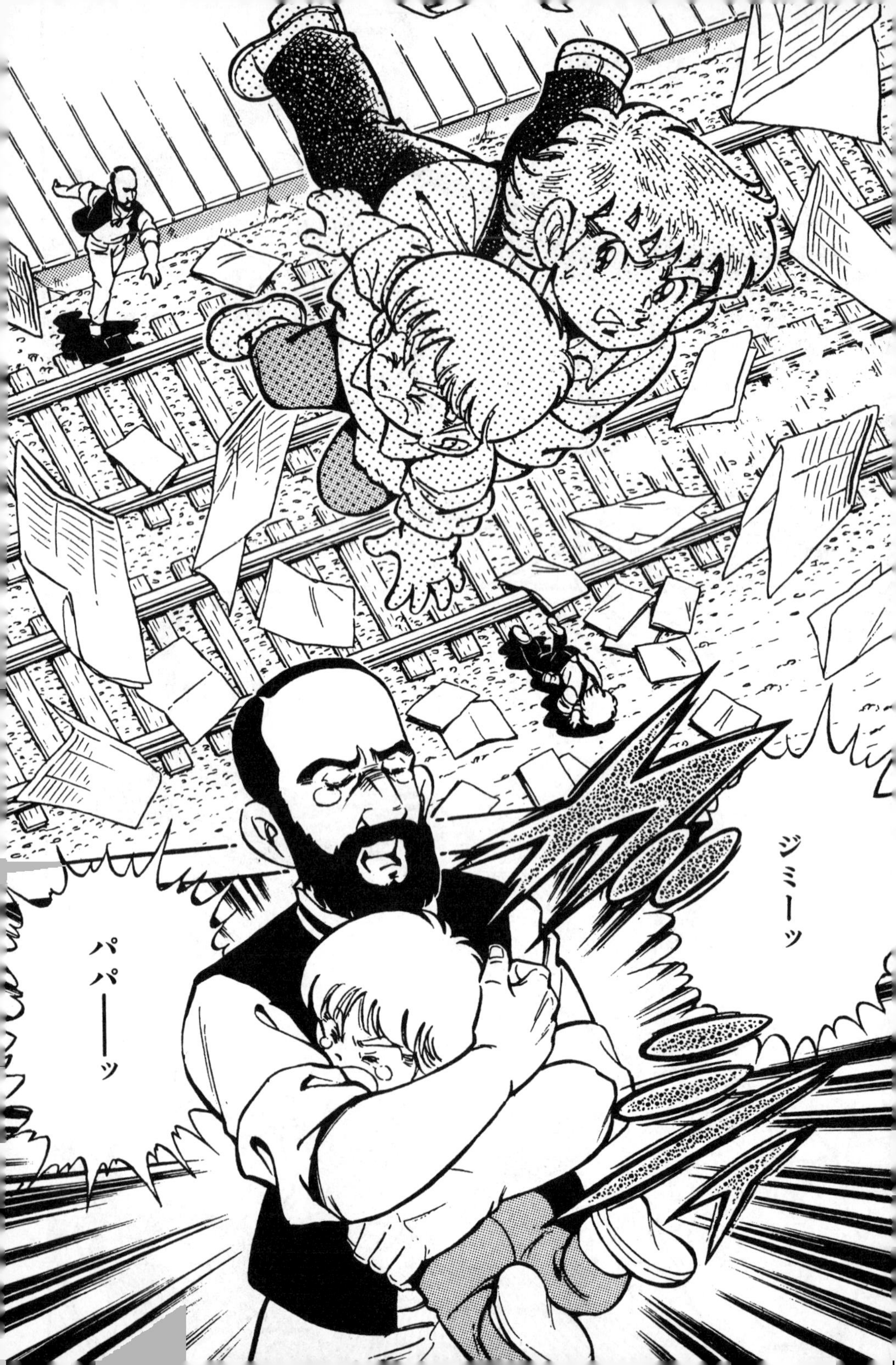
ジミーッ
パパーーーッ

よかった！本当《ほんとう》によかった！アル　きみのおかげだよ
へへっ　てれるな
そうだ！きみはたしか電信《でんしん》に興味《きょうみ》をもってたね
お礼《れい》といってはなんだがわしが本物《ほんもの》の鉄道電信《てつどうでんしん》を教《おし》えてあげようじゃないか
やったア!!

マッケンジー駅長《えきちょう》から手《て》ほどきをうけて、アルは、みるみる上達《じょうたつ》していきました。
こんなに上達《じょうたつ》の早《はや》い子《こ》もめずらしい！
そして5ヵ月後《げつご》にはポートヒューロンに小《ちい》さな電信局《でんしんきょく》を開業《かいぎょう》。アルが15歳《さい》の時《とき》です。
EDISON'S TELEGRAPH OFFICE
ところが、町《まち》にはもうひとつ、ウォーカー電信局《でんしんきょく》がありました。
ヒマだなァ
……

●1837年《ねん》、モールスが電磁石《でんじしゃく》を応用《おうよう》した電信機《でんしんき》と「モールス符号《ふごう》」を発明《はつめい》。それ以来《いらい》電信技師《でんしんぎし》は花形職業《はながたしょくぎょう》で、当時《とうじ》の子供《こども》たちのあこがれのまとだった。

コツ
いらっ……
ウォーカーさん！
やあ アル
今日《きょう》は話《はなし》が
あってきたんだ
じつは
電信係《でんしんがかり》の弟《おとうと》が
兵隊《へいたい》にいっちまってね
そこできみが代《か》わりに
ウチにきてもらえん
かね
月給《げっきゅう》は
20ドル出《だ》そう！
考《かん》えてもみたまえ
こんな小《ちい》さな町《まち》に
ふたつも電信局《でんしんきょく》は
いらんよ！
どうかね？
………
それも
そうですね！
今《いま》から
行《い》きましょう！

ガラー
なんだい
こっちもあんまり
かわんないや
そうだ!
実験《じっけん》を
やろう!
あいつ
またやっとる!!
アルバ!!
きみはわしに
雇《やと》われてる身《み》だぞ
仕事中《しごとちゅう》に
勝手《かって》なマネを
するな!!

カナダのストラトフォード連絡駅《れんらくえき》で電信技師《でんしんぎし》を求《もと》めている
月給《げっきゅう》は25ドル！きみの腕《うで》なら大丈夫《だいじょうぶ》だ！
今《いま》のままではおもしろくあるまい
駅長《えきちょう》さんのいうとおりだ
このままじゃいけない！なんとかしなきゃ
グッ
よお――し!!
駅長《えきちょう》さん!! ぼく カナダでがんばってみます！
おおっアルバ!!

3　放浪《ほうろう》・独立《どくりつ》・別《わか》れ

●電信技師《でんしんぎし》から発明家《はつめいか》へ●

ストラトフォード連絡駅《れんらくえき》――
ここで、エジソンは、昼間《ひるま》勉強《べんきょう》するために、ほかの人《ひと》がいやがる夜勤《やきん》を選《えら》びました。

しかし、勉強《べんきょう》の疲《つか》れもあって、つい、うとうとしがちです。

夜勤《やきん》の技師《ぎし》が眠《ねむ》ってはこまるので、この会社《かいしゃ》には、1時間《じかん》ごとに「6」という数字《すうじ》を打電《だでん》する規則《きそく》がありました。

カチッ
そこでエジソンは
ゆっくり寝《ね》るために、
置《お》き時計《どけい》と電信機《でんしんき》を
組《く》み合《あ》わせて、
自動発信装置《じどうはっしんそうち》を
つくったのです。
これが、エジソンの
発明第《はつめいだい》1号《ごう》です。
ストラトフォードの
夜勤《やきん》はまじめだなァ
ああ 毎回《まいかい》
1秒《びょう》の狂《くる》いもなく
打《う》ってくるよ
……………

ある晩《ばん》
起《お》きろ エジソン!!
は はい
支配人《しはいにん》の モースさん……
なるほど! こちらから いくら打電《だでん》しても 受信《じゅしん》しないわけだ!
ギョロ
ハハッ ども……
し しまった!
エジソン おまえは クビだァ!!

こうして
エジソンの放浪《ほうろう》が
始《はじ》まりました――
1865年《ねん》――
南北戦争終結《なんぼくせんそうしゅうけつ》。
リンカーン大統領《だいとうりょう》
暗殺《あんさつ》される。
1866年《ねん》――
大西洋横断《たいせいようおうだん》の
海底電線完成《かいていでんせんかんせい》。
1868年《ねん》――
日本《にほん》、明治維新《めいじいしん》。
エジソンは、時《とき》と場所《ばしょ》を
選《えら》ばず勉強《べんきょう》しました。
そのため、21歳《さい》になるまで、
10個所《かしょ》も勤《つと》めぐちを変《か》えています。
しかも、いつも無一文《むいちもん》でした。
下宿代《げしゅくだい》のほかは、すべて本代《ほんだい》と
実験代《じっけんだい》になってしまったからです。
しかし、この間《あいだ》、
腕《うで》のいい電信技師《でんしんぎし》
エジソンの名《な》は、
アメリカ中《じゅう》に
広《ひろ》まっていったの
でした――

●ボストン／アメリカ北東部《ほくとうぶ》、マサチューセッツ州《しゅう》の州都《しゅうと》。郊外《こうがい》には有名《ゆうめい》なハーバード大学《だいがく》やマサチューセッツ工科大学《こうかだいがく》（ＭＩＴ《エムアイティー》）がある。

ん？
エ・ジ・ソ・ン
やあ
アダムス！
エジソンじゃないか
こいつ!!
ミルトン・アダムスは、
シンシナチの電信局《でんしんきょく》に
勤《つと》めていた時《とき》の
親友《しんゆう》でした。
エジソンは
アダムスに、
手紙《てがみ》で就職《しゅうしょく》を
頼《たの》んであったのです。

ウエスタン・ユニオン電信会社《でんしんがいしゃ》、ボストン支局《しきょく》──
ミリケン支局長《しきょくちょう》！アメリカ一《いち》の電信技師《でんしんぎし》トーマス・エジソンを紹介《しょうかい》します！
はじめまして！
ペコッ
……
……
ザワ
ザワ
ヒソ
ヒソ
これがアメリカ一《いち》？
まるでコジキじゃないか
ミリケン氏《し》はエジソンをテストすることに決《き》めました。
チッ
チッ
チッ

●ウエスタン・ユニオン電信会社《でんしんがいしゃ》／アメリカの代表的《だいひょうてき》な電信会社《でんしんがいしゃ》。

7時《じ》になると同時《どうじ》にニューヨークから打電《だでん》が始《はじ》まりました。
エジソンは、それを受信《じゅしん》してふつうの文章《ぶんしょう》に直《なお》していくのです。
ニューヨーク一《いち》の早打《はやう》ちを頼《たの》んだんだ はたしてどこまでやれるか……
エジソンがんばれよ!

すごい！
1語《ご》もまちがってないぞ！
やっぱりアメリカ一《いち》だ
終《お》わったらしいな

今度《こんど》はこっちの番《ばん》だ!!
は早《はや》い!!
ボストンから打電《だでん》だ!
なんだって
眠《ねむ》いのかい? 最後《さいご》のほうは足《あし》で打《う》ったらしいね ひと眠《ねむ》りしたらもう一度《いちど》打《う》ってきたまえ エジソン
くっそォ 完敗《かんぱい》だ!!

採用《さいよう》が決《き》まった
エジソンは
ここでも
夜勤《やきん》を選《えら》びました。
休《やす》みの日《ひ》も
読書《どくしょ》と実験《じっけん》ばかりです。
このころ、エジソンが
愛読《あいどく》していたのは、
ファラデーの「電気《でんき》の実験研究《じっけんけんきゅう》」
という本《ほん》でした。
せっかく身《み》につけた
電気《でんき》の知識《ちしき》を
電信《でんしん》以外《いがい》に
生《い》かせないかなァ
ジェーン
愛《あい》してるよ

●ファラデー／１７９１年《ねん》～１８６７年《ねん》。イギリスの科学者《かがくしゃ》。貧《まず》しい鍛冶屋《かじや》の子《こ》に生《う》まれ働《はたら》きながら勉強《べんきょう》し、電磁気学《でんじきがく》の基礎《きそ》を築《きず》いた。

ふふ
アダムスのやつ
カゼひくぞ
BOSTON
議会《ぎかい》ってとこは
投票《とうひょう》するのに
いちいち
めんどうなこと
やってるなァ…
そうだ
これだァ!!

●特許《とっきょ》／新《あたら》しく発明《はつめい》したものを商品《しょうひん》として売《う》るような時《とき》、政府《せいふ》が発明《はつめい》した人《ひと》にだけ、それをつくる権利《けんり》をあたえること。

こうしてできたのが、「投票記録機《とうひょうきろくき》」です。
議員《ぎいん》がすわったまま スイッチを倒《たお》すだけで 投票《とうひょう》ができるこの機械《きかい》は、 エジソンの特許発明第《とっきょはつめいだい》1号《ごう》 となったのです——
あとは ワシントンの議会《ぎかい》に 買《か》ってもらう だけだ!!
だめじゃね 便利《べんり》すぎて 採用《さいよう》できん
なんですって!?
議会《ぎかい》には〝かけひき〟が 必要《ひつよう》なんじゃ
ときには少数意見《しょうすういけん》が 正《ただ》しいこともあるんじゃよ

結局《けっきょく》 残《のこ》ったのは
借金《しゃっきん》だけだ……
元気《げんき》をだせ
エジソン!
借金《しゃっきん》がなんだ!!
もっといい発明《はつめい》すりゃいいんだ
そうだろ!?
!!
そうだ!
そのとおりだ!!
よし! これからは
もっと実用的《じつようてき》なものを
発明《はつめい》するぞ!
その意気《いき》だ!
さあチキンを食《た》べろよ
きみのために買《か》って
きたんだ!
うん
うまい!!
きみの
未来《みらい》に乾杯《かんぱい》だ!!

次《つぎ》に考案《こうあん》したのは「株式相場表示機《かぶしきそうばひょうじき》」でした。これは、今《いま》までのものに改良《かいりょう》を加《くわ》えただけでしたが、評判《ひょうばん》になりました。
自信《じしん》をもったエジソンは、人《ひと》のすすめもあって、ニューヨークに行《い》こうと決心《けっしん》しました。
グッドラック エジソン!!
グッドラック アダムス!!
ありがとう アダムス! きみの親切《しんせつ》は 一生忘《いっしょうわす》れないよ……

1869年《ねん》、ニューヨーク——
ハハ……来《き》たのはいいけど弱《よわ》ったな
とりあえずウエスタン・ユニオン本社《ほんしゃ》に行《い》ってみるか!
お金《かね》もないし宿《やど》もどうしよう
やあ きみがエジソンか!! ぼくだよ!! ぼく!!
リチャード・ハッチスンだよ!!

●金《きん》相《そう》場《ば》表《ひょう》示《じ》機《き》会《がい》社《しゃ》／南《なん》北《ぼく》戦《せん》争《そう》で経《けい》済《ざい》が混《こん》乱《らん》したアメリカは金《きん》の値《ね》段《だん》が変《へん》動《どう》していたため、電《でん》信《しん》を使《つか》ってその相《そう》場《ば》を知《し》らせる会《かい》社《しゃ》が生《う》まれた。

あーーっ
ボストンの電信合戦《でんしんがっせん》のときの……
そうさ！きみに負《ま》けたニューヨーク一《いち》の電信技師《でんしんぎし》さ！
ア…
泊《と》まる所《ところ》がないって!?
いいともついてきな！
リチャードの口《くち》ききで、エジソンは「金《きん》相《そう》場《ば》表《ひょう》示《じ》機《き》会《がい》社《しゃ》」の電《でん》池《ち》室《しつ》に泊《と》まることになりました。
GOLD-INDICA
早《はや》いとこ見《み》つけなきゃ

バカモーン！
ザワ ザワ
3日目《みっかめ》の朝《あさ》──
早《はや》くなおさんか！ 金相場《きんそうば》の送信《そうしん》ができなくなるわ！
ハ ハァ それが 社長《しゃちょう》………
あの── ぼくにも見《み》せてもらえませんか
？
ザク ザク
なんだ バネのひとつが折《お》れて歯車《はぐるま》の間《あいだ》にはさまってるだけじゃないか

おおっ
動《うご》いた!!
カタカタ
カタカタ
いやあ
たいしたもんだ
ありがとう!
ありがとう!
い　いえ……
ところで……
きみはだれ
じゃったかね
?
こうしてエジソンは、
月給《げっきゅう》300ドルの
技師《ぎし》として採用《さいよう》される
ことになりました。
ところが——

まもなく、この会社《かいしゃ》は、ウエスタン・ユニオン電信会社《でんしんがいしゃ》に合併《がっぺい》されてしまったのです。
…………
どうするエジソン？
これもチャンスさ独立《どくりつ》しよう!!
エジソンは先輩技師《せんぱいぎし》のフランクリン・ポープと「ポープ・エジソン会社《がいしゃ》」を始《はじ》めました。
POPE, EDISON &
新型《しんがた》の相場電送装置《そうばでんそうそうち》を発明《はつめい》——

この機械《きかい》を喜《よろこ》んで買《か》ってくれたのが、ウエスタン・ユニオン電信会社《でんしんがいしゃ》のレファーツ社長《しゃちょう》でした。
へんなの
もっと発明《はつめい》の時間《じかん》がほしい！
こう思《おも》ったエジソンは、会社《かいしゃ》を解散《かいさん》しました。
朝《あさ》から晩《ばん》まで、発明《はつめい》にうちこむエジソン。

そして、できあがったのが、「エジソン式万能《しきばんのう》相場表示機《そうばひょうじき》」でした。
すばらしい!!
このまえの発明《はつめい》もすばらしかったが今度《こんど》のはそれ以上《いじょう》だ!!
いくらだねエジソン君《くん》!?いくらで権利《けんり》を売《う》ってくれるかね!?

5千《せん》ドル!!
グッ
じゃ高《たか》いって断《こと》わられるかもしれないな……
いっそ3千《ぜん》ドル……
でもこいつにはぼくも苦労《くろう》したんだし……
ブツブツ
……
エジソン君《くん》
4万《まん》ドルでどうかね?

売《う》ったァ!!
かあさん　そんなわけで
ぼくはニュージャージー州《しゅう》
ニューアークに工場《こうじょう》を開設《かいせつ》
することができました——
ほらっ
わたしが言《い》った
とおりでしょ
アルはりっぱに
なったでしょ!
うん!
うん!

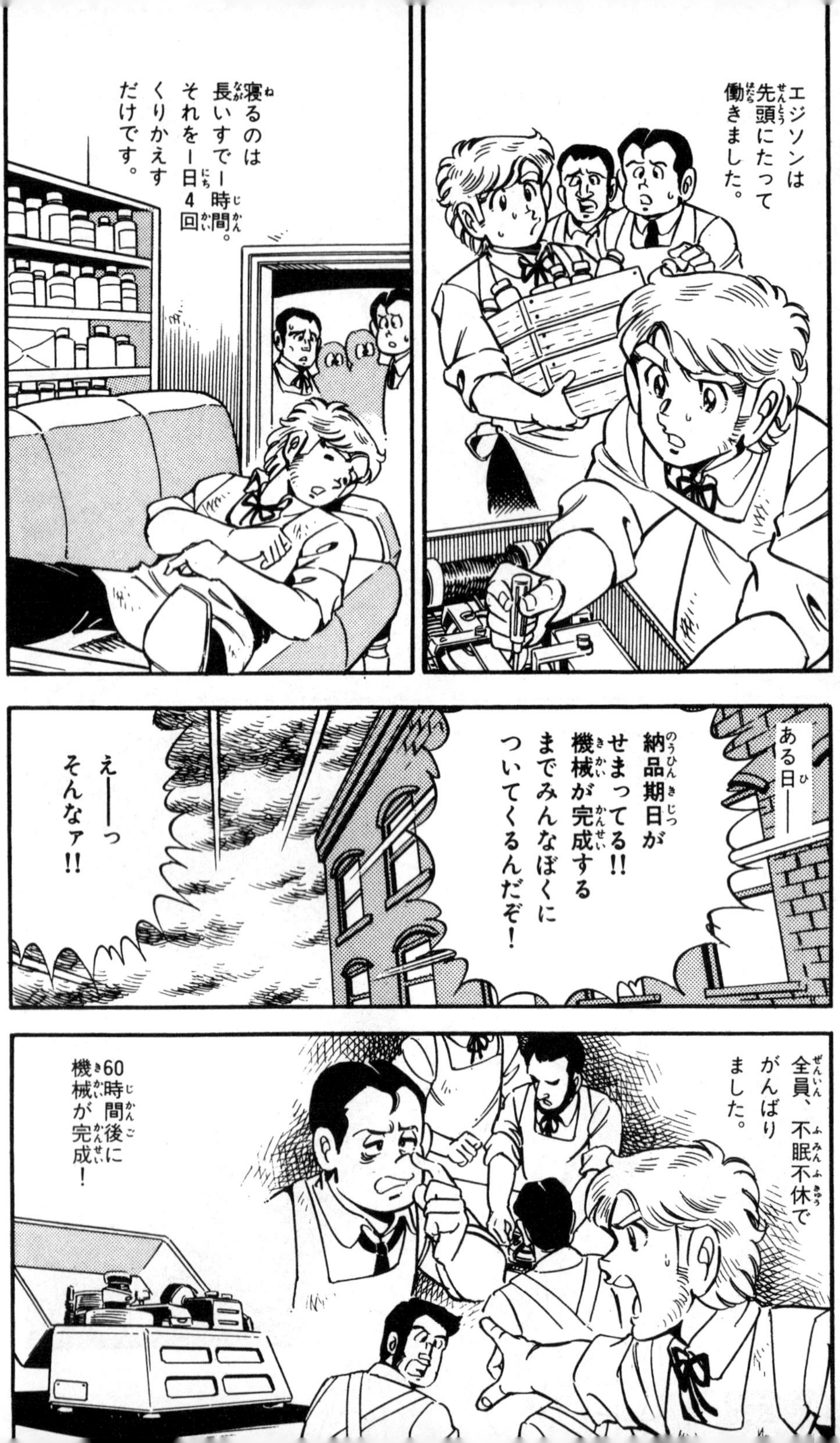
エジソンは先頭《せんとう》にたって働《はたら》きました。
寝《ね》るのは長《なが》いすで1時間《じかん》。それを1日《にち》4回《かい》くりかえすだけです。
ある日《ひ》――
納品期日《のうひんきじつ》がせまってる!! 機械《きかい》が完成《かんせい》するまでみんなぼくについてくるんだぞ!
えーーっ そんなァ!!
全員《ぜんいん》、不眠不休《ふみんふきゅう》でがんばりました。
60時間後《じかんご》に機械《きかい》が完成《かんせい》!

●印字電信機《いんじでんしんき》／受信機《じゅしんき》に文字《もじ》を打《う》つ鍵盤《けんばん》をとりつけたもの。受信《じゅしん》した記号《きごう》を文字《もじ》にしてテープに印刷《いんさつ》する。

さあ　思《おも》いきり寝《ね》てこい!!
目《め》がさめてこんな工場《こうじょう》は二度《にど》とイヤだと思《おも》ったら帰《かえ》ってくるな
しかし、いつでも全員《ぜんいん》もどってきました。
みんな人《ひと》の倍《ばい》も働《はたら》くエジソンに感服《かんぷく》していたのです。
この6年間《ねんかん》に「印字電信機《いんじでんしんき》」「自動電信装置《じどうでんしんそうち》」「多重電信機《たじゅうでんしんき》」「実用《じつよう》タイプライター」などを発明《はつめい》。
取《と》った特許《とっきょ》は、毎年《まいねん》30～40件《けん》にものぼりました。

●多重電信機《たじゅうでんしんき》／1本《ぽん》の電線《でんせん》で2つ以上《いじょう》の通信《つうしん》が同時《どうじ》にできる機械《きかい》。

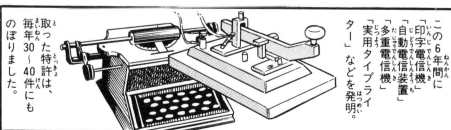

あれっ 所長《しょちょう》さん
今日《きょう》はお休《やす》み？
それが……
その日《ひ》の朝《あさ》、「ハハキトク」の電報《でんぽう》がとどいたのです。
かあさん!!
アル……

発明《はつめい》はすすんでる？……
ああ！すすんでるよ！
つらいことがあっても……
がんばるのよアル……
かあさん!!
うあぁー!
あぁぁ…
1871年《ねん》、エジソンが24歳《さい》の時《とき》でした――

4　メンロ・パークの魔法《まほう》使《つか》い

●世《よ》の中《なか》が必要《ひつよう》とするものを●

1876年《ねん》——
29歳《さい》の時《とき》、エジソンは、
ニュージャージー州《しゅう》の
メンロ・パークとよばれる
広《ひろ》い丘《おか》の上《うえ》の
新《あたら》しい研究所《けんきゅうじょ》に移《うつ》りました。

エジソンは5年前《ねんまえ》に、助手《じょしゅ》だったメアリーと結婚《けっこん》し、二人《ふたり》の子《こ》の父親《ちちおや》になっていました。
パパ　今度《こんど》はなにを発明《はつめい》ちゅるの？
"電話《でんわ》"でちゅよ
フーン　それ　おいちィ？
ホホホ
へっ
この時《とき》、グラハム・ベル、エリシャー・グレイ、そしてエジソンの3人《にん》で、電話《でんわ》の発明競争《はつめいきょうそう》が行《おこ》なわれていたのです。
2月《がつ》14日《か》――
たいへんだァ　ベルの電話《でんわ》が完成《かんせい》したぞ
なんだってェ!?　すぐおやじさんに知《し》らせろ！

●グラハム・ベル／1847年《ねん》〜1922年《ねん》。アメリカの発明家《はつめいか》。聴覚障害者《ちょうかくしょうがいしゃ》の教育《きょういく》につとめる一方《いっぽう》、電磁石《でんじしゃく》を使《つか》って音《おと》を送《おく》る研究《けんきゅう》を始《はじ》め、76年有線電話《ねんゆうせんでんわ》を発明《はつめい》。

●エリシャー・グレイ／アメリカの発明家《はつめいか》。ベルと同《おな》じ日《ひ》に電話器《でんわき》の特許《とっきょ》を出願《しゅつがん》したが、ベルより2時間遅《じかんおく》れたため発明権《はつめいけん》は取《と》れなかった。

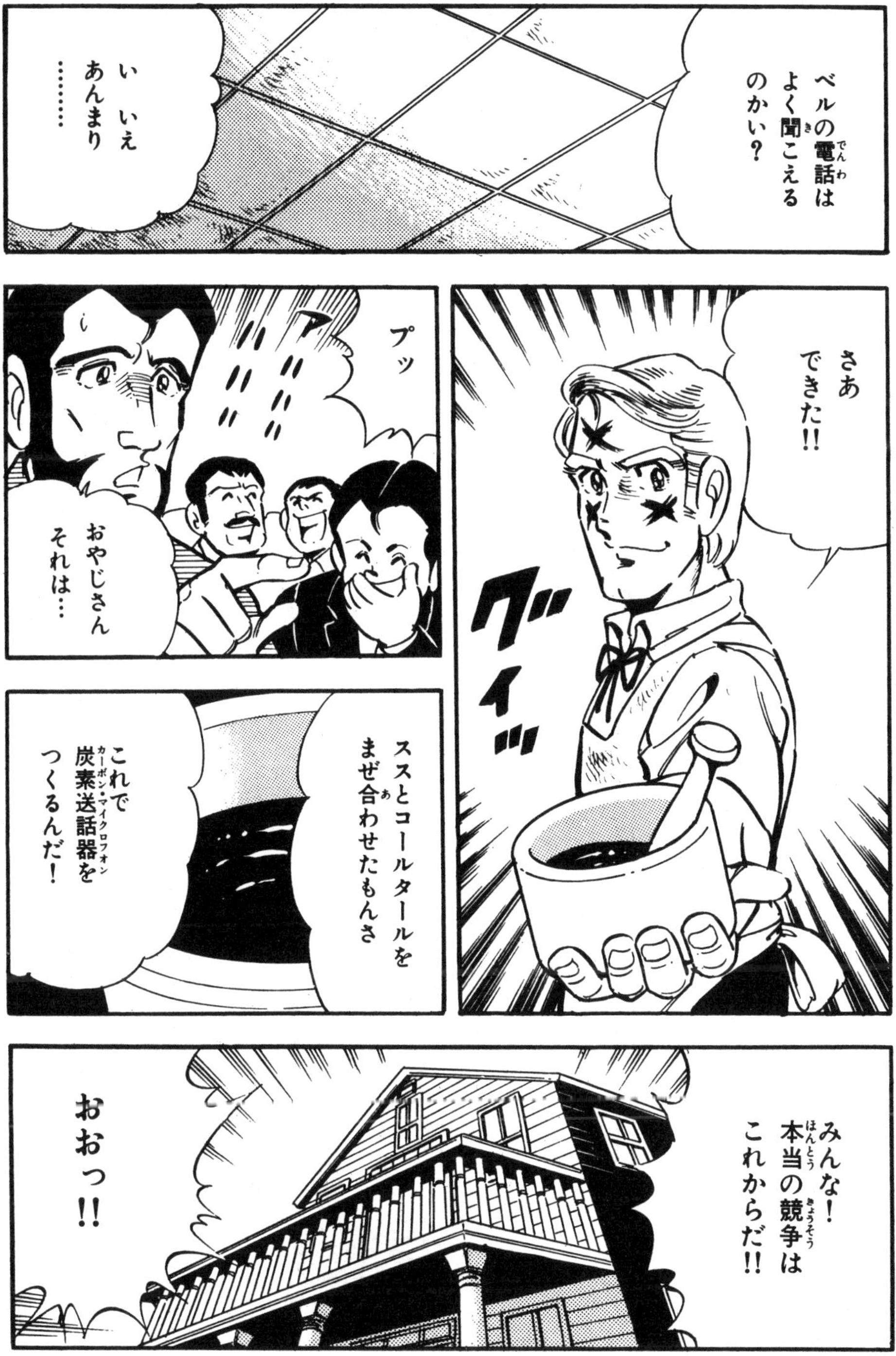

ベルの電話《でんわ》はよく聞《き》こえるのかい？
いいえ あんまり………
さあ できた!!
グイッ
プッ
おやじさん それは…
ススとコールタールをまぜ合《あ》わせたもんさ
これで炭素送話器《カーボン・マイクロフォン》をつくるんだ！
みんな！本当《ほんとう》の競争《きょうそう》はこれからだ!!
おおっ!!

●炭素送話器《カーボン・マイクロフォン》／振動板《しんどうばん》のうしろに炭素《たんそ》の粒《つぶ》を入《い》れて、大《おお》きな音《おと》を送《おく》れるようにしたもの。これは今《いま》の電話《でんわ》とまったく同《おな》じしくみで、たいへんすぐれたもの。

だめだ!!
声《こえ》が小《ちい》さい!!
もっと大《おお》きく
するんだ!!
は
はい!!
ベルの発明《はつめい》から
数《すう》ヵ月《げつ》して、
ついに
"炭素送話器《カーボン・マイクロフォン》"が
完成《かんせい》しました。
話《はな》し声《ごえ》もよく聞《き》こえ、
ベルのものより
はるかにすぐれていました。
世《よ》の中《なか》が必要《ひつよう》とするものを
発明《はつめい》することが
自分《じぶん》の仕事《しごと》である——
エジソンは、こう考《かんが》えて
いました。

1877年《ねん》、エジソンが30歳《さい》の時《とき》――
ええ――っ
口《くち》をきく機械《きかい》!? これが……
本気《ほんき》ですか!?
ハハハ 見積《みつも》り費用《ひよう》はたったの18ドル!
ほかに質問《しつもん》は?
?
?

聞《き》いたかい 今度《こんど》は口《くち》をきく 機械《きかい》だって
まさか!?
おやじさんも とうとう イカれたか
できたぞ!!
さて いよいよ テストだ!
あ～っ あっ あっ

メリ〜〜の
かわいい小羊は
そなみか……
白くて
雪のよう〜〜……
クル
クル
ア…………
ゲラ
ゲラ
プッ
よし！
シリンダーを
もとにもどして
ひどい
音痴《おんち》だな

メリ～の～
かわいい小羊は～
ああっ⁉
すごい!!
大発明《だいはつめい》だ!!
機械《きかい》が
口《くち》をきいたぞ!!

●この時《とき》発明《はつめい》した蓄音機《ちくおんき》は、振動板《しんどうばん》の先《さき》についている針《はり》が、スズはくに声《こえ》をきざみ、このきざみ目《め》をもう一度《いちど》たどっていくと音《おと》が出《で》るというしくみだった。

エジソンが「蓄音機《ちくおんき》」ってやつを発明《はつめい》したぞ
機械《きかい》が自分《じぶん》で口《くち》をきくんだって
エジソンは天才《てんさい》だ!!
このころからエジソンは、〝メンロ・パークの魔法使《まほうつか》い〟と呼《よ》ばれるようになりました。
1878年《ねん》——

●白熱電灯《はくねつでんとう》／抵抗線《ていこうせん》に電流《でんりゅう》を流《なが》して、高《たか》い温度《おんど》にし、その光《ひかり》を利用《りよう》するもの。当時《とうじ》は、光源《フィラメント》の研究《けんきゅう》やガラス球《きゅう》の中《なか》を真空《しんくう》にする方法《ほうほう》が発達《はったつ》していなかった。

こんちはー ミスター魔法使《まほうつか》い
やあ 記者《きしゃ》さんか
新《あたら》しい研究所《けんきゅうじょ》ですね
今度《こんど》はなにを作《つく》るんです？
白熱電灯《はくねつでんとう》を作《つく》るのさ!!
ええっ!?
それも2年以内《ねんいない》にね！
こいつァビッグニュースだ!!

「エジソン白熱電灯《はくねつでんとう》に着手《ちゃくしゅ》」のニュースは、人々《ひとびと》をまさに明《あか》るくしました。
資本家《しほんか》たちも5万《まん》ドルの資金援助《しきんえんじょ》を申《もう》し出《で》てきました。
当時《とうじ》の明《あか》りはガス灯《とう》かアーク灯《とう》で、一般家庭《いっぱんかてい》では、石油《せきゆ》ランプが使《つか》われていました。
電気《でんき》を使《つか》えば明《あか》るく安全《あんぜん》な白熱電灯《はくねつでんとう》ができるはずだ！
しかし、学者《がくしゃ》たちはエジソンの考《かんが》えを否定《ひてい》しました。
NO!

●ガス灯《とう》や石油《せきゆ》ランプは、豆球《まめきゅう》くらいの明《あか》るさで、そのうえ火事《かじ》になりやすい。炭素棒《たんそぼう》の間《あいだ》に火花《ひばな》をとばすアーク灯《とう》は明《あか》るすぎて、家庭《かてい》には向《む》かなかった。

問題《もんだい》は
光源《フィラメント》だ
電流《でんりゅう》を流《なが》しても電球《でんきゅう》の中《なか》で燃《も》えずに光《ひかり》だけを発《はっ》するフィラメント……
そいつを作《つく》るんだ!
2年《ねん》もの間《あいだ》、1600種類《しゅるい》の材料《ざいりょう》による実験《じっけん》が何千回《なんぜんかい》もくり返《かえ》されました。

やったァ
しかし、ついては消《き》え、
15分《ふん》です
ついては
よし今度《こんど》こそ
消《き》えする毎日《まいにち》でした——
くそォっ!!

なぜだ!?
どうしてできないんだ!!
あっという間《ま》に1年《ねん》が過《す》ぎ、資金《しきん》の5万《まん》ドルも使《つか》いはたしてしまいました――
さすがに資本家《しほんか》たちも援助《えんじょ》をしぶっているってさ
やっぱ……ムリだったのかなァ……

おやじさん!?
あーーっ
目《め》が!!
ん?
ハハハ
まるでウサギだな
バチェラー
笑《わら》いごとじゃ
ありませんよ!
少《すこ》しは休《やす》まないと
死《し》んじゃいますよ!

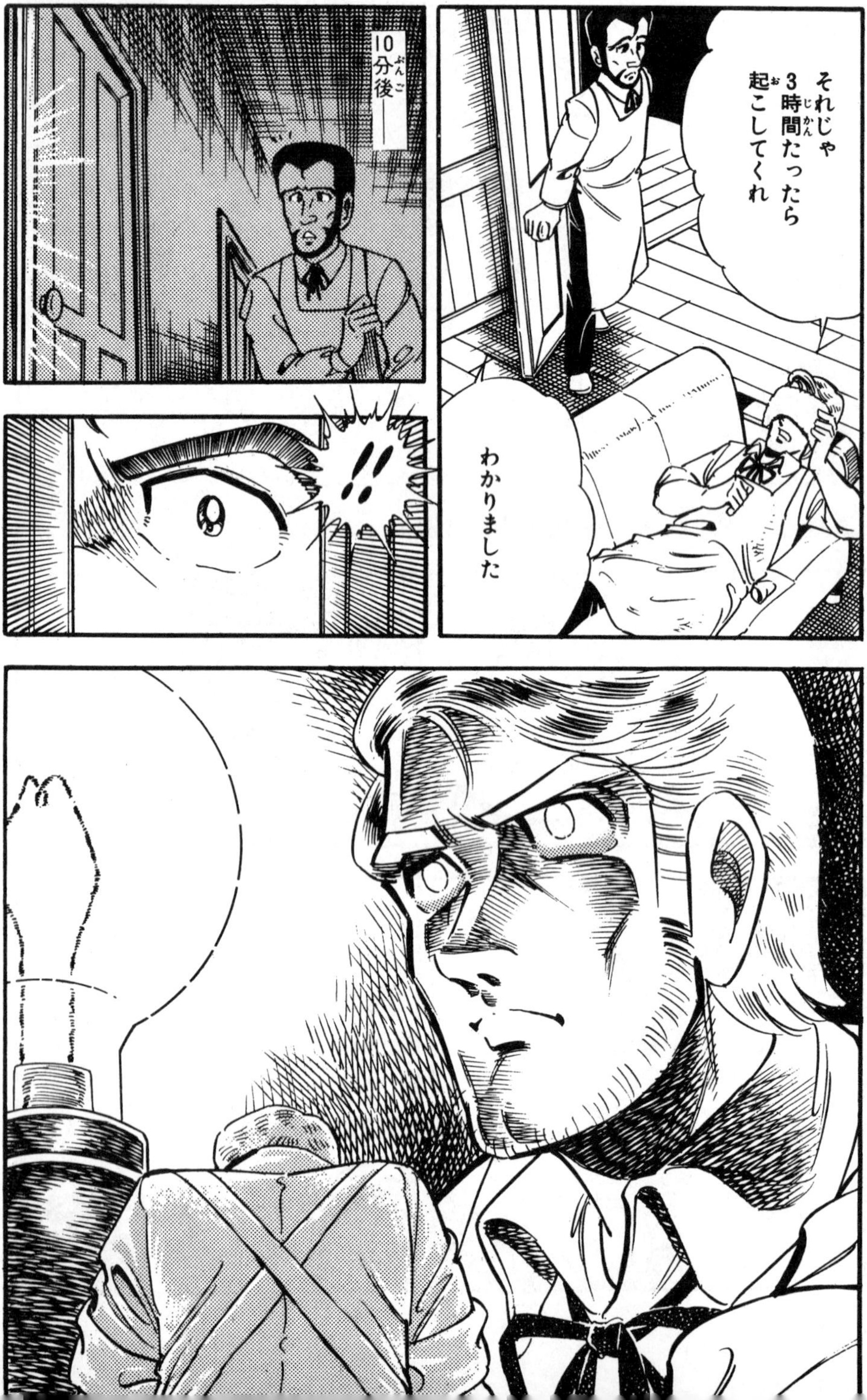
それじゃ3時間《じかん》たったら起《お》こしてくれ
わかりました
10分後《ぷんご》――
!!

……
ヨロッ
1879年《ねん》10月《がつ》——
まだ
やり残《のこ》していた
材質《ざいしつ》はなかった
かなァ……

ふむ
これは!
それは、電話《でんわ》の発明《はつめい》の時《とき》に使《つか》った、ススとコールタールを混《ま》ぜ合《あ》わせたものでした。
ススは炭素《たんそ》を多《おお》く含《ふく》んでいる
電流《でんりゅう》を送《おく》れば電球《でんきゅう》の中《なか》の酸素《さんそ》とくっついて燃《も》えてしまう…
………
そうだ!!
だったら電球《でんきゅう》の空気《くうき》を抜《ぬ》いてしまえ!!
真空《しんくう》にすれば炭素《たんそ》フィラメントでも燃《も》えないはずだ!!
バチェラーーッ
ちょっときてくれーーっ

なんですか
これは？
木綿糸《もめんいと》に
ススとタールを
まぶしたもんさ
そいつを大至急《だいしきゅう》
蒸《む》し焼《や》きにしてくれ！
あちち……
ポロ

あーーっ　またただ！
こんなもろい物《もの》を電球《でんきゅう》の中《なか》に入《い》れようなんてムリですよ
弱音《よわね》をはくな！
失敗《しっぱい》は成功《せいこう》へ一歩《いっぽ》近《ちか》づいた証拠《しょうこ》さ！
2日後《ふつかご》――
やっと炭素《たんそ》フィラメントが、電球《でんきゅう》にとりつけられました。

バチェラー
空気《くうき》は？
抜《ぬ》きました！
いつでも
OK《オーケー》です
よし！

明《あか》るい!!
大成功《だいせいこう》だ!!
ばんざい
ばんざ～い
まだだ!!
うかれるな!!
問題《もんだい》は
何時間《なんじかん》もつかだ!
10時間《じかん》……
せめて
10時間《じかん》は
もってくれ!
しかし、電灯《でんとう》は
エジソンの
期待《きたい》を
うらぎり――

40時間《じかん》も光《ひか》り輝《かがや》いたのです
やったァ!!
メンロ・パークの魔法使《まほうつか》いがついに白熱電灯《はくねつでんとう》を完成《かんせい》したぞ――っ
さすがエジソンだみなおしたァ!!

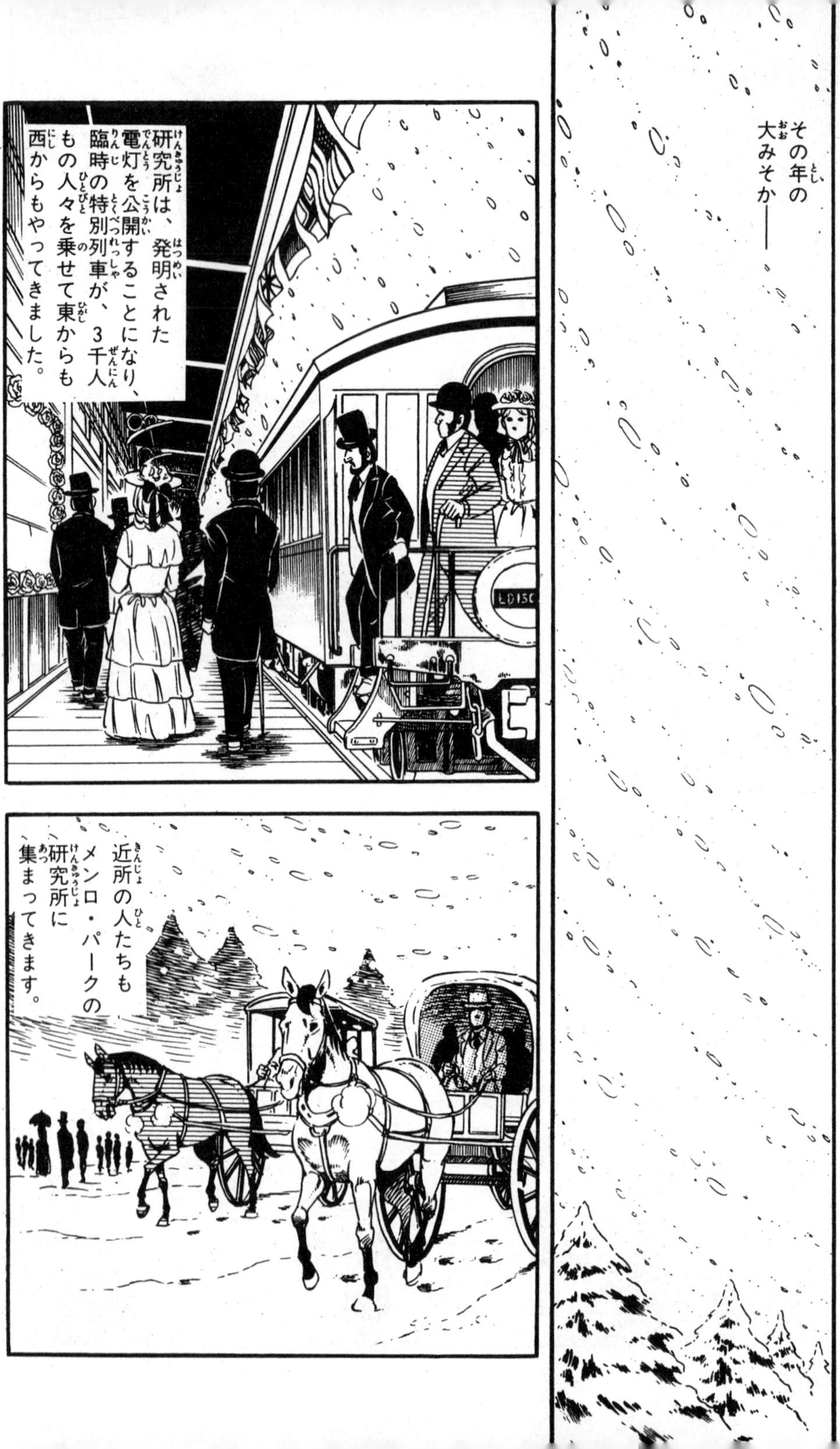
その年《とし》の大《おお》みそか——
研究所《けんきゅうじょ》は、発明《はつめい》された電灯《でんとう》を公開《こうかい》することになり、臨時《りんじ》の特別列車《とくべつれっしゃ》が、3千人《ぜんにん》もの人々《ひとびと》を乗《の》せて東《ひがし》からも西《にし》からもやってきました。
近所《きんじょ》の人《ひと》たちもメンロ・パークの研究所《けんきゅうじょ》に集《あつ》まってきます。

午後《ごご》4時《じ》──
まア きれい
おおっ ファンタスティック!!

エジソンばんざい!!

エジソン ありがとう!!
白熱電灯《はくねつでんとう》ばんざ───い!!

お祝《いわ》いの会《かい》でエジソンは、「300時間以上《じかんいじょう》もつ電灯《でんとう》をつくる」と発表《はっぴょう》——
ある時《とき》、日本製《にほんせい》の〝うちわ〟の竹《たけ》を使《つか》ってみたところ、なかなか良《よ》い結果《けっか》が出《で》ました。
これだ!!
研究所《けんきゅうじょ》の職員《しょくいん》が、
竹《たけ》をもとめて、
世界中《せかいじゅう》に飛《と》びます——

●竹《たけ》は、1910年《ねん》にタングステンにとってかわられるまで使《つか》われていた。京都《きょうと》、八幡市《やわたし》の石清水八幡宮《いわしみずはちまんぐう》の境内《けいだい》には、エジソンの記念碑《きねんひ》がある。

こうして実験《じっけん》された植物《しょくぶつ》センイは、
実《じつ》に6千種《せんしゅ》にものぼりました。
その中《なか》でも日本《にほん》の竹《たけ》、——とくに、京都府八幡町男山《きょうとふやわたまちおとこやま》の竹《たけ》がいちばん良質《りょうしつ》とわかり、10年以上《ねんいじょう》も輸出《ゆしゅつ》されました。
そして、白熱電灯《はくねつでんとう》の寿命《じゅみょう》は、1000時間《じかん》にのびたのでした。

●当時《とうじ》、有名《ゆうめい》なドイツのジーメンス社《しゃ》の電車《でんしゃ》で、時速《じそく》24km《キロメートル》、3馬力《ばりき》だったが、エジソンの作《つく》った電車《でんしゃ》は、時速《じそく》60km《キロメートル》、12馬力《ばりき》と、はるかにそれをしのいでいた。

エジソンは、手軽《てがる》に電灯《でんとう》を使《つか》えるように電灯《でんとう》の付属品《ふぞくひん》を次々《つぎつぎ》と発明《はつめい》し、ニューヨーク・エジソン電灯《でんとう》会社《がいしゃ》をつくりました。
同《おな》じ年《とし》に、電車《でんしゃ》の研究《けんきゅう》も始《はじ》めました。
1881年《ねん》―― パナマ運河《うんが》の工事《こうじ》はじまる。
1881年《ねん》―― パスツール狂犬病《きょうけんびょう》の予防法《よぼうほう》を発見《はっけん》。

しかし、不幸《ふこう》なこともありました。
1884年《ねん》―― メアリー夫人《ふじん》が亡《な》くなったのです。

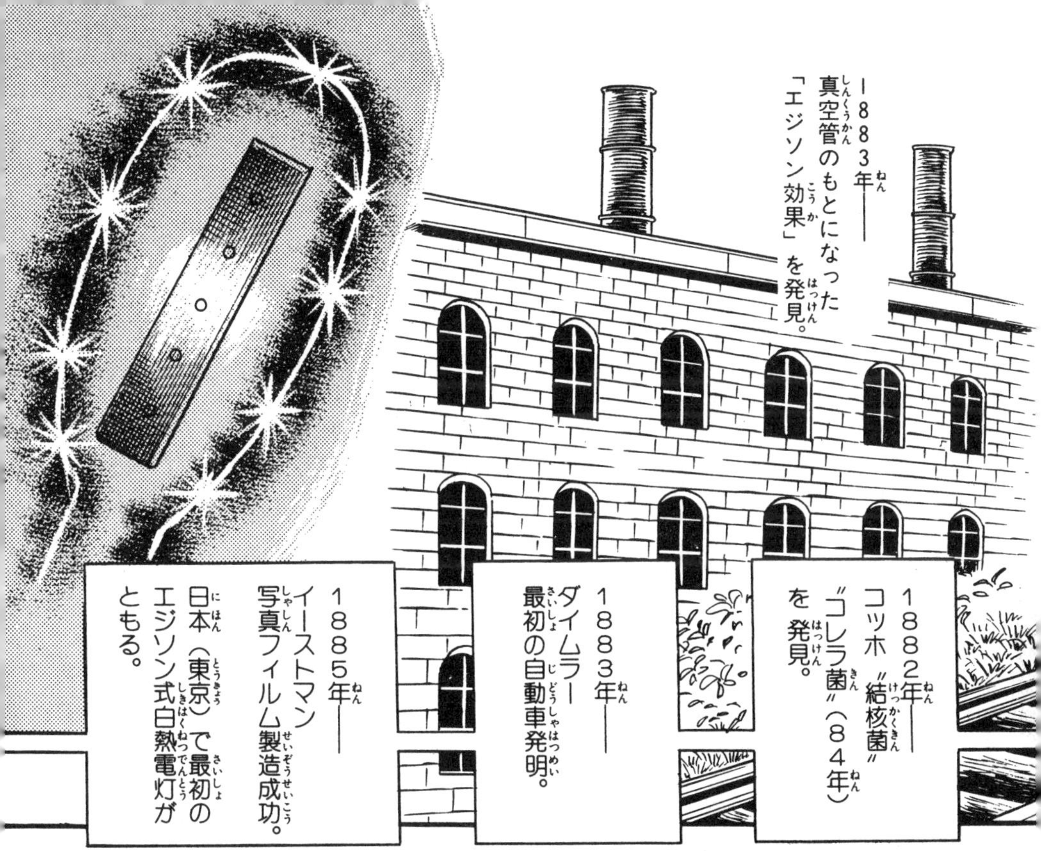
1883年《ねん》——
真空管《しんくうかん》のもとになった
「エジソン効果《こうか》」を発見《はっけん》。
1882年《ねん》——
コッホ〝結核菌《けっかくきん》〟
〝コレラ菌《きん》〟（84年《ねん》）
を発見《はっけん》。
1883年《ねん》——
ダイムラー
最初《さいしょ》の自動車発明《じどうしゃはつめい》。
1885年《ねん》——
イーストマン
写真《しゃしん》フィルム製造成功《せいぞうせいこう》。
日本《にほん》（東京《とうきょう》）で最初《さいしょ》の
エジソン式白熱電灯《しきはくねつでんとう》が
ともる。

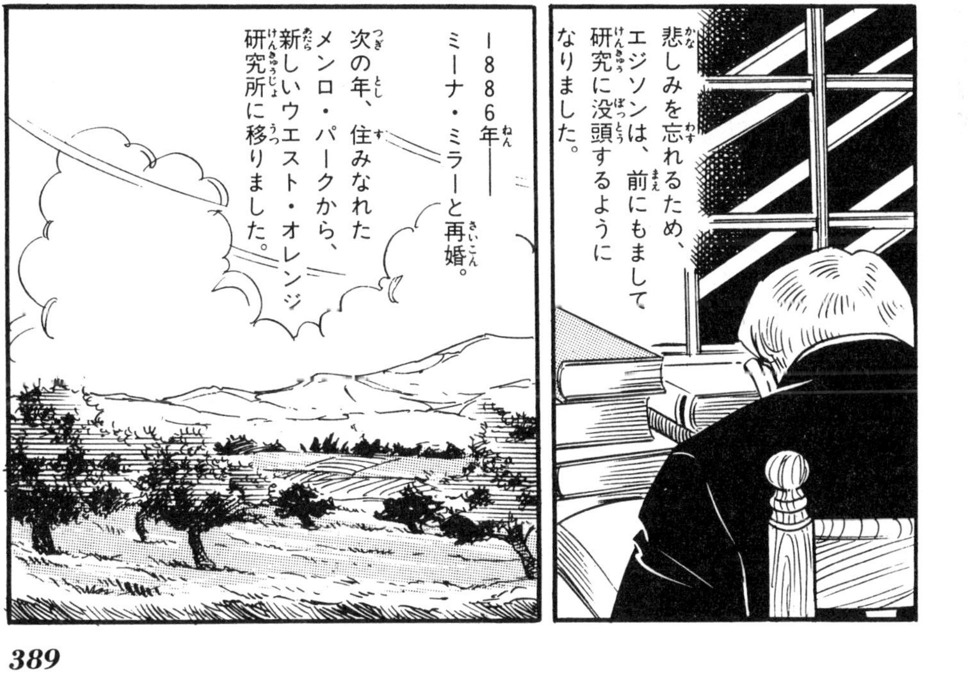
悲《かな》しみを忘《わす》れるため、
エジソンは、前《まえ》にもまして
研究《けんきゅう》に没頭《ぼっとう》するように
なりました。
1886年《ねん》——
ミーナ・ミラーと再婚《さいこん》。
次《つぎ》の年《とし》、住《す》みなれた
メンロ・パークから、
新《あたら》しいウエスト・オレンジ
研究所《けんきゅうじょ》に移《うつ》りました。

●ウエスト・オレンジ／ニュージャージー州北東部《しゅうほくとうぶ》の町《まち》。

諸君《しょくん》!
われわれの仕事《しごと》はすべてこれからだ!!
エジソンは、この時《とき》、40歳《さい》でした。

5 〝金《きん》の鳥《とり》〟をさがせ！

●絶《た》えまない努力《どりょく》●

エジソンです
イーストマンです！
お会《あ》いできて光栄《こうえい》です！
さっそくですがこのサイズのフィルムを作《つく》っていただきたい
はっ？
1889年《ねん》——
当時《とうじ》、イーストマンは、それまでの感光板《かんこうばん》にかわるセルロイド製《せい》のフィルムを売《う》り出《だ》していました。

●イーストマン／1854年《ねん》～1932年《ねん》。アメリカの発明家《はつめいか》、企業家《きぎょうか》。「イーストマン・コダック社《しゃ》」を設立《せつりつ》した。

作《つく》ってもらったフィルムはこれに使《つか》います
なんの機械《きかい》ですこれは？
ハハハ写真《しゃしん》を動《うご》かそうと思《おも》いましてね
ええっ？
パパまだァ？

あたし
くたびれたわ
ビ
もう少《すこ》しだ
マリー
ジジ
ジ
ビ
ザワ
ザワ

あたしが動《うご》いてる!!
パパおめでとう!!
「映写機《えいしゃき》」の発明《はつめい》もたいへんな評判《ひょうばん》になりました。
写真《しゃしん》が動《うご》くんだって!!
おれも見《み》てェーーっ

1899年《ねん》——
エジソンが52歳《さい》の時《とき》。
それじゃいよいよ やるんですか
うん
この歳《とし》まで待《ま》ったが だれも作《つく》ってくれんので 待《ま》ちくたびれたよ
ハハハ
ぼくは
新《あたら》しい 蓄電池《ちくでんち》を 作《つく》ろうと 思《おも》う!!

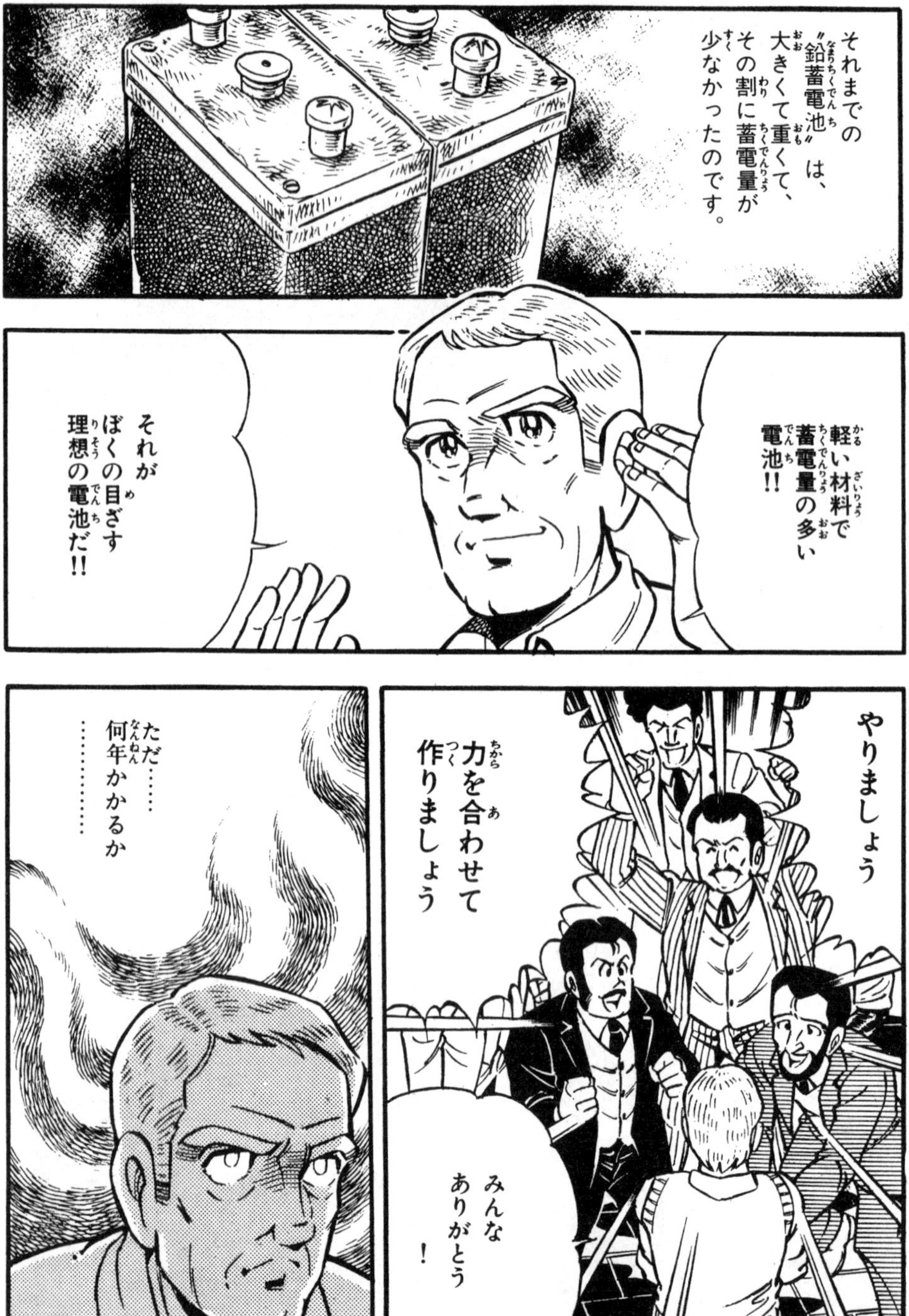

それまでの“鉛蓄電池《なまりちくでんち》”は、大《おお》きくて重《おも》くて、その割《わり》に蓄電量《ちくでんりょう》が少《すく》なかったのです。
軽《かる》い材料《ざいりょう》で蓄電量《ちくでんりょう》の多《おお》い電池《でんち》!!
それがぼくの目《め》ざす理想《りそう》の電池《でんち》だ!!
やりましょう
力《ちから》を合《あ》わせて作《つく》りましょう
みんなありがとう!
ただ……何年《なんねん》かかるか……

●ライト兄弟《きょうだい》／兄《あに》1867年《ねん》～1912年《ねん》。弟《おとうと》1871年《ねん》～1948年《ねん》。アメリカの飛行家《ひこうか》、発明家《はつめいか》。世界《せかい》ではじめて動力飛行機《どうりょくひこうき》をとばすことに成功《せいこう》した。

●フレミング／1849年《ねん》～1945年《ねん》。イギリスの電気工学者《でんきこうがくしゃ》。「エジソン効果《こうか》」を研究《けんきゅう》し「二極真空管《にきょくしんくうかん》」を発明《はつめい》。「フレミングの法則《ほうそく》」でも知《し》られる。

エジソンが予想《よそう》していたとおり、蓄電池《ちくでんち》の研究《けんきゅう》は困難《こんなん》をきわめました。
いろいろな金属《きんぞく》と化学溶液《かがくようえき》を使《つか》って、5万回以上《まんかいいじょう》の実験《じっけん》が行《おこ》なわれ、
その費用《ひよう》は、300万《まん》ドルにものぼりました。
数《かず》あるエジソンの発明品《はつめいひん》のなかで白熱電灯《はくねつでんとう》とならんでもっとも苦労《くろう》したのが、この〝新《あたら》しい蓄電池《ちくでんち》〟だったのです。
のちに、エジソンはこう語《かた》っています——

「それは、狩人《かりゅうど》が、
広大《こうだい》なジャングルで、
たった1羽《わ》の小《ちい》さな〝金《きん》の鳥《とり》〟を
さがすようなものだった」
1901年《ねん》——
マルコーニ、大西洋横《たいせいようおう》
断無線通信《だんむせんつうしん》に成功《せいこう》。
1903年《ねん》——
フォードモーター社《しゃ》が
設立《せつりつ》される。
ライト兄弟《きょうだい》の飛行機《ひこうき》が
はじめて空《そら》を飛《と》ぶ。

「鳥《とり》の巣《す》は、どこにあるのか まったくわからない。 だから、大《おお》きな木《き》も小《ちい》さな木《き》も、 一本《ぽん》一本《ぽん》、ていねいに 調《しら》べなくてはならない」
1904年《ねん》—— 日露戦争《にちろせんそう》おこる。 フレミング、真空管《しんくうかん》を発明《はつめい》。 （「エジソン効果《こうか》」の探究《たんきゅう》 が発端《ほったん》）
1907年《ねん》—— 日本《にほん》で初《はじ》めての 国産《こくさん》ガソリン自動車《じどうしゃ》が つくられる。

ときには、自動車王《じどうしゃおう》フォードが、激励《げきれい》に訪《おとず》れました。
〝新《あたら》しい蓄電池《ちくでんち》〟の進《すす》み具合《ぐあい》はどうですか
うん！ ようやく鉄《てつ》とニッケルに足《あし》がかりをつかんだところだよ
ヘンリー・フォードは、以前《いぜん》「エジソン電灯《でんとう》会社《がいしゃ》」の機械技師《きかいぎし》をしていて、
二人《ふたり》はそれ以来《いらい》の親友《しんゆう》でした。
エジソン 今度《こんど》は私《わたし》のつくった車《くるま》でドライブに行《い》きましょう
たまには気分転換《きぶんてんかん》も必要《ひつよう》ですよ
ありがとう 楽《たの》しみにしてるよ！

それじゃ！
うん！
あっ
ハハハ……毎日《まいにち》 硫酸《りゅうさん》や苛性《かせい》ソーダをいじってるからね
………
………

●フォード／1863年《ねん》～1947年《ねん》。アメリカの技術者《ぎじゅつしゃ》、企業家《きぎょうか》。フォード自動車会社《じどうしゃがいしゃ》を設立《せつりつ》し、大量生産方式《たいりょうせいさんほうしき》の「T型車《ティーがたしゃ》」で自動車時代《じどうしゃじだい》をきりひらいた。

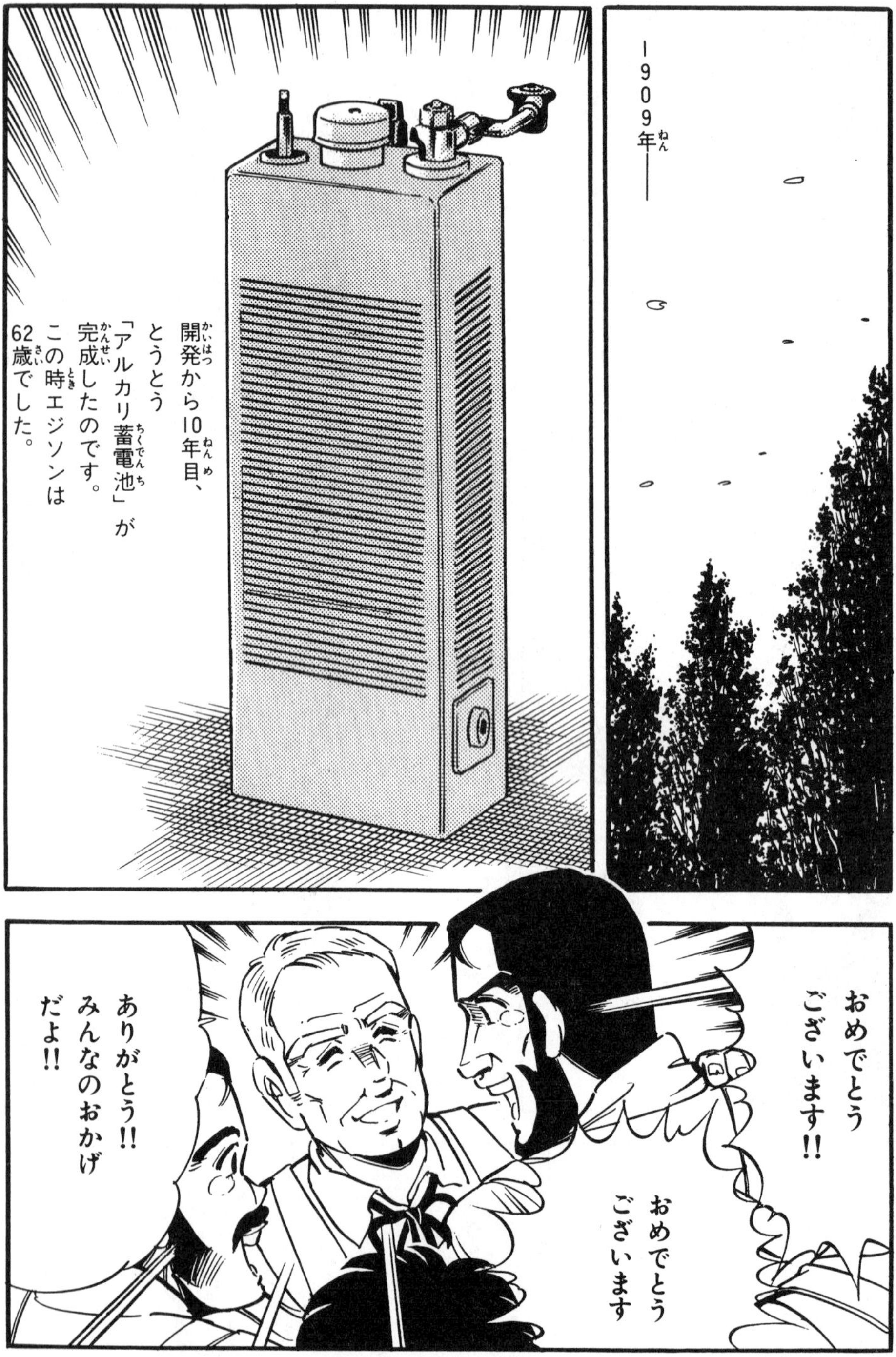
1909年《ねん》——
開発《かいはつ》から10年目《ねんめ》、とうとう「アルカリ蓄電池《ちくでんち》」が完成《かんせい》したのです。この時《とき》エジソンは62歳《さい》でした。
おめでとうございます!!
おめでとうございます
ありがとう!! みんなのおかげだよ!!

●アルカリ蓄電池《ちくでんち》／極板《きょくばん》に鉄《てつ》とニッケルを、電解液《でんかいえき》にアルカリ溶液《ようえき》を使《つか》ったもの。鉛蓄電池《なまりちくでんち》にくらべ振動《しんどう》に強《つよ》く、寿命《じゅみょう》も長《なが》い、理想《りそう》の蓄電池《ちくでんち》だった。

エジソンの発明《はつめい》は、まだまだ続《つづ》きます。
「円盤式《えんばんしき》レコード」
「コンクリート製《せい》組《く》み立《た》て住宅《じゅうたく》」「キネトフォン」「石炭酸《せきたんさん》の合成《ごうせい》」「ゴムに代《か》わる自然《しぜん》の代用品《だいようひん》」

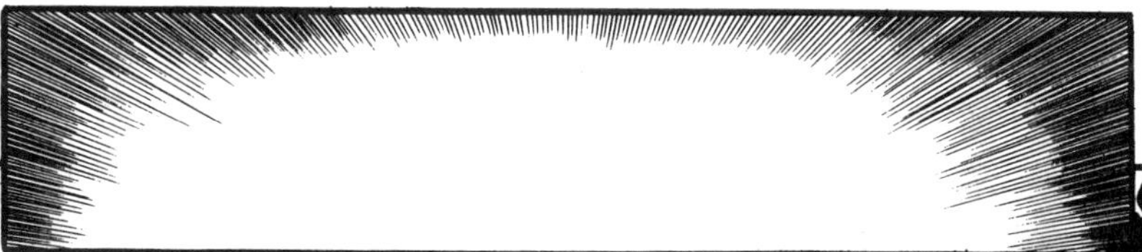

1914年《ねん》、第一次世界大戦《だいいちじせかいたいせん》がおこり、次《つぎ》の年《とし》、エジソンは、アメリカ海軍顧問委員会《かいぐんこもんいいんかい》の議長《ぎちょう》になりました。
戦争《せんそう》がきらいなエジソンは、ここで「潜水艦探知機《せんすいかんたんちき》」「防水《ぼうすい》マット」「防毒《ぼうどく》マスク」などの〝防御武器《ぼうぎょぶき》〟を発明《はつめい》しました。

1929年《ねん》、エジソン82歳《さい》——この年《とし》は、電灯《でんとう》を発明《はつめい》してからちょうど50周年《しゅうねん》にあたりました。
どこまでつれていくんだねフォード?
ミシガン州《しゅう》のディアボーンです
?
おおっ これはメンロ・パークの研究所《けんきゅうじょ》じゃないか
あなたのために再現《さいげん》した「エジソン記念館《きねんかん》」ですよ!

●ミシガン州《しゅう》ディアボーンはフォードの生《う》まれた町《まち》で、フォード自動車工場《じどうしゃこうじょう》が広大《こうだい》な敷地《しきち》をしめている。エジソン工科大学《こうかだいがく》がある。

すごい！
なにもかもあのころのままだ！
フフ
そう言《い》って
いただけると
思《おも》ってましたよ
いや
たったひとつ
ちがうな！
えっ？
見《み》たまえ
ぼくが働《はたら》いていたころはこんなに床《ゆか》はきれいじゃなかったよ！

●アインシュタイン／1879年《ねん》〜1955年《ねん》。アメリカ（ドイツ生《う》まれ）の物理学者《ぶつりがくしゃ》。「相対性理論《そうたいせいりろん》」を発表《はっぴょう》。1921年《ねん》ノーベル賞《しょう》を受賞《じゅしょう》。翌年来日《よくねんらいにち》した。

10月《がつ》、デトロイト郊外《こうがい》ディアボーンでフォードが建《た》てたエジソン記念館《きねんかん》の開設《かいせつ》と白熱電灯《はくねつでんとう》50周年《しゅうねん》との祝賀《しゅくが》パーティーがはなやかにもよおされました。
わたしは今《いま》 感謝《かんしゃ》の気持《きも》ちでいっぱいです！
アインシュタイン
EDISON

フォード
フーバー大統領《だいとうりょう》
大統領《だいとうりょう》をはじめ みなさんに深《ふか》くお礼《れい》を 申《もう》し上《あ》げたい! ありがとう!!
オービル・ライト(弟《おとうと》)
キュリー夫人《ふじん》
パチパチ
パチパチ
パチパチ

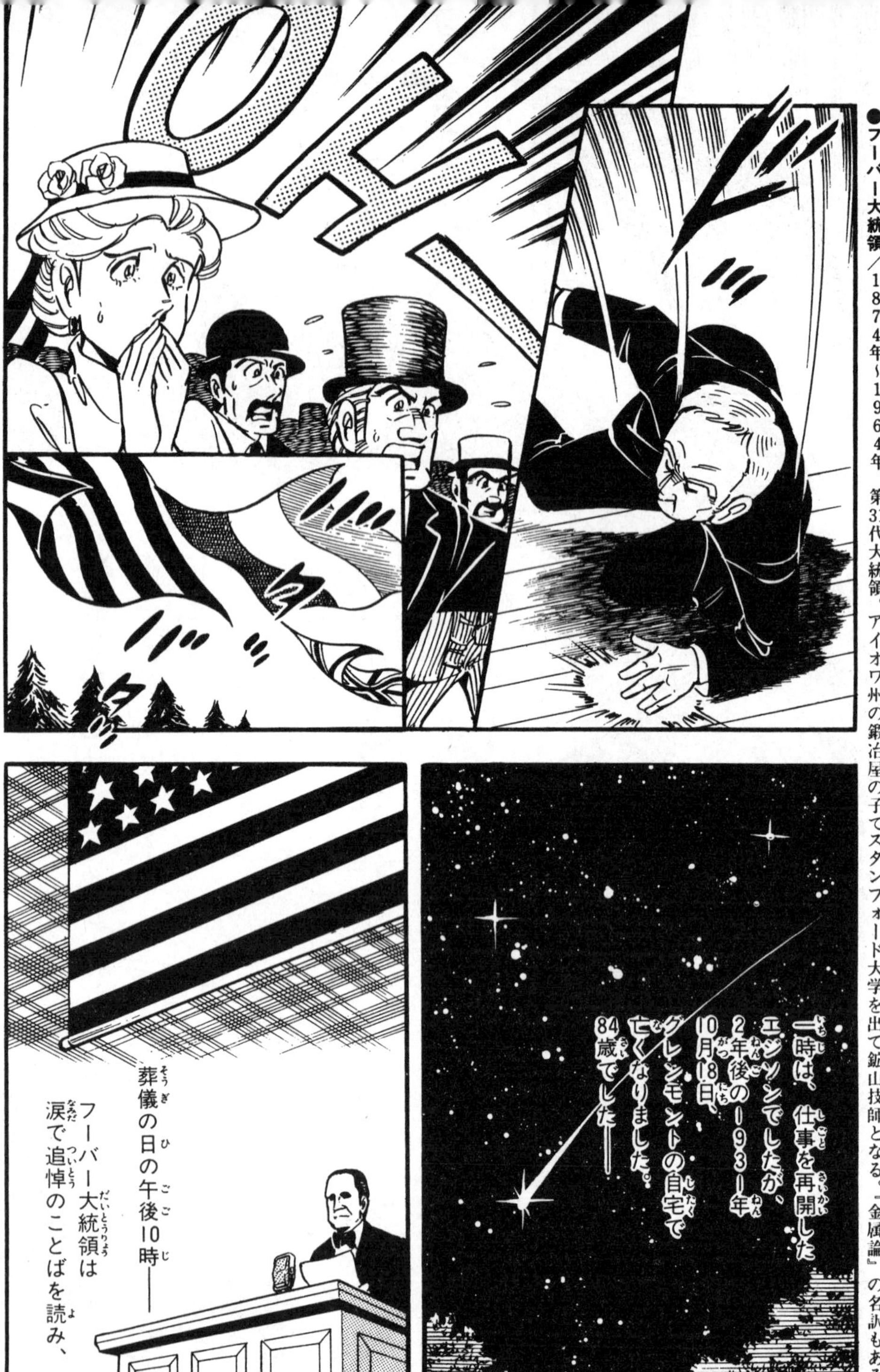
一時《いちじ》は、仕事《しごと》を再開《さいかい》したエジソンでしたが、2年後《ねんご》の1931年《ねん》10月《がつ》18日《にち》、グレンモントの自宅《じたく》で亡《な》くなりました。84歳《さい》でした――
葬儀《そうぎ》の日《ひ》の午後《ごご》10時《じ》――
フーバー大統領《だいとうりょう》は涙《なみだ》で追悼《ついとう》のことばを読《よ》み、

●フーバー大統領《だいとうりょう》／1874年《ねん》～1964年《ねん》。第《だい》31代大統領《だいだいとうりょう》。アイオワ州《しゅう》の鍛冶屋《かじや》の子《こ》でスタンフォード大学《だいがく》を出《で》て鉱山技師《こうざんぎし》となる。『金属論《デ・レ・メタリカ》』の名訳《めいやく》もある。

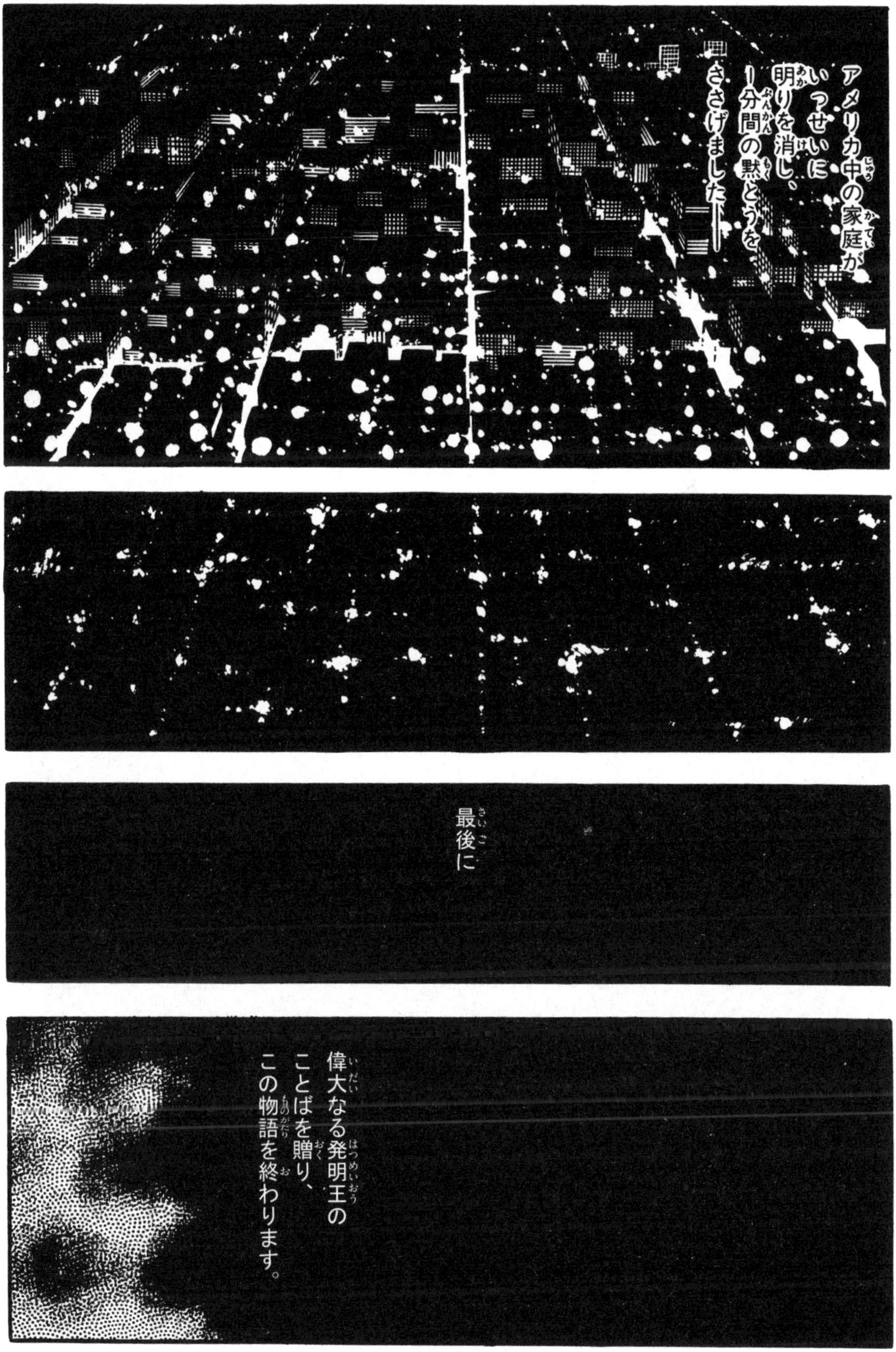

アメリカ中《じゅう》の家庭《かてい》が
いっせいに
明《あか》りを消《け》し、
一分間《ぷんかん》の黙《もく》とうを
ささげました――
最後《さいご》に
偉大《いだい》なる発明王《はつめいおう》の
ことばを贈《おく》り、
この物語《ものがたり》を終《お》わります。

「天才《てんさい》とは、
1パーセントのひらめきと
99パーセントの努力《どりょく》の結果《けっか》である」
トーマス・アルバ・エジソン

マリー・キュリー

作画　はやせたくみ

マリー・キュリー

もくじ

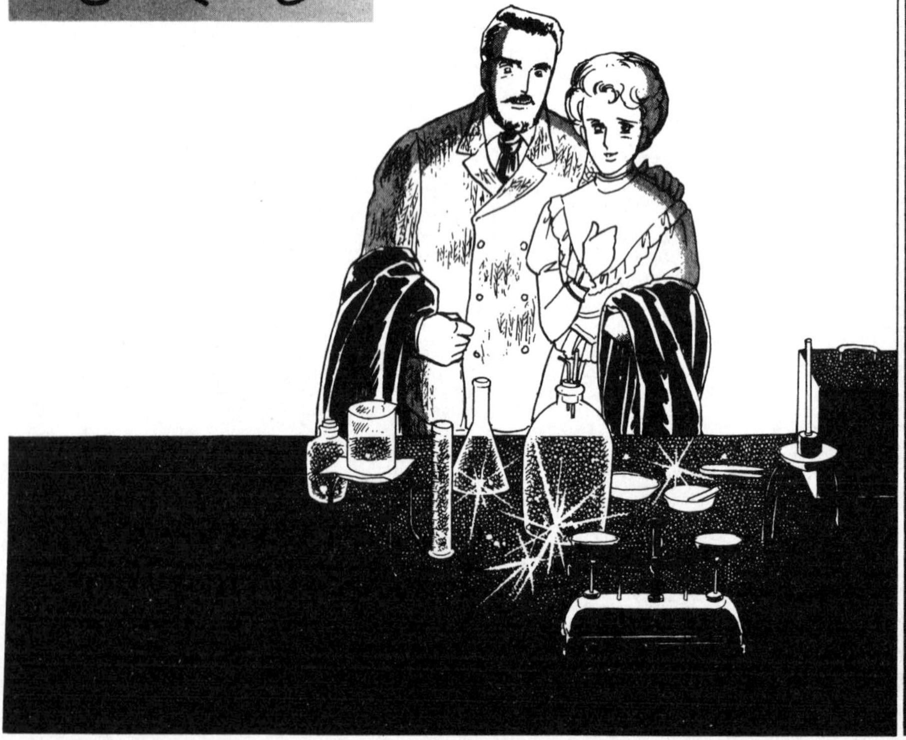

主《おも》な登場人物《とうじょうじんぶつ》

マリー・キュリー

(1867年《ねん》〜1934年《ねん》)
貧《まず》しさとたたかいながら勉強《べんきょう》にうちこみ、夫《おっと》と協力《きょうりょく》してラジウムを発見《はっけん》する。

夫《おっと》ピエール

(1859年《ねん》〜1906年《ねん》)
すぐれた科学者《かがくしゃ》であるとともにマリーのよき理解者《りかいしゃ》。

マリーの父《ちち》

(?〜1902年《ねん》)
学校《がっこう》の先生《せんせい》。正義感《せいぎかん》の強《つよ》い人《ひと》で娘《むすめ》たちをやさしく見守《みまも》る。

娘《むすめ》イレーヌとエーブ

(1897年《ねん》〜1956年《ねん》)
(1904年《ねん》〜)
イレーヌは両親《りょうしん》のあとをついで科学者《かがくしゃ》になり母《はは》を助《たす》け、エーブは芸術家《げいじゅつか》として生《い》きる。

姉《あね》ブローニャ

(1864年《ねん》〜?)
妹《いもうと》マリーと助《たす》け合《あ》いながら進学《しんがく》を実現《じつげん》する。

1　かしこいマーニャ

●早《はや》く学校《がっこう》に行《い》きたい●

マリー・キュリー夫人《ふじん》は、1867年《ねん》11月7日《がつなのか》、ポーランドの首都《しゅと》ワルシャワに生《う》まれました。
お父《とう》さんが、男子中学校《だんしちゅうがっこう》の先生《せんせい》だったので、家《いえ》もその学校《がっこう》の中《なか》にありました。
ははは
きゃははは

キュリー夫人《ふじん》のもとの名前《なまえ》はマリア・スクロドフスカで、おさないころはマーニャと呼《よ》ばれていました。
マーニャ気《き》をつけて！塔《とう》がこわれちゃうわよ
わかってるわブローニャ
マーニャは5人兄弟《にんきょうだい》の末《すえ》っ子《こ》でした。
2歳年上《さいとしうえ》のヘラ姉《ねえ》さん
3歳年上《さいとしうえ》のブローニャ姉《ねえ》さん
5歳年上《さいとしうえ》のジョゼフ兄《にい》さん
そして8歳年上《さいとしうえ》のゾーシャ姉《ねえ》さん
マーニャ！ママがいらっしゃいって

ずいぶんはしゃいで疲《つか》れただろうからもうおやすみなさいって
わたし 疲《つか》れてなんかいないのに……ホントよ
ママ！
ふあ
あらあらやっぱり 眠《ねむ》くなっちゃったようねマーニャ
さあ いらっしゃいお部屋《へや》へ行《い》っておやすみなさい
はあい

ゴホン
ゴホッ
ママ！ もう行《い》っちゃうの？
おやすみのキスは？
ゴホ
いつも言《い》ってるでしょ マーニャ それはできないのよ
ママ…
ギィー！
どうして？ ママはどうして一度《いちど》もキスをしてくれないの？
マーニャがきらいなの？
…………
そうじゃないのよ
ママ……
パタン

マーニャは
知《し》りませんでした。
お母《かあ》さんは肺結核《はいけっかく》という
おそろしい病気《びょうき》に
かかっていたのです。
!
ゴホッ ゴホッ
ごめんなさい マーニャ
病気《びょうき》をうつさないため、
お母《かあ》さんは子供《こども》たちに
キスをしないことを
決《き》めていたのでした。
ほら マーニャ これが・と・け・い という字《じ》よ
それから これはね——

それはおさら！
ねえ　ブローニャ
次《つぎ》は!?
え…と
マーニャを相手《あいて》に
文字《もじ》の勉強《べんきょう》か
感心《かんしん》だね
ブローニャ
パパ！
よしよし
じゃあ
ブローニャ
ためしにこの本《ほん》を
読《よ》んでごらん
は　はい

むかし
あ……ある
もり……の……
な……なか……に
き……こ……
えーと……
きこ……りの
……
イラ
イラ
ちょっと
かして!
むかし
ある森《もり》の中《なか》に
きこりの夫婦《ふうふ》が
住《す》んでいました

ふたりには
子供《こども》がいませんでした
ある日《ひ》——
マーニャ……
グス…
はっ
あ……
わたし
わたし……
わざとしたん
じゃないわ
ヒック
だって
だって　とても
やさしかったん
だもの……

ひどいわ
マーニャ
わーん
わーん
わーん
ごめんね
ブローニャ
よしよし
泣《な》かないで
いいんだよ
どちらも
悪《わる》くないんだから
お父《とう》さんとお母《かあ》さんはびっくりしました。
4歳《さい》のマーニャが、7歳《さい》のブローニャより先《さき》に、文字《もじ》をおぼえてしまったのです。
マーニャはかしこい子《こ》だ
しかし　勉強《べんきょう》をはじめるには小《ちい》さすぎる
うん
ごめんね
もう少《すこ》し大《おお》きくなるまで本《ほん》を与《あた》えないようにしなくては

さ そろそろ
晩《ばん》ごはんの
時間《じかん》だ
みんな
学校《がっこう》の宿題《しゅくだい》は
終《おわ》ったかい？
はあい
ガタッ
いいなあ
わたしも早《はや》く
学校《がっこう》へ行《い》って
勉強《べんきょう》したいなあ
そしたら
好《す》きなだけ
本《ほん》も読《よ》めるのに
どうして
わたしだけ
本《ほん》を読《よ》んじゃ
いけないのかな

お父《とう》さんの書斎《しょさい》は、マーニャのお気《き》に入《い》りの部屋《へや》でした。
不思議《ふしぎ》なものがたくさんあるからです。
わあっ
このすてきなものは　いったい何《なん》なのかしら
マーニャ
パパ　このいろんな形《かたち》をしたものはなあに？

これは「物理実験用具《ぶつりじっけんようぐ》」だよ
……ぶつりじっけん…ようぐ?
おかしな名前《なまえ》!
さ 早《はや》く食堂《しょくどう》へおいで
ぶつり じっけんようぐ
ぶつり じっけんようぐ
おさないマーニャの宝物《たからもの》。
――これらは、マーニャがおとなになってから、本物《ほんもの》の宝物《たからもの》になるのでした。

2　わが祖国《そこく》、ポーランド

●ロシアの役人《やくにん》●

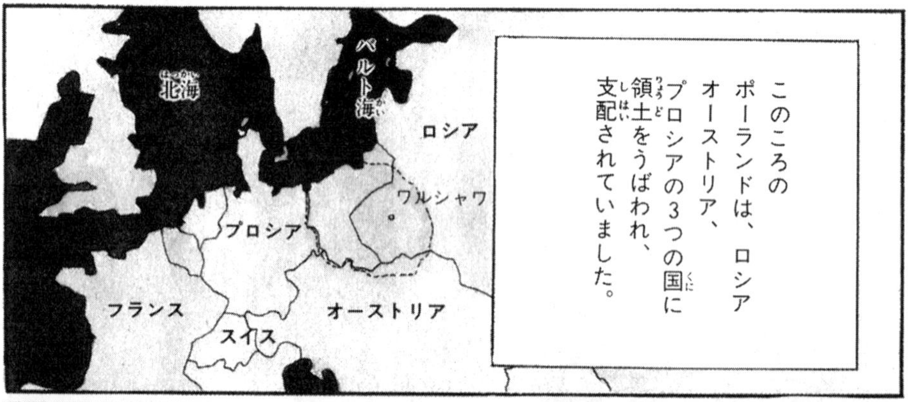
北海《ほっかい》
バルト海《かい》
ロシア
ワルシャワ
プロシア
フランス
オーストリア
スイス
このころの
ポーランドは、ロシア
オーストリア、
プロシアの3つの国《くに》に
領土《りょうど》をうばわれ、
支配《しはい》されていました。

マーニャの生《う》まれた
ポーランドの都《みやこ》
ワルシャワは、ロシアに
支配《しはい》されていました。

ロシアの皇帝《こうてい》は ワルシャワに 兵隊《へいたい》や役人《やくにん》を どんどん送《おく》りこみ、
反抗《はんこう》する者《もの》を見《み》つけると、 すぐに捕《とら》えて 遠《とお》いシベリアへ流《なが》したり 死刑《しけい》にしたり していました。
そして、学校《がっこう》では ロシア語《ご》を 勉強《べんきょう》するよう 命《めい》じていたのです。
なんだ この ロシア語《ご》は！
まちがいだらけじゃ ないかっ!!
罰《ばつ》を うけたいのか!?
イワノフ校長《こうちょう》 待《ま》ってください！

●**ポーランド**／ポーランドは、１７７２年《ねん》、１７９３年《ねん》、１７９５年《ねん》の３回《かい》にわたり、ロシア、オーストリア、プロシア（ドイツ）の３国《ごく》に分割《ぶんかつ》された。

わざとじゃありません許《ゆる》してやってください
許《ゆる》すわけにはいかん! こいつらがロシア語《ご》を覚《おぼ》えるまではな
でも 校長《こうちょう》 ロシア人《じん》のあなただって ロシア語《ご》を書《か》きまちがえることはあるでしょう?
なんだと!?
きみはわしにさからうのかね スクロドフスキ君《くん》

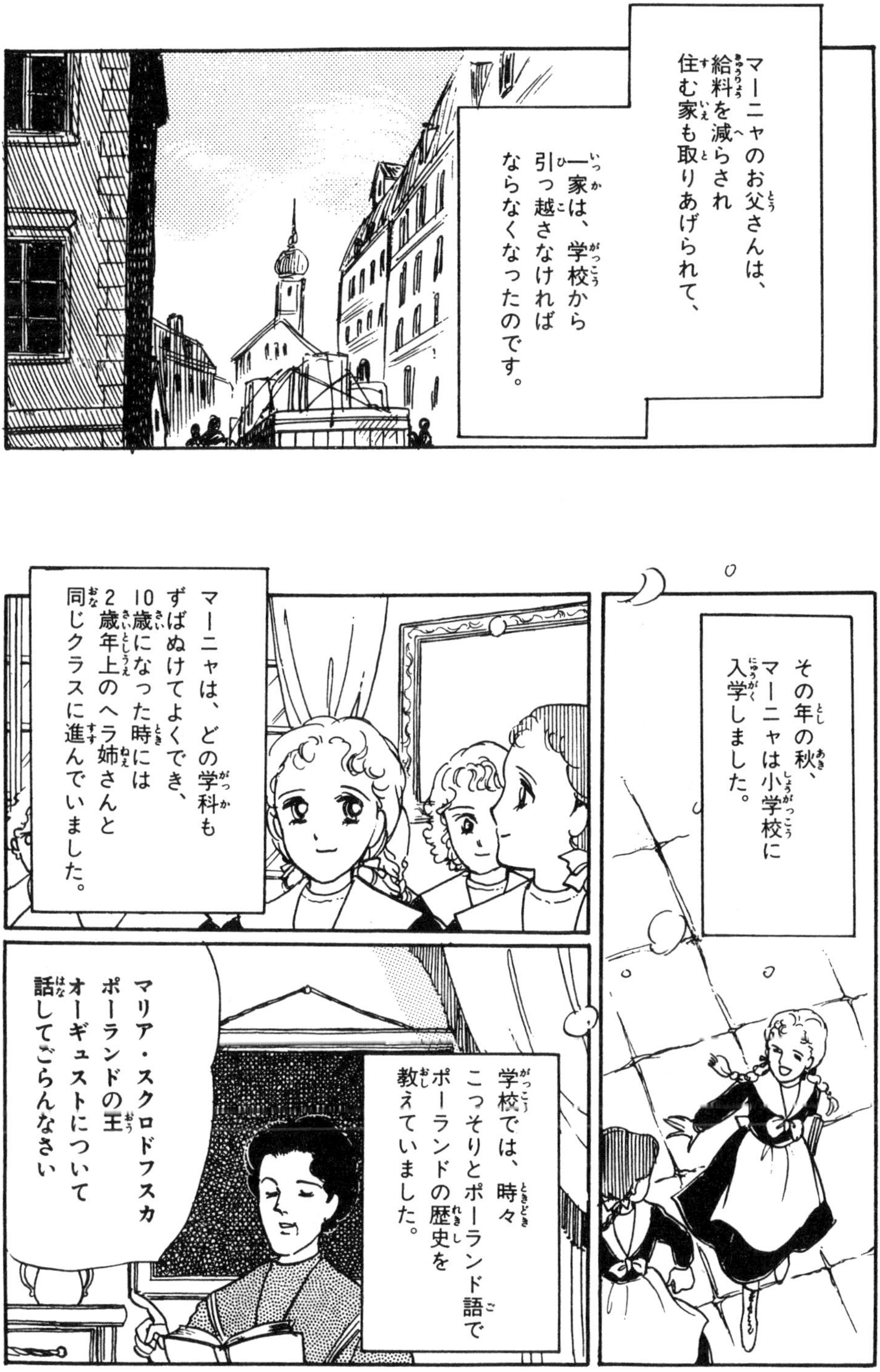
マーニャのお父《とう》さんは、
給料《きゅうりょう》を減《へ》らされ
住《す》む家《いえ》も取《と》りあげられて、
一家《いっか》は、学校《がっこう》から
引《ひ》っ越《こ》さなければ
ならなくなったのです。
その年《とし》の秋《あき》、
マーニャは小学校《しょうがっこう》に
入学《にゅうがく》しました。
マーニャは、どの学科《がっか》も
ずばぬけてよくでき、
10歳《さい》になった時《とき》には
2歳年上《さいとしうえ》のヘラ姉《ねえ》さんと
同《おな》じクラスに進《すす》んでいました。
学校《がっこう》では、時々《ときどき》
こっそりとポーランド語《ご》で
ポーランドの歴史《れきし》を
教《おし》えていました。
マリア・スクロドフスカ
ポーランドの王《おう》
オーギュストについて
話《はな》してごらんなさい

●オーギュスト（スタニスワフ・ポニアトフスキ）／ポーランド最後《さいご》の国王《こくおう》。在位《ざいい》1764年《ねん》～95年《ねん》。文学《ぶんがく》や芸術《げいじゅつ》を保護《ほご》したが、ポーランド分割《ぶんかつ》を認《みと》めてしまった。

オーギュストは
1764年《ねん》に王《おう》に
選《えら》ばれました
教養《きょうよう》があって
芸術家《げいじゅつか》や作家《さっか》を
保護《ほご》し
りっぱな王《おう》でした
よくできました
みんなより
2つ年下《としした》でしたが、
マーニャはクラスで
1番《ばん》の成績《せいせき》でした。
ガタン
ジリリリーン
はっ
ジジ

ロシアの役人《やくにん》が
見《み》まわりにきた
合図《あいず》のベルだわ!
みなさん 早《はや》く
ポーランド語《ご》の
教科書《きょうかしょ》を
かくすんですっ!!
ガタ
ガタ
はいっ!!
ガタ
ガタ
ガタ
急《いそ》いで!

バタン!
バタバタバタバタ
ハァ
はっ
ギロリ

シーーーン
今《いま》は おさいほうの 時間《じかん》なのです
ポーランド語《ご》の 本《ほん》などは ないでしょうな!

ドカ
だれかひとり立《た》たせなさい
テストする
は　はい……
神《かみ》さま!
どうぞわたしが
さされませんように
さされませんように!
おねがい!

マリア・スクロドフスカ
こういう時《とき》は、いつもマーニャがさされるのでした。なぜなら、マーニャが一番《ばん》、ロシア語《ご》の成績《せいせき》がよかったからです。
ごめんなさいね あなたばかり さして……
ガタン
わが偉大《いだい》なるロシアをおさめてきた皇帝《こうてい》の名《な》をあげなさい
エカテリーナ2世《せい》 パーベル1世《せい》 アレクサンドル1世《せい》——
——ニコライ1世《せい》 アレクサンドル2世《せい》
フムフム

うむ　じつに
みごとな
ロシア語《ご》だ
では現在《げんざい》
きみたちを
おさめている
皇帝《こうてい》は？
わたしたちは
ポーランド人《じん》だわ
ロシアの皇帝《こうてい》
なんかのものじゃ
ないわ!!
ジロリ
皇帝《こうてい》の
名《な》は!?
おねがい
答《こた》えて！

どうした!?
答《こた》えたまえ!
アレクサンドル2世《せい》です
ホ…
よろしい!
ガタン
カッ
カッ
バタン

ホーー…
マリア……
よく答《こた》えて
くれたわね
う…
せ……
先生《せんせい》！
わあっ
うそをつくのは
もういやですっ
わたしたちは
ポーランド人《じん》です

ポーランド人《じん》だわ!!
クスン
クスン

3　悲《かな》しいできごと

●さよなら、お母《かあ》さん●

このころ
マーニャの家《いえ》では
つらいことが
続《つづ》いていました。
ガヤ
ガヤ
お父《とう》さんは、
学校《がっこう》の給料《きゅうりょう》を減《へ》らされ、
そのうえ事業《じぎょう》に失敗《しっぱい》して
財産《ざいさん》をなくしてしまったため、
家《いえ》に何人《なんにん》か生徒《せいと》をあずかり、
勉強《べんきょう》を教《おし》えていました。

●チフス／チフス菌《きん》が体内《たいない》に入《はい》っておこる急性《きゅうせい》の伝染病《でんせんびょう》。

なんですと ドクター!!
チフスです
この生徒《せいと》さんは チフスにかかって います
おまえたち あっちへ 行《い》ってなさい!
病気《びょうき》が うつったら たいへんだ
どうしたの? ゾーシャ姉《ねえ》さん ブローニャ姉《ねえ》さん
わたし 熱《ねつ》が ……
わたしも

ゾーシャ！
ブローニャ！
キイ！
パパ！
ゾーシャもブローニャもチフスにかかってしまったんだ マーニャ
うーん
ふたりには絶対《ぜったい》近《ちか》づいちゃいけないよ
病気《びょうき》がうつるからね

そして、とうとう
手当《てあ》てのかいもなく
ゾーシャは
神《かみ》さまに召《め》されて
しまいました。
カラーン
カラーン
カラーン

それから2年後《ねんご》——
お母《かあ》さんの病気《びょうき》も
ますます悪《わる》くなるばかりです。
ゴホッ
ゴホッ
ゴホッ
ゴホ
ママ……

神《かみ》さま
おねがいです
ママを助《たす》けてください
もし　ママが助《たす》かるなら
わたしがかわりに
死《し》んでもかまいません
神《かみ》さま!!
ゾーシャ姉《ねえ》さんのように　わたしたちからママをうばわないで
マーニャの必死《ひっし》の祈《いの》りもむなしく、お母《かあ》さんは、二度《にど》と起《お》きあがることができませんでした。

みんなを……
悲《かな》しませて
ごめんなさいね
……
小《ちい》さな
マーニャ
………
ジョゼフ
ヘラ……ブローニャ
……あなた
さようなら
………
みんな
……大《だい》……好《す》き
!
ママ!
ママ!!

あんなに　あんなに
お願《ねが》いしたのに——!!
もう　神《かみ》さまなんて
信《しん》じられない!!
わああ
1878年《ねん》5月《がつ》——
わずか10歳《さい》のマーニャには
あまりにも悲《かな》しすぎる
お母《かあ》さんとの別《わか》れでした。

月日《つきひ》は流《なが》れて——
マーニャは14歳《さい》になり官立《かんりつ》の女学校《じょがっこう》に通《かよ》っていました。
あーあ
この学校《がっこう》はロシア人《じん》の先生《せんせい》ばかりで いやになっちゃうわ
でも ロシア人《じん》が校長《こうちょう》の官立女学校《かんりつじょがっこう》でなければちゃんとした卒業《そつぎょう》のお免状《めんじょう》をもらえないんですものしかたないわ
そうね

クニツカ?
マーニャ……
いったいどうしたのクニツカ!?
兄《にい》さんがロシアに反抗《はんこう》する運動《うんどう》をしたというのでつかまったの
明日《あす》の朝《あさ》絞首刑《こうしゅけい》になるんですって
なんですって!?
ひどいわひどすぎるわ
なんとかならないのかしら

とにかく祈《いの》りましょう
夜明《よあ》けだわ……
ああ…兄《にい》さん
ポーランドを愛《あい》するクニツカのお兄《にい》さんの命《いのち》をムダにはしないわ
わたしもポーランドのために力《ちから》をつくすわ!
きっと きっと!

4　小《ちい》さな家庭教師《かていきょうし》

●ゾラフスキー家《け》で●

1883年《ねん》6月《がつ》——マーニャは、女学校《じょがっこう》の卒業式《そつぎょうしき》で、金《きん》メダルをもらいました。
金《きん》メダルは、もっとも成績《せいせき》の良《よ》かった生徒《せいと》に与《あた》えられるもので、マーニャの家《いえ》ではジョゼフとブローニャがもらっていました。
もし　わたしが事業《じぎょう》に失敗《しっぱい》してお金《かね》を失《な》くしていなければ　おまえやブローニャもジョゼフのように大学《だいがく》へ行《い》かせてやれるのに——
いいのよ　パパ

どうせワルシャワ大学《だいがく》は男《おとこ》の子《こ》しかはいれないんだしわたしはもう大人《おとな》なんだから自分《じぶん》の道《みち》は自分《じぶん》で切《き》り開《ひら》いていくわ
パパ ぼくたち家庭教師《かていきょうし》をしようって決《き》めたんだ
そうよ これからはパパにばかり頼《たよ》ってはいないわ!
おまえたち……
マーニャたちは生徒《せいと》の家《いえ》から家《いえ》へと街中《まちじゅう》をかけ回《まわ》りました。
しかし、16歳《さい》のマーニャにとって、家庭教師《かていきょうし》はたいへんな仕事《しごと》でした。
今日《きょう》は 算数《さんすう》のお勉強《べんきょう》よ

算数《さんすう》なんかきらいだよ
べーっ
あ!
もう少《すこ》し待《ま》っててくださいね　そのうち帰《かえ》ってきますから
ふう
あの……
あら なにかしら?
今日《きょう》はお月謝《げっしゃ》をいただく日《ひ》ですけど……
まあ そうだったかしら

それにしても
うちの子《こ》はちっとも
成績《せいせき》が上《あ》がらないわ
お月謝《げっしゃ》の分《ぶん》 しっかり
教《おし》えてくれなくっちゃ
ブツブツ
もったいないわ
………
いやな思《おも》いを
して たった
これだけの月謝《げっしゃ》
……わたし
こんなことしていて
いいのかしら
ポーランドの
ために 何《なに》か
役《やく》に立《た》ちたいと
思《おも》っているのに
このままじゃ
何《なに》もできないわ
ブローニャ姉《ねえ》さん
わたし もっと
勉強《べんきょう》したいわ
ねえ 移動大学《いどうだいがく》に
参加《さんか》してみない？
移動大学《いどうだいがく》
？
ええ
ロシア人《じん》にかくれて
同志《どうし》の者《もの》たちが
集《あつ》まって
勉強《べんきょう》してるのよ

ポーランドがロシアから独立《どくりつ》するためにはまず　ポーランド人《じん》が高《たか》い教養《きょうよう》を身《み》につけなくてはだめだ
そうだ化学《かがく》や医学《いがく》を発展《はってん》させて　ロシア人《じん》をあっといわせてやるんだ
こうやってぼくらが集《あつ》まって勉強《べんきょう》するだけじゃなくてほかの人々《ひとびと》にも知識《ちしき》を広《ひろ》めなくては——
わたしも何《なに》か手伝《てつだ》いたいわ
マーニャは、家庭教師《かていきょうし》の合《あ》い間《ま》をぬって、工場《こうじょう》で働《はたら》く女《おんな》の人《ひと》たちのために小図書室《しょうとしょしつ》をつくり、勉強《べんきょう》を教《おし》えました。

わたし……大学《だいがく》へ行《い》きたいわ
ええ わたしもよ マーニャ
実《じつ》はね わたし パリの大学《だいがく》へ 行《い》きたいと思《おも》って 貯金《ちょきん》してるの
そこは女《おんな》でも 入学《にゅうがく》できるのよ
わたし 大学《だいがく》で 医学《いがく》を学《まな》んで 医者《いしゃ》になりたいの
医者《いしゃ》になって このポーランドで ママのような人《ひと》たちを 病気《びょうき》から救《すく》って あげたいのよ
ブローニャ 姉《ねえ》さん……

でも　とても
無理《むり》ね
今《いま》のままじゃ
お金《かね》をためられ
そうにないわ
わたしったら
自分《じぶん》のことばかり
考《かんが》えていたわ
ジョゼフ兄《にい》さんは
もうすぐ
大学《だいがく》を卒業《そつぎょう》して
医者《いしゃ》になるだろうし
ヘラ姉《ねえ》さんは
音楽家《おんがくか》を
目《め》ざして　もう
お免状《めんじょう》も持《も》って
いるから
心配《しんぱい》ないわ
でも
ブローニャ姉《ねえ》さんは
女学校《じょがっこう》を出《で》てから
ずっと　わたしたちの
お母《かあ》さんがわりに
家《いえ》の用事《ようじ》をやって
くれていたんだ
ブローニャ姉《ねえ》さんは
もう20歳《はたち》！
大学《だいがく》へはわたしより
先《さき》に行《い》くべきだわ
ガタン
ねえ
貯金《ちょきん》はいくら
たまってるの？
旅費《りょひ》と1年分《ねんぶん》の
生活費《せいかつひ》ぐらいは
あるけど……
でも　医者《いしゃ》になる
には5年間《ねんかん》も
勉強《べんきょう》しなきゃ
ならないのよ

わたし　手伝《てつだ》うわ
え？
まず　ブローニャ　姉《ねえ》さんが　自分《じぶん》の　お金《かね》で大学《だいがく》へ　はいるの　そして　あとのお金《かね》は　わたしが送《おく》るわ
そんな……じゃ　あなたは　大学《だいがく》を　あきらめるの？
そうじゃないわ　自分《じぶん》の分《ぶん》も　ちゃんと貯金《ちょきん》するわ
そして　姉《ねえ》さんが　医者《いしゃ》になったら　今度《こんど》は　わたしが　助《たす》けてもらって　大学《だいがく》へ行《い》くのよ
無理《むり》だわ　わたしに送金《そうきん》して　自分《じぶん》も貯金《ちょきん》する　なんて　今《いま》の　お月謝《げっしゃ》じゃ……
だいじょうぶ　住《す》みこみの家庭教師《かていきょうし》　になれば　とてもいい　お月謝《げっしゃ》をもらえるわ
じゃ　あなたが　先《さき》に行《い》けばいいわ　マーニャ

何《なに》言《い》ってるの！ 姉《ねえ》さんが妹《いもうと》より 先《さき》に行《い》くのは あたりまえでしょ！
マーニャ
ふたりで勉強《べんきょう》して 将来《しょうらい》は ポーランドのために 何《なに》かためになることを しましょうよ！
ね!?
ありがとう マーニャ……
1885年《ねん》—— こうしてブローニャは パリへ旅立《たびだ》っていきました。

マーニャはワルシャワから
100km《キロメートル》も離《はな》れたいなかの家《いえ》の
家庭教師《かていきょうし》になることにしました。
その家《いえ》ではとても高《たか》いお金《かね》を
払《はら》ってくれるからです。
ああ　こんなに遠《とお》くに来《き》てしまって……
パパやみんなにはしばらく会《あ》えないのね
でもわたしとブローニャ姉《ねえ》さんの夢《ゆめ》をかなえるためよ！
がんばらなくっちゃ！

ゾラフスキー家《け》――
いらっしゃい お待《ま》ちしてたのよ
熱《あつ》いお茶《ちゃ》は いかが？
よかった やさしそうな 人《ひと》で……
18歳《さい》のブロンカに3時間《じかん》、10歳《さい》のアンズィアに4時間《じかん》、勉強《べんきょう》を教《おし》えることが マーニャの仕事《しごと》でした。
同《おな》じ年《とし》の先生《せんせい》 なんてうれしいわ お友《とも》だちに なってね！
ええ！

それはきのう
やった問題《もんだい》よ
ブロンカ
ん〜〜〜
わー
わー
わーっ
何《なに》見《み》てるの
マーニャ?
村《むら》の子供《こども》たちは
学校《がっこう》に行《い》って
ないのね
学校《がっこう》へ行《い》っても
ロシア語《ご》しか
教《おし》えないし
ほとんどの子《こ》が
読《よ》み書《か》き
できないのよ
ねえ　ブロンカ!
あの子《こ》たちに
ポーランド語《ご》を
教《おし》えてあげたら
どうかしら!?

ふたりはロシア人《じん》に見《み》つからないようにこっそりと子《こ》どもたちを教《おし》えはじめました。
Woda
み…ず
え……と
か……わ!
そうよ よくできました
わあい 読《よ》めた!
よかった みんな真剣《しんけん》よ
自分《じぶん》たちの国《くに》の言葉《ことば》を覚《おぼ》えられるからだわ
先生《せんせい》! 書《か》けたよ 見《み》て!
わたしのも!

兄《にい》さん！
おかえりなさい
マーニャ 兄《にい》さんのカジーミエシュよ ワルシャワの大学《だいがく》へ行《い》ってるの
休暇《きゅうか》で帰《かえ》ってきたの
よろしく マーニャ

乗馬《じょうば》も
得意《とくい》だなんて
きみは本当《ほんとう》に
なんでも
できちゃうんだね
マーニャ
きみみたいな人《ひと》は
はじめてだよ
——ねえ　ぼくと
結婚《けっこん》してくれるかい？

しかし
カジーミエシュの
お父《とう》さんは
身分《みぶん》ちがいの
ふたりの結婚《けっこん》を
許《ゆる》しませんでした。
ああ　ワルシャワへ
帰《かえ》りたい――
でも　もし帰《かえ》ったら
ブローニャ姉《ねえ》さんに
お金《かね》を送《おく》ることが
できないわ
耐《た》えなくては……!
つらい毎日《まいにち》でしたが、
マーニャは、家族《かぞく》へ
手紙《てがみ》を書《か》くことを
忘《わす》れませんでした。
自分《じぶん》のぐちは
ひとつもこぼさず、
いつも、家族《かぞく》を
はげますマーニャ。
そして、
3年《ねん》の月日《つきひ》が
流《なが》れ――

パパからだわ!
パパは中学校《ちゅうがっこう》を
やめて　少年院《しょうねんいん》の
院長《いんちょう》になった
お給料《きゅうりょう》が増《ふ》えたので
ブローニャにはパパが
お金《かね》を送《おく》ろう
長《なが》いこと苦労《くろう》を
かけたね
これからは自分《じぶん》の
ために貯金《ちょきん》すると
いい——
少年院《しょうねんいん》なんて
きっとたいへんな
仕事《しごと》だわ
きっと
わたしのために
無理《むり》してるん
だわ
でも　これで
いつでもワルシャワへ
帰《かえ》れるのね!
ありがとう
パパ!

5　あこがれのパリ

●科学者《かがくしゃ》への第一歩《だいいっぽ》●

1889年《ねん》5月《がつ》――マーニャは、なつかしいワルシャワへ帰《かえ》ってきました。
パパ!
おかえりマーニャ!
そして家庭教師《かていきょうし》をしながら、いとこの経営《けいえい》する農工業博物館《のうこうぎょうはくぶつかん》へ通《かよ》うようになりました。
そこはポーランドの青年《せいねん》に科学《かがく》を教《おし》える研究所《けんきゅうじょ》でした。ロシアの目《め》をごまかすために博物館《はくぶつかん》という名前《なまえ》をつけていたのです。

なつかしいわ!
パパの部屋《へや》に
あったのと
同《おな》じ!
物理実験用具
マーニャは
仕事《しごと》が終《お》わったあとや
日曜日《にちようび》にやってきては
夢中《むちゅう》で実験《じっけん》を
くり返《かえ》していました。
すてき!
本《ほん》のとおりに
実験《じっけん》すれば
いつも同《おな》じ結果《けっか》
になるなんて
すばらしいわ
永久《えいきゅう》に変《か》わる
ことのない
宇宙《うちゅう》の法則《ほうそく》!
大学《だいがく》では
科学《かがく》の勉強《べんきょう》を
しよう!!

そして、ついに1891年《ねん》10月《がつ》、マーニャはブローニャの招《まね》きに応《おう》じて、パリへ出発《しゅっぱつ》しました。24歳《さい》になる少《すこ》し前《まえ》のことでした。
マーニャ しっかり 勉強《べんきょう》するんだよ
パパ! わたし がんばるわ
待《ま》っててね りっぱな科学者《かがくしゃ》になって帰《かえ》ってくるわ!

長《なが》い間《あいだ》夢《ゆめ》に見《み》ていたパリ――
この旅立《たびだ》ちがマーニャにとって偉大《いだい》なる科学者《かがくしゃ》への第一歩《だいいっぽ》になるのです。

ガヤガヤ
ふう
ピーーッ
マーニャ！
ここよっ
会《あ》いたかったわ！
ブローニャ姉《ねえ》さん！

紹介《しょうかい》するわ
夫《おっと》のカジミールよ
パリで病院《びょういん》を開《ひら》いてるの
今日《きょう》からあなたの家《いえ》になる所《ところ》よ
ブローニャは、1890年《ねん》にソルボンヌ大学《だいがく》を卒業《そつぎょう》し、ポーランド人《じん》の医者《いしゃ》カジミールと結婚《けっこん》していました。
よろしく
マリー
え？
マリー？
フランスではマリアはマリーと呼《よ》ぶのよ
ここではあなたはマリー・スクロドフスカになるのよ
マリー・スクロドフスカ
………！
すてき！
何《なに》もかも新《あたら》しいはじまりね！

ついに 自由《じゆう》の国《くに》 フランスに 来《き》たんだわ!
このパリでは 世界中《せかいじゅう》の国《くに》の 本《ほん》がだれでも 買《か》えるのよ
好《す》きな国《くに》の 言葉《ことば》をしゃべって いいのね
ロシア人《じん》の目《め》を 気《き》にすることも ないのね
みんなが いきいきしてる!
ああ すばらしいわ!

ソルボンヌ大学《だいがく》——
マリーのあこがれていた大学生活《だいがくせいかつ》が始《はじ》まりました。
ふう！早口《はやくち》すぎてフランス語《ご》がよく聞《き》きとれないわ

フランス語《ご》も 科学《かがく》も ひとりで勉強《べんきょう》した だけだから
授業《じゅぎょう》についていく のは思《おも》ったより たいへんだわ
早《はや》く追《お》いつけるように 人《ひと》よりたくさん勉強《べんきょう》 しなくっちゃね!
ガヤ ガヤ
あれ だれだい?
理学部《りがくぶ》の 学生《がくせい》に 女《おんな》の子《こ》なんて めずらしいな
マリー・ スクロドフスカ だよ ポーランド人《じん》だ
へえ きれいな 髪《かみ》の毛《け》だ
やあ マリー!!

マリー お茶《ちゃ》飲《の》みに 行《い》かない?
マリー ぼくとね
マリー
あ…あの
ちょっと あなたたち 失礼《しつれい》じゃないの!!
わっ
あっちへ 行《い》かないと わたしが 許《ゆる》さないわよっ
ホッ
ありがとう 助《たす》かったわ
わたし ズィズインスカ わたしも ポーランド人《じん》 なのよ
まあ!

ふうん　それで
今《いま》はお姉《ねえ》さんたちの
家《いえ》に住《す》んでるのね
ええ　でも
実《じつ》はわたし
悩《なや》んでるの……
あら　どうして？
あなたはふたり
とも大好《だいす》き
なんでしょう？
ええ　そうよ
ふたりともとても
よくしてくれるわ
でも　あの家《いえ》じゃ
わたし　落《お》ちついて
勉強《べんきょう》できないの……
？

マリー　音楽会《おんがくかい》へ行《い》くんだよ　支度《したく》して
でも　わたし　明日《あす》の授業《じゅぎょう》の下調《したしら》べが――
いいから　いいから
ワハハハ
キャハハハ
マリー　来《き》て！　友《とも》だちに紹介《しょうかい》するわっ

先生《せんせい》！
先生《せんせい》！
ガバッ
先生《せんせい》！
子《こ》どもが熱《ねつ》を出《だ》しちゃって！
バタバタ
ブローニャ先生《せんせい》！
ビクッ
どうしたの？
もうすぐ産《う》まれそうなんです
すぐ来《き》てくださいっ
バタバタ
パタン
ふう

この家《いえ》は
にぎやかすぎるわ
わたしはもっと
落《お》ちついて
勉強《べんきょう》したいのに……
そうだわ
この家《いえ》を出《で》て
ひとりで暮《く》らせば
思《おも》うぞんぶん
勉強《べんきょう》ができるわ
マリー 本当《ほんとう》に
ここに住《す》むのかい?
とても狭《せま》いし
冬《ふゆ》は寒《さむ》そうだ
平気《へいき》よ 若《わか》いし
体《からだ》は丈夫《じょうぶ》だもの
心配《しんぱい》しないで
それにここは
大学《だいがく》に近《ちか》いのよ
これからは
部屋代《へやだい》と食事代《しょくじだい》を
自分《じぶん》で払《はら》わなきゃなら
ないから うんと
節約《せつやく》しなくては――
でも 好《す》きな勉強《べんきょう》が
できるんだもの
がまんできるわ

こうして、マリーの、ひとり暮《ぐら》しが始《はじ》まりました。
きびしい冬《ふゆ》のパリの寒《さむ》さをしのぐだけの石炭《せきたん》を買《か》えないマリーはこごえながら勉強《べんきょう》を続《つづ》けていました。
寒《さむ》くて眠《ねむ》れないわ………
ガチガチ
そうだ！ありったけの服《ふく》を着《き》こめば………
やっぱり寒《さむ》いわ………どうしよう

重《おも》ければ なんとなく 暖《あった》かいような 気《き》がするわ
わずかなパンと 紅茶《こうちゃ》だけの食事《しょくじ》…… それに、勉強《べんきょう》の しすぎで マリーの体《からだ》は、 しだいに弱《よわ》ってきて しまいました。
もうすぐ わたしの部屋《へや》よ ズィズィンスカ
まだ のぼるの!?
あ……
くらっ

マリー!?
マリー!!
あら
カジミール
兄《にい》さん

倒《たお》れた
そうだね⁉
なんでもないの
ちょっとめまいが
しただけなの
マリー
食事《しょくじ》はちゃんと
してるのかい？
え ええ
……
うそだ
わたしは
医者《いしゃ》だよ
早《はや》く出《で》かける
支度《したく》をしなさい
今週《こんしゅう》はうちで
休養《きゅうよう》をとるんだ！
ブローニャの
つくってくれた食事《しょくじ》と
あたたかい家《いえ》での
休息《きゅうそく》で、
マリーは、すぐに
元気《げんき》になりました。
ホッ
しかし、4、5日《にち》して
自分《じぶん》の部屋《へや》に帰《かえ》ると、
マリーは、ふたたび
勉強《べんきょう》だけの生活《せいかつ》に
もどるのでした。

——そして
その努力《どりょく》の結果《けっか》
1893年《ねん》7月《がつ》、
マリーは
物理学《ぶつりがく》の学士試験《がくししけん》に
1番《ばん》で合格《ごうかく》したのです。
見《み》えてきたわ わたしたちの ポーランドよ!
もうすぐ 家《いえ》に着《つ》くわ!
ねえ
夏休《なつやす》みが終《おわ》ったら どうするの? もちろん大学《だいがく》へ 戻《もど》るんでしょ?
ええ そうしたいけど ……
貯金《ちょきん》ももう 使《つか》いはたして しまったし 今年《ことし》は 大学《だいがく》へ行《い》くのは あきらめようと 思《おも》ってるの

そんな……
マリー
あなたはきっと
将来《しょうらい》何《なに》かを
やりとげる人《ひと》よ
途中《とちゅう》であきらめ
ちゃいけないわ
でも
……
はい　お茶《ちゃ》よ
ああ……
ありがとう
お父《とう》さん…… 年《とし》を
とってしまったわ
このままそばにいて
お世話《せわ》をしてあげる
のが一番《いちばん》かもしれない
でも　わたし
科学《かがく》の
勉強《べんきょう》を
つづけたいわ

大学《だいがく》へ戻《もど》りたいわ
ポーランドでは自由《じゆう》に勉強《べんきょう》できないんだもの
マリー
マリー!!
ズィズインスカ!?
いい知《し》らせよ
あなたまた大学《だいがく》へ戻《もど》れるのよ!
外国《がいこく》で勉強《べんきょう》する優秀《ゆうしゅう》な学生《がくせい》にポーランド政府《せいふ》が奨学金《しょうがくきん》をかしてくれるのよ!!
手続《てつづ》きはたいへんだったけど——
ああズィズィンスカわたしのために——ありがとう!
お父《とう》さん!

行《い》っておいで
マリー
自分《じぶん》の知識《ちしき》を広《ひろ》めるためにはどんな努力《どりょく》でもするべきだ
わたしはそのように育《そだ》てたのだから——
わたし努力《どりょく》するわっ
きっとお父《とう》さんのような科学者《かがくしゃ》になって戻《もど》ってきてポーランドのために何《なに》かするの！
こうしてマリーは、ふたたびパリにもどりました。
そして、空腹《くうふく》や寒《さむ》さや睡眠不足《すいみんぶそく》と戦《たたか》いながら、勉強《べんきょう》を続《つづ》けたのです。

6　ピエールとの出《で》会《あ》い

●マリー・キュリー夫《ふ》人《じん》●

1894年《ねん》のはじめ、マリーは同《おな》じポーランド人《じん》で物理学者《ぶつりがくしゃ》であるコワルスキー夫妻《ふさい》の家《いえ》へ招《まね》かれました。
マリー　フランスの若《わか》い天才的《てんさいてき》な物理学者《ぶつりがくしゃ》を紹介《しょうかい》しよう　きっと君《きみ》の実験《じっけん》の相談相手《そうだんあいて》になってくれるだろう
ピエール・キュリー君《くん》だ

●**ピエール・キュリー**／1859年《ねん》～1906年《ねん》。フランスの物理学者《ぶつりがくしゃ》。妻《つま》マリーとともに、ノーベル物理学賞《ぶつりがくしょう》を受《う》けた。

当時《とうじ》、35歳《さい》のピエールは
パリの物理学校《ぶつりがっこう》に
勤《つと》めていましたが、すでに
「キュリー天《てん》びん」という
実験器具《じっけんきぐ》の発明《はつめい》や
「キュリーの法則《ほうそく》」という磁《じ》
気《き》に関《かん》する研究《けんきゅう》で
有名《ゆうめい》になっていました。
ピエールは、わずか16歳《さい》で
ソルボンヌ大学《だいがく》に入学《にゅうがく》し、
18歳《さい》で理学士《りがくし》になったと
いう天才《てんさい》でした。
しかし、彼《かれ》はその才能《さいのう》を
金《かね》もうけのために使《つか》おう
とはせず、わずかな
給料《きゅうりょう》と低《ひく》い地位《ちい》に
満足《まんぞく》していました。
マリーはピエールに
物理学《ぶつりがく》に関《かん》して
つぎつぎと
質問《しつもん》しました。
そして、熱心《ねっしん》に
説明《せつめい》を聞《き》くマリーに、
ピエールは、強《つよ》く
ひかれていったのです。

こんなに若《わか》くて美《うつく》しい女性《じょせい》がどんなにむずかしい話《はな》しでも理解《りかい》してくれる――信《しん》じられない
すばらしい才能《さいのう》があって　しかも人間《にんげん》としても優《すぐ》れた方《かた》だわ
……
マリー　あなたはこのままパリにいて勉強《べんきょう》をつづけるのでしょう？
いいえ　それはできないのです　7月《がつ》に数学《すうがく》の学士試験《がくししけん》に合格《ごうかく》したらポーランドに帰《かえ》るつもりです
わたしは　ロシアから祖国《そこく》を独立《どくりつ》させるために　何《なに》か役立《やくだ》てようと思《おも》って学《まな》んでいるのです
ポーランドで先生《せんせい》になってわたしの学《まな》んだことを若《わか》い人《ひと》たちに教《おし》えていきたいんです
マリー……
なんとすばらしい女性《じょせい》なんだ

ふたりは、いつしか愛《あい》し合《あ》うようになっていました。
おめでとう マリー!
その年《とし》の7月《がつ》、マリーは数学《すうがく》の学士《がくし》試験《しけん》に2番《ばん》の成績《せいせき》で合格《ごうかく》しました。
でも これで本当《ほんとう》に ポーランドに帰《かえ》って しまうわけでは ないでしょうね?
夏休《なつやす》みが終《おわ》って 新学期《しんがっき》が始《はじ》まる までには パリに 戻《もど》ってくるので しょうね?
ピエール ………

ポーランドでは研究《けんきゅう》をつづけられない あなたは学問《がくもん》を投《な》げだすつもりですか?
パリで研究《けんきゅう》をつづけたほうが 将来《しょうらい》もっと世《よ》の中《なか》に役立《やくだ》つ仕事《しごと》ができるにちがいない
あなたの才能《さいのう》をポーランドのためにもムダにしてはいけません
いいですね 帰《かえ》ってきてくださいね わたしは待《ま》っています
……
ワルシャワに帰《かえ》ってからも、マリーはまよい続《つづ》けました。

ワルシャワへ
何度《なんど》も手紙《てがみ》を出《だ》して
説得《せっとく》するピエール。
そして、ついにマリーは
パリへもどる決心《けっしん》を
したのです。
マリー　ぼくと
結婚《けっこん》してくれませんか
!
それは……できませんわ
わたしはポーランドや
家族《かぞく》を捨《す》てられないん
です……
……

それならわたしがフランスを捨《す》てましょう!
わたしがあなたについてポーランドへ行《い》きます
そんなこと いけませんわ!!
ポーランドじゃ研究《けんきゅう》は満足《まんぞく》にできないのです あなたのようなすばらしい学者《がくしゃ》にそんなことさせられません
いつかロシアから自由《じゆう》になったらまた研究《けんきゅう》を始《はじ》めればいい
ピエール……
それほどまでにわたしのことを……

1895年《ねん》7月《がつ》26日《にち》――マリーはピエールと結婚《けっこん》しました。
この日《ひ》からマリーは、キュリー夫人《ふじん》になったのです。
マリーの花嫁衣装《はなよめいしょう》はブローニャの夫《おっと》カジミールのお母《かあ》さんから贈《おく》られたもので、あとあとまで着《き》られるようなふつうの服《ふく》でした。
金《きん》の指輪《ゆびわ》も、ごちそうもない質素《しっそ》な式《しき》。そして、新婚旅行《しんこんりょこう》も自転車《じてんしゃ》で、いなかを旅《たび》するというものでしたが、ふたりは、幸《しあわ》せでした。

まあ あなたたちの新居《しんきょ》には客用《きゃくよう》のいすもないの？
そうよ
お客《きゃく》さんを招《まね》くひまもないのピエールもわたしも研究《けんきゅう》に没頭《ぼっとう》したいんですもの
あいかわらずね……
ふう
1897年《ねん》9月《がつ》――長女《ちょうじょ》のイレーヌが生《う》まれました。
妻《つま》として母《はは》として科学者《かがくしゃ》として
完璧《かんぺき》であるようマリーは努力《どりょく》しました。

7　偉大《いだい》な発見《はっけん》

●ポロニウムを、そしてラジウムを！●

ピエール　わたし
次《つぎ》の目標《もくひょう》は博士号《はくしごう》を
とることにするわ
博士論文《はくしろんぶん》の研究《けんきゅう》は
何《なに》をやったらいいかしら
最近発表《さいきんはっぴょう》された
物理学《ぶつりがく》の論文《ろんぶん》を
読《よ》んで探《さが》してごらん
ええ
とにかくまだ
だれも手《て》をつけた
ことのない研究《けんきゅう》が
いいわ
ベクレル線《せん》？
ウランから
出《で》ている
不思議《ふしぎ》な放射線《ほうしゃせん》
——

●ベクレル／1852年《ねん》～1908年《ねん》。1896年《ねん》、ウランの放射能《ほうしゃのう》を発見《はっけん》。1903年《ねん》、キュリー夫妻《ふさい》とともにノーベル物理学賞《ぶつりがくしょう》を受賞《じゅしょう》。

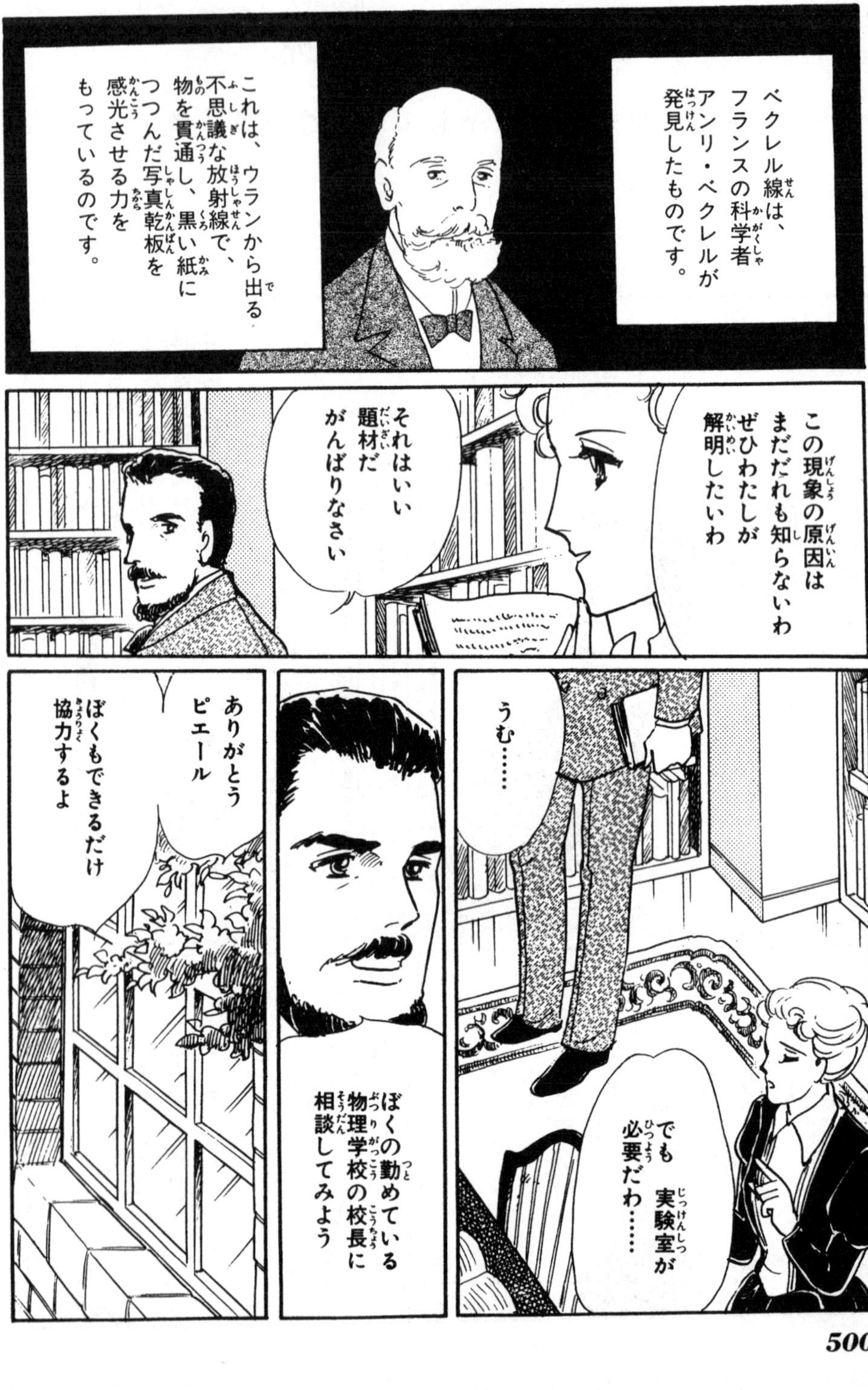
ベクレル線《せん》は、フランスの科学者《かがくしゃ》アンリ・ベクレルが発見《はっけん》したものです。
これは、ウランから出《で》る不思議《ふしぎ》な放射線《ほうしゃせん》で、物《もの》を貫通《かんつう》し、黒《くろ》い紙《かみ》につつんだ写真乾板《しゃしんかんぱん》を感光《かんこう》させる力《ちから》をもっているのです。
この現象《げんしょう》の原因《げんいん》はまだだれも知《し》らないわ ぜひわたしが解明《かいめい》したいわ
それはいい題材《だいざい》だ がんばりなさい
うむ……
でも 実験室《じっけんしつ》が必要《ひつよう》だわ……
ぼくの勤《つと》めている物理学校《ぶつりがっこう》の校長《こうちょう》に相談《そうだん》してみよう
ありがとう ピエール
ぼくもできるだけ協力《きょうりょく》するよ

●ウラン／ウラニウムともいう。元素《げんそ》記号《きごう》U。天然《てんねん》に産出《さんしゅつ》する最《もっと》も重《おも》い元素《げんそ》。放射性元素《ほうしゃせいげんそ》のひとつで、原子力《げんしりょく》の発生《はっせい》に利用《りよう》される。

マリーは、今《いま》まで倉庫《そうこ》に使《つか》われていた設備《せつび》の悪《わる》い小屋《こや》をかりることになりました。
湿気《しっけ》は多《おお》いし汚《きた》ないしこんなところで実験《じっけん》をつづけるのは体《からだ》によくないな
いいえ　使《つか》わせてもらえるだけでもありがたいわ文句《もんく》は言《い》えないわ
まず　ベクレル線《せん》のような現象《げんしょう》はウランだけのものか他《ほか》のものにもあるのかを調《しら》べなくては
いろいろな鉱物《こうぶつ》をかたっぱしから調《しら》べてみよう

ピエール　ウランを
含《ふく》んでいるピッチブレンド
という岩石《がんせき》からは
ウランの4倍《ばい》も強《つよ》い
放射線《ほうしゃせん》が出《で》てるわ！
え!?
すごいぞ！　となると
ピッチブレンドには
ウラン以外《いがい》でもっと
放射線《ほうしゃせん》を出《だ》す物質《ぶっしつ》が
含《ふく》まれているという
ことになる――
まだだれも知《し》らない
物質《ぶっしつ》だ！
これは大発見《だいはっけん》だ
マリー!!
ぼくも自分《じぶん》の研究《けんきゅう》を
中止《ちゅうし》して　きみのを
手伝《てつだ》うことにしよう
ええ　おねがい
ピエール
ええ
とにかく
その物質《ぶっしつ》を
見《み》つけよう
放射線《ほうしゃせん》を出《だ》している
のは　この岩石《がんせき》のどの
部分《ぶぶん》からかをさぐって
不要《ふよう》な部分《ぶぶん》を
取《と》りのぞいていくんだ

●ピッチブレンド／ウランをふくむ岩石《がんせき》で、瀝青《れきせい》ウラン鉱《こう》ともいう。色《いろ》が黒《くろ》く油《あぶら》（ピッチ）に似《に》ているため、こう呼《よ》ばれる。

そして、ふたりはついに その物質《ぶっしつ》を取《と》り出《だ》す ことに成功《せいこう》しました。
新《あたら》しい物質《ぶっしつ》だ きみが名前《なまえ》を つけたまえ
わたし……
ポロニウムは どうかしら……
世界地図《せかいちず》からも 消《け》されてしまった わたしの祖国《そこく》 ポーランドから とったのよ
この発見《はっけん》は きっとポーランドにも 伝《つた》えられるわ
苦《くる》しんでいる 祖国《そこく》の仲間《なかま》の せめてもの 励《はげ》みになったら うれしいの
いいとも ポロニウムに 決《き》めよう

なんと 驚《おどろ》くべきことだ！
ウランとポロニウムを取《と》りだしたピッチブレンドから まだ こんなに強《つよ》い放射線《ほうしゃせん》が出《で》ている
新《あたら》しい物質《ぶっしつ》はポロニウムだけではなかったのね
1898年《ねん》12月《がつ》—— ふたりは、その2つ目《め》の物質《ぶっしつ》の発見《はっけん》を、ほかの学者《がくしゃ》たちの前《まえ》で発表《はっぴょう》しました。
——そして この強《つよ》い放射線《ほうしゃせん》を出《だ》す新《あたら》しい物質《ぶっしつ》をラジウムと名《な》づけることにします
ガヤ ガヤ

たしかに すばらしい発見《はっけん》だが ― しかし だれも見《み》た こともない物質《ぶっしつ》を 信《しん》じるのは むずかしい
ぜひ その ラジウムを 見《み》たいものだ
もっともだわ これからは 純粋《じゅんすい》なラジウムを 取《と》りだすことが 目標《もくひょう》だわ
しかし ラジウムは ピッチブレンドの中《なか》には 非常《ひじょう》にわずかな量《りょう》しか 含《ふく》まれていないから それを取《と》りだすには 大量《たいりょう》のピッチブレンドを 手《て》に入《い》れなくては……
それに 今度《こんど》の実験《じっけん》には ちゃんとした 実験室《じっけんしつ》が必要《ひつよう》だ
ピッチブレンドは とても高価《こうか》なもの だから 何《なん》トンも 買《か》うのは無理《むり》だわ
しかし、ふたりは フランス政府《せいふ》からも 大学《だいがく》からも 援助《えんじょ》を受《う》けることは できなかったため、
しかたなく 今《いま》までの小屋《こや》で、 悪条件《あくじょうけん》の中《なか》、 苦《くる》しい実験《じっけん》を 続《つづ》けていました。

●**放射線**《ほうしゃせん》／不安定《ふあんてい》な原子核《げんしかく》をもつ元素《げんそ》が、自然《しぜん》に崩壊《ほうかい》する時《とき》に出《だ》す光線《こうせん》。マリーは、この作用《さよう》を「放射能《ほうしゃのう》」、放射能《ほうしゃのう》をもつ元素《げんそ》を「放射性元素《ほうしゃせいげんそ》」と名《な》づけた。

マリー！
いい知《し》らせだ！
オーストリア政府《せいふ》が
ウランを取《と》りだした
ピッチブレンドの残《のこ》りかす
なら　ただ同然《どうぜん》の値段《ねだん》で
ゆずってくれるそうだ
まあ！　もともと
ウランは必要《ひつよう》ないん
だから　ちょうどいいわ！
ガラ
ガラ
ついに来《き》たのね
！
ああ
この中《なか》に
ラジウムが
かくれている
のね
何年《なんねん》かかっても
必《かなら》ずひきだして
みせるわ！

この日《ひ》から
ふたりにとって
たいへんな研究《けんきゅう》が
始《はじ》まったのです。
夏《なつ》は、焼《や》けるように
暑《あつ》く、冬《ふゆ》は、
凍《い》てつくように
寒《さむ》く……
そして、雨《あめ》の日《ひ》には
雨《あま》もりと有毒《ゆうどく》な
ガスが、ふたりを
悩《なや》ませるのでした。
ゴホ
ゴホ
ふう、
あんなに簡単《かんたん》に
放射線《ほうしゃせん》が測定《そくてい》できる
ラジウムなのに
取《と》りだすのがこんなに
たいへんなんて
思《おも》っていたより
ずっとわずかな量《りょう》しか
含《ふく》まれていないんだわ
ラジウムは
ピッチブレンドの中《なか》に
100万分《まんぶん》の一も含《ふく》まれて
いなかったのです。

何《なん》トンもの材料《ざいりょう》をすりつぶし、溶《と》かし、沈澱《ちんでん》したものを集《あつ》め、結晶《けっしょう》をつくるという作業《さぎょう》をくり返《かえ》しているうち、ふたりの体《からだ》に、少《すこ》しずつ変化《へんか》があらわれてきました。
へんだわ いつもよりずっと疲《つか》れやすいの
ぼくもだ 手足《てあし》に痛《いた》みも感《かん》じるし…… ふたりとも病気《びょうき》にかかりやすくなった
それに ぼくらの指《ゆび》は皮《かわ》がむけたりひびわれができたりしている
ええ……
いったい…… なぜなのかしら
当時《とうじ》は、まだ知《し》られていませんでしたが、放射線《ほうしゃせん》をたくさんあびることは、体《からだ》にとても悪《わる》いことだったのです……

長《なが》びく実験《じっけん》の
費用《ひよう》をつくるため、
マリーも教師《きょうし》として
働《はたら》きだしました。
ふう、
マリー　このままでは
きみは倒《たお》れてしまう
どうだろう　一時的《いちじてき》に
実験《じっけん》を休《やす》んでみては
——
いいえ！
わたしは成功《せいこう》を
信《しん》じています
強《つよ》い意志《いし》があれば
きっとやりとげられますわ
体《からだ》が衰《おとろ》えて
いったのは
マリーだけでは
ありません。
ピエールも
体《からだ》の痛《いた》みがひどいため
起《お》きあがれないことが
ありました。

いったい　ピエールの痛《いた》みはなぜなのかしら
なにか恐《おそ》ろしい病気《びょうき》だったら……
この実験《じっけん》のせいかも…
う…ん
ピエール　もし
わたしたちのどちらかが死《し》んだら——きっと残《のこ》ったものも生《い》きていけないいわね……
それに生《い》きのびてもひとりでは生《い》きていく価値《かち》がないわ……
……
マリー
それはまちがいだよ
どんなことが起《お》ころうと科学者《かがくしゃ》は研究《けんきゅう》をつづけなければならないんだよ
それが科学者《かがくしゃ》の使命《しめい》なんだ

そして ぼくたちは
その道《みち》を自分《じぶん》で
選《えら》んだのだから
——
ピエール
……
そして、
3年《ねん》と9ヵ月《げつ》の間《あいだ》
実験《じっけん》を続《つづ》けて、
ふたりは、ついに
ラジウムを取《と》り出《だ》す
ことに成功《せいこう》したのです。
1902年《ねん》
3月9日《がつここのか》の
ことです。
イレーヌは
寝《ね》たかい？
そろそろ
出《で》かけよう
ええ

ギイ。。
ピエール…!!
あかりをつけないでっ
え？
あれを見《み》て！
なんと……いう

なんという美《うつく》しさなんだ…!

●放射線《ほうしゃせん》は、ふつう目《め》に見《み》えないが、ガラスなどをつらぬくとき、目《め》に見《み》える光《ひかり》に変《か》わる。

おやすみ
イレーヌ
やっと　わたしも
博士論文《はくしろんぶん》に
とりかかれるわ
4年間《ねんかん》の研究《けんきゅう》を
残《のこ》らず書《か》かなくてはね――
ポロニウムと
ラジウムの
取《と》りだし方《かた》
原子量《げんしりょう》の
決定《けってい》
それから
放射線《ほうしゃせん》の
特徴《とくちょう》も――
1903年《ねん》6月《がつ》――
マリーは、論文《ろんぶん》を完成《かんせい》させ、
ソルボンヌ大学《だいがく》から
理学博士《りがくはくし》の称号《しょうごう》を
もらいました。

ラジウムの発見《はっけん》は、たいへんなできごとでした。ラジウムは、それ自体《じたい》で放射線《ほうしゃせん》を出《だ》し続《つづ》けながら変化《へんか》していくのです。
それまで、すべての物質《ぶっしつ》は決《き》まった元素《げんそ》からできていて、この元素《げんそ》は永久《えいきゅう》に変化《へんか》しないと考《かんが》えられていたのですが、それが、根本《こんぽん》からひっくり返《かえ》されたのです。
しかも、ラジウムが、いままでまったく治《なお》せない難病《なんびょう》といわれていた「がん」の治療《ちりょう》にも使《つか》えることを、ピエールが発見《はっけん》しました。
ガシャン
マリー!?
だいじょうぶよ なんでもないわ
無理《むり》しちゃだめだ おなかの子《こ》どものためにもね——

●原子量《げんしりょう》／炭素原子《たんそげんし》の質量《しつりょう》を12と決《き》め、それを基準《きじゅん》として、それぞれの元素《げんそ》の原子《げんし》の質量《しつりょう》をあらわした値《あたい》。

マリー　きみが
がんばり屋《や》なのは
認《みと》めるけどね
少《すこ》し働《はたら》きすぎだよ
ええ……
気《き》をつけるわ
ピエールの不安《ふあん》は
あたっていました。
マリーの2番目《ばんめ》の
赤《あか》ちゃんが早産《そうざん》のため
生《う》まれてすぐに
死《し》んでしまったのです。
その年《とし》の末《すえ》、悲《かな》しみに
くれるマリーのもとへ
うれしい知《し》らせが
とどきました。
キュリー夫妻《ふさい》とベクレルの
放射能《ほうしゃのう》の研究《けんきゅう》に対《たい》して
ノーベル物理学賞《ぶつりがくしょう》が
おくられるというのです。
マリーは36歳《さい》でした。

●ノーベル賞《しょう》／ダイナマイトを発明《はつめい》したスウェーデンのノーベル（1833年《ねん》～1896年《ねん》）の遺産《いさん》をもとにして、人類《じんるい》の平和《へいわ》と学問《がくもん》につくした人《ひと》におくられる賞《しょう》。

●特許《とっきょ》／新《あたら》しく発明《はつめい》したものを売《う》る時《とき》、政府《せいふ》が、その発明者《はつめいしゃ》だけに、それをつくる権利《けんり》を認《みと》めること。

キュリーさん写真《しゃしん》をとらせてくださいよ
お話《はなし》をきかせてください！
ふぅ…
ノーベル賞《しょう》をもらってから毎日《まいにち》たくさんの人《ひと》が押《お》しかけてくるわ
どうしてほっておいてくれないのかしら
わたしたちは静《しず》かに研究《けんきゅう》をつづけたいのに
マリー
世界中《せかいじゅう》からラジウムの取《と》りだし方《かた》を教《おし》えてほしいという手紙《てがみ》がきているよ
さっそく教《おし》えてあげましょうよ
いいのかい？特許《とっきょ》をとってお金持《かねもち》になることもできるんだよ
そんなこと科学《かがく》の精神《せいしん》に反《はん》することだわ

たしかに今《いま》の暮《くら》しは苦《くる》しいし　娘《むすめ》のためにも研究《けんきゅう》のためにもお金《かね》は必要《ひつよう》だわ
でも　ラジウムががんの治療《ちりょう》に役立《やくだ》つことがわかった今《いま》ではそれを利用《りよう》してお金《かね》をもうけるなんてできません！
クス
きみならそう言《い》うだろうと思《おも》ったよ
さ　手紙《てがみ》の返事《へんじ》を書《か》こう
ふたりとも金持《かねも》ちになりたいとは考《かんが》えていませんでした。
ノーベル賞《しょう》の賞金《しょうきん》も、科学者《かがくしゃ》や困《こま》っている人々《ひとびと》に寄付《きふ》し、自分《じぶん》たちはあいかわらず質素《しっそ》な生活《せいかつ》を続《つづ》けていたのです。
苦労《くろう》して取《と》り出《だ》したラジウムも、研究《けんきゅう》を望《のぞ》んでいる科学者《かがくしゃ》たちに分《わ》けてあげました。

8　悲《かな》しみをのりこえて

●人間《にんげん》のための科学《かがく》を●

●エーブ・キュリー／1904年《ねん》～2007年《ねん》。音楽家《おんがくか》。エーブが書《か》いた「キュリー夫人伝《ふじんでん》」は有名《ゆうめい》

1904年《ねん》の冬《ふゆ》、次女《じじょ》のエーブが生《う》まれました。
エーブはイレーヌとはぜんぜん似《に》ていないわね
ふたりは、将来《しょうらい》、まったくちがった道《みち》を進《すす》むことになります。
イレーヌは、両親《りょうしん》のあとをついで、科学者《かがくしゃ》になり、芸術《げいじゅつ》を愛《あい》したエーブは、大人《おとな》になってから母《はは》の伝記《でんき》を書《か》きました。

●イレーヌ・キュリー／1897年《ねん》～1956年《ねん》。はじめ母《はは》の助手《じょしゅ》をしていたが、夫《おっと》ジョリオとの共同研究《きょうどうけんきゅう》で人工放射能《じんこうほうしゃのう》を発見《はっけん》。1935年《ねん》ノーベル化学賞《かがくしょう》を受賞《じゅしょう》した。

かわいい娘《むすめ》たちに囲《かこ》まれて――
そして 愛《あい》する ピエールといっしょに 研究《けんきゅう》をつづけられる なんて 幸《しあわ》せだわ
しかし、考《かんが》えもしなかった 悲《かな》しいできごとが おきたのです――
サー
サー
1906年《ねん》4月《がつ》19日《にち》のことでした。
イレーヌ エーブ
さ お昼《ひる》 ごはんよ
いやな 雨《あめ》だこと……
ふうっ

ガラ ガラ ガラ
やれやれ
いやな雨《あめ》だ
……
ふう
ガラ ガラ ガラ
カッ
はっ

わあ――っ
わーっ
たいへんだあ 人《ひと》がひかれたぞ――っ
わーっ

なんですって!?
ピエールが……死《し》んだ!?

その日《ひ》、マリーは
最愛《さいあい》の夫《おっと》であり
友《とも》である人《ひと》を、
そして、世界《せかい》は
ひとりの偉人《いじん》を
失《うしな》ったのです――
ザー
ザー

マリー
ソルボンヌ大学《だいがく》が
きみが息子《むすこ》のかわりに
講義《こうぎ》をしてほしいと
言《い》ってきてるが……
お父《とう》さま……
でも　わたし
ひとりでは何《なに》も
やる気《き》がないんです
生《い》きる気力《きりょく》もなくして
しまったんです
しかし
――
息子《むすこ》はきっと
きみが研究《けんきゅう》を
やめてしまうのは
望《のぞ》まないと
思《おも》うよ
ハッ!!
マリー
どんなことが
あろうと
科学者《かがくしゃ》は
研究《けんきゅう》を
つづけなければ
ならないんだ

こうして、悲《かな》しみから
たちなおったマリーは、
ふたたび、ふたりで
いっしょにやってきた
研究《けんきゅう》を続《つづ》けました。
そして、
ピエールのかわりに
講義《こうぎ》をすることも
引《ひ》き受《う》けたのです。
マリーの
第《だい》1回目《かいめ》の講義《こうぎ》には、
学生《がくせい》だけでなく、パリの
人々《ひとびと》や新聞記者《しんぶんきしゃ》なども
聞《き》きに来《き》ていました。
そうね ピエール
わたし もう二度《にど》と
くじけないわ

●ソルボンヌ大学《だいがく》では、マリーが、はじめての女性教師《じょせいきょうし》だった。

この10年間《ねんかん》の物理学《ぶつりがく》の進歩《しんぽ》の中《なか》で
電気《でんき》と物質《ぶっしつ》に関《かん》する進歩《しんぽ》がわれわれの思想《しそう》の中《なか》に与《あた》えた影響《えいきょう》は　おどろくべきものがあります
あれは……
!
ピエール先生《せんせい》の……
それは、ピエールが最後《さいご》の講義《こうぎ》でやめたちょうど同《おな》じことばでした。マリーは、自分《じぶん》の講義《こうぎ》をそこから始《はじ》めたのです。
学生《がくせい》たちは深《ふか》く感動《かんどう》しました。
ふう

だいじょうぶ ですか 少《すこ》し休《やす》んだほうが いいのでは……
いいえ 研究《けんきゅう》は つづけます ラジウムを純粋《じゅんすい》な 形《かたち》で取《と》りだす までは ね――
そして、マリーは、より純粋《じゅんすい》な形《かたち》でラジウムを取《と》り出《だ》すことに成功《せいこう》したのです。
この成果《せいか》が認《みと》められ、1911年《ねん》12月《がつ》、今度《こんど》はノーベル化学賞《かがくしょう》がおくられました。
今《いま》のわたしの研究《けんきゅう》は 今《いま》はなき夫《おっと》のピエールと ともに ラジウムを 発見《はっけん》したことから 始《はじ》まったのです
ですから この名誉《めいよ》はそのまま ピエール・キュリーの 名誉《めいよ》であると 思《おも》います

●2度《ど》もノーベル賞《しょう》をうけたのは、キュリー夫人《ふじん》が、はじめてであった。

パチ
パチ
しかし、授賞式《じゅしょうしき》のあと、マリーは、ついに倒《たお》れてしまいました。
ママ……
心配《しんぱい》しないで すぐに良《よ》く なるわ…… 早《はや》く研究《けんきゅう》に 戻《もど》らなくては ……
マリーは 重体《じゅうたい》でしたが、なんとか回復《かいふく》しました。

マリーを悩《なや》ませたのは
病気《びょうき》だけでは
ありませんでした。
はじめてノーベル賞《しょう》を
受賞《じゅしょう》してから、ずっと
新聞記者《しんぶんきしゃ》たちに
追《お》い回《まわ》されていたのです。
わたしは科学《かがく》に
関《かん》することだけしか
話《はな》したくないのに
…………
マリーの生活《せいかつ》について、
彼《かれ》らは、新聞《しんぶん》に
いろいろなことを
書《か》きたてました。
身《み》も心《こころ》も
傷《きず》ついたマリーは、
世間《せけん》からこっそり
かくれて暮《くら》したり、
イギリスへ旅行《りょこう》したり
していました。
いつまでも
こんな生活《せいかつ》を
続《つづ》けていても
しかたないわ
体《からだ》も元気《げんき》に
なってきたし
パリへ戻《もど》って
研究《けんきゅう》を始《はじ》めよう

1914年《ねん》――
パリのピエール・キュリー街《がい》に「ラジウム研究所《けんきゅうじょ》」(キュリー館《かん》)がつくられました。
そこで、マリーが新《あたら》しい研究《けんきゅう》にとりかかろうとした時《とき》、第一次世界大戦《だいいちじせかいたいせん》が始《はじ》まったのです。
しかたないわ 研究所《けんきゅうじょ》を閉館《へいかん》しなくてはね
ママ わたしたちもパリから早《はや》く逃《に》げなくては――
あなたとエーブを安全《あんぜん》な所《ところ》へ連《つ》れていったら わたしはパリに戻《もど》るつもりです 何《なに》かわたしでも役《やく》に立《た》てることがあるかもしれないわ
ママ ……!

●第一次世界大戦《だいいちじせかいたいせん》/1914年《ねん》~1918年《ねん》。サラエボ事件《じけん》から始《はじ》まったオーストリアとセルビアの戦争《せんそう》は、たちまち世界各国《せかいかっこく》をまきこんだ。

それから
ノーベル賞《しょう》の賞金《しょうきん》と
今《いま》もっている財産《ざいさん》を
国《くに》に寄付《きふ》しようと
思《おも》っているのだけど
……あれはあなたたちのものでもあるから
…………
いいえ ママの考《かんが》えに賛成《さんせい》よ
思《おも》うとおりに使《つか》ってちょうだい
イレーヌ
この戦争《せんそう》はきっと長《なが》びくわ
そしたら どんどん増《ふ》えていく負傷者《ふしょうしゃ》は
……なんとかその人《ひと》たちを助《たす》ける手助《てだす》けができないものかしら……
最近《さいきん》では骨折《こっせつ》の場所《ばしょ》を知《し》るのにエックス線《せん》を使《つか》いはじめたけど一部《いちぶ》の病院《びょういん》だけ
戦場《せんじょう》から負傷者《ふしょうしゃ》を病院《びょういん》まで連《つ》れていくことは無理《むり》だわ
そうだわ!!

●X線《エックスせん》／ドイツの物理学者《ぶつりがくしゃ》レントゲン（１８４５年《ねん》～１９２３年《ねん》）が偶然発見《ぐうぜんはっけん》した物体《ぶったい》を通《とお》す放射線《ほうしゃせん》。この発見《はっけん》によってレントゲンは第《だい》１回《かい》ノーベル賞《しょう》を受賞《じゅしょう》。

まあーっ キュリー夫人《ふじん》
あなたの ような方《かた》が わが家《や》を訪問《ほうもん》して くださるなんて！
男爵夫人《だんしゃくふじん》
まあ
今日《きょう》は 戦場《せんじょう》の 負傷兵《ふしょうへい》たちを 助《たす》けるために 寄付《きふ》をお願《ねが》いしに きましたの
戦場《せんじょう》に エックス線《せん》の 装置《そうち》を運《はこ》ぶために お金《かね》と車《くるま》が 必要《ひつよう》です
もちろん お手伝《てつだ》い させていただきます とても光栄《こうえい》ですわ
戦争《せんそう》が 終《お》わったら 車《くるま》はお返《かえ》し します
マリーは、何人《なんにん》もの 裕福《ゆうふく》な人々《ひとびと》を訪問《ほうもん》し 寄付金《きふきん》と車《くるま》を 集《あつ》めて回《まわ》りました。

そして、第《だい》1号《ごう》のX線治療車《エックスせんちりょうしゃ》に自《みずか》ら乗《の》りこんで、戦場《せんじょう》へ向《む》かったのです。
マリーは、戦争《せんそう》が終《おわ》るまでに、200台以上《だいいじょう》のX線治療車《エックスせんちりょうしゃ》を戦場《せんじょう》に送《おく》り出《だ》しました。
看護婦《かんごふ》の資格《しかく》をもっていたイレーヌも母《はは》を手伝《てつだ》いました。
マリーに診《み》てもらった兵士《へいし》は、100万人《まんにん》をこえたといわれています。
苦《くる》しい……
う……っ
ひどい……

わたしたちは この恐《おそ》ろしい場面《ばめん》を 一生《いっしょう》 忘《わす》れることは できないわね
人《ひと》はなぜ戦争《せんそう》を するのかしら わたし 戦争《せんそう》なんか 大《だい》きらいだわ！
わたしも ですよ イレーヌ
こんな過《あやま》ちは 二度《にど》とくり返《かえ》しては いけないわ
決《けっ》して……!!
ガガガガ

1918年《ねん》11月《がつ》11日《にち》、
終戦《しゅうせん》——
この終戦《しゅうせん》は、マリーに
ふたつの喜《よろこ》びを
与《あた》えてくれました。
ひとつは
フランスの勝利《しょうり》。
そして、もうひとつは、
何《なに》よりもうれしい
ポーランドの独立《どくりつ》です。
ああ 夢《ゆめ》にまで見《み》た
祖国《そこく》の独立《どくりつ》!!
世界《せかい》は、ふたたび
平和《へいわ》を取《と》りもどしました。

ママ お客《きゃく》さまよ
雑誌記者《ざっしきしゃ》の メロニー夫人《ふじん》よ アメリカの方《かた》で ママにインタビューを なさりたいんですって
メロニーです
彼女《かのじょ》は、マリーにとって 一番《いちばん》の親友《しんゆう》に なった人《ひと》でした。
まあ それでは ラジウムは フランスには たった1グラム しかないんです の!?
ええ この 研究所《けんきゅうじょ》に あるだけです
しかも がん治療《ちりょう》の ために使《つか》っているので 実験《じっけん》にはぜいたくに 使《つか》えないんですの ラジウムは今《いま》とても 高価《こうか》なものですもの
アメリカにある 50グラムの ラジウムは あなたのおかげ なのに
発見者《はっけんしゃ》のあなたが たった1グラムしか 持《も》っていないなんて…

メロニー夫人《ふじん》の呼《よ》びかけによって、アメリカ国民《こくみん》からマリーに、1グラムのラジウムがおくられることになり、
1921年《ねん》、マリーは、ふたりの娘《むすめ》とともにアメリカへ渡《わた》りました。
アメリカではどこでも大歓迎《だいかんげい》をうけました。
これは……!!
ポーランドの国歌《こっか》だわ

●アメリカの国民《こくみん》は「マリー・キュリー・ラジウム募金《ぼきん》」という名《な》で10万《まん》ドルを集《あつ》め、それを1g《グラム》のラジウムにかえて、マリーにおくった。

あの人《ひと》たちはポーランドから移住《いじゅう》してきたんだわ！
どこにいても祖国《そこく》を想《おも》う心《こころ》はひとつね――
1926年《ねん》――イレーヌが、科学者《かがくしゃ》のフレデリック・ジョリオと結婚《けっこん》しました。
この夫婦《ふうふ》も、のちに放射能《ほうしゃのう》の研究《けんきゅう》によってノーベル賞《しょう》を受賞《じゅしょう》するのです。

一方《いっぽう》、マリーの体《からだ》は
ますます弱《よわ》っていく
ばかりです。
エーブ
わたしには
わかるような
気《き》がするの
………
この病気《びょうき》は
ラジウムのため
じゃないかって
………
ママ……
長《なが》い間《あいだ》
ラジウムの放射能《ほうしゃのう》を
あび続《つづ》けていたため、
マリーは、白血病《はっけつびょう》に
かかっていたのです。
ラジウムはきっと
悪《わる》い人間《にんげん》が扱《あつか》うと
恐《おそ》ろしい武器《ぶき》になるん
じゃないかしら……
でもね　ピエールが
言《い》っていたわ
人間《にんげん》は新《あたら》しい発見《はっけん》から
悪《わる》いことよりも
多《おお》くの良《よ》いことを
ひき出《だ》すだろう
――って

●フレデリック・ジョリオ／１９００年《ねん》～１９５８年《ねん》。妻《つま》とともに放射線《ほうしゃせん》の研究《けんきゅう》を続《つづ》け、ノーベル賞《しょう》を受賞《じゅしょう》。平和運動《へいわうんどう》でも活躍《かつやく》した。

わたしもそれを信《しん》じています
きっと 人《ひと》はラジウムを平和《へいわ》のために使《つか》ってくれるはずだわ……
マリーの、おそれたとおり、彼女《かのじょ》の研究《けんきゅう》はやがて原子爆弾《げんしばくだん》という兵器《へいき》へつながってしまいました。
しかし、もう一方《いっぽう》で、人類《じんるい》の発見《はっけん》した「第《だい》3の火《ひ》」―原子力《げんしりょく》の巨大《きょだい》なエネルギーを、人類《じんるい》の平和《へいわ》と幸福《こうふく》のために利用《りよう》しようと、世界各国《せかいかっこく》に原子力発電所《げんしりょくはつでんしょ》が建設《けんせつ》されていきました。
原子《げんし》エネルギーの利用法《りようほう》は、人類《じんるい》の課題《かだい》となっています。

●**白血病《はっけつびょう》**／血液《けつえき》の中《なか》の白血球《はっけっきゅう》が異常《いじょう》にふえる病気《びょうき》。イレーヌも、のちに白血病《はっけつびょう》でなくなった。

ん……
はっ
こ　これは……
ラジウムで
つくったのですか
………
それとも
―

ママ!?
1934年《ねん》7月4日《がつよっか》——
マリーは永遠《えいえん》の眠《ねむ》りにつきました。
66歳《さい》の生涯《しょうがい》でした。

強《つよ》い意志《いし》と努力《どりょく》で
すべての困難《こんなん》をのりこえて
化学《かがく》に一生《いっしょう》をささげ、

同時《どうじ》に、
祖国《そこく》ポーランドを愛《あい》し
家族《かぞく》を愛《あい》し
人類《じんるい》を愛《あい》した　人間《にんげん》
それが、
マリー・キュリーです。

アインシュタイン

作画　手塚プロダクション　●協力　宮田淳一

アインシュタイン

もくじ

主《おも》な登場《とうじょう》人物《じんぶつ》

アルベルト・アインシュタイン

(1879年《ねん》～1955年《ねん》)
理論《りろん》物理《ぶつり》学者《がくしゃ》。「相対性《そうたいせい》理論《りろん》」という、全宇《ぜんう》宙《ちゅう》に通用《つうよう》する物理《ぶつり》法則《ほうそく》を考《かんが》えた。

父《ちち》ヘルマンと母《はは》パウリーネ

(1847年《ねん》～1902年《ねん》)
(1858年《ねん》～1920年《ねん》)
ふたりともユダヤ人《じん》だがドイツの習慣《しゅうかん》にとけ込《こ》んで温《あたた》かい家庭《かてい》をつくっていた。

マルセル・グロスマン

(1878年《ねん》～1936年《ねん》)
大学生《だいがくせい》のころからの親友《しんゆう》で研究《けんきゅう》などの手助《てだす》けをする。

ルーズベルト大統領《だいとうりょう》

(在職《ざいしょく》1933年《ねん》～1945年《ねん》)
第《だい》32代《だい》アメリカ大統領《だいとうりょう》。ドイツに対抗《たいこう》するため、原爆《げんばく》製造《せいぞう》の研究《けんきゅう》をすすめる。

エルザ

(1876年《ねん》～1936年《ねん》)
2度《ど》目《め》の妻《つま》。夫《おっと》が研究《けんきゅう》に集《しゅう》中《ちゅう》できるように気《き》をくばる。

1　日本講演《にほんこうえん》

●弱虫《よわむし》な少年時代《しょうねんじだい》●

おやっ 惣助《そうすけ》さん またえらい めかしこんで……
今日《きょう》は これか？
和尚《おしょう》さん なにいうて はりまんねん 次元《じげん》が低《ひく》い わ！
ワテは ソウタイセイに 会《あ》いにいくん だっせ！
わからんやろ 和尚《おしょう》さん！
ソウタイセイ でっせ なんちゅうた かて！
なにいうとん ねん
ソウタイ セイがわからんで み仏《ほとけ》に仕《つか》える かいな！
仏《ほとけ》さんと どう関係《かんけい》 あるんや！
あの世《よ》で 地獄《じごく》に行《い》くか 極楽《ごくらく》へ行《い》く かは
生《い》きとるとき 善行《ぜんこう》をするか 極道《ごくどう》をするかで きまるんや と……

お釈迦《しゃか》さんが説《と》いておられる！
アホいうたらあかんで！
ソウタイセイいうたらアインシュタインでんがな！
ワテはこれからその相対性《そうたいせい》に会《あ》いにいくんや!!
1922年《ねん》（大正《たいしょう》11年《ねん》）11月《がつ》17日《にち》——
アルベルト・アインシュタイン、エルザ夫妻《ふさい》が神戸港《こうべこう》に到着《とうちゃく》した。

パチ パチ パチ パチ パチ パチ
パチ
遠《とお》いところへようこそおいでくださいました！石原《いしはら》です！
おまねきくださってどうもありがとう！
8版（2）
ノーベル物理学賞に輝く
アインシュタイン博士
訪日さる！

●石原純《いしはらじゅん》／1881年《ねん》～1947年《ねん》。理論物理学者《りろんぶつりがくしゃ》。このころ日本《にほん》で相対性理論《そうたいせいりろん》を理解《りかい》できるのは石原博士《いしはらはくし》だけだといわれていた。

旅《たび》の疲《つか》れをいやす間《ま》もなく、翌日《よくじつ》からハードな講演旅行《こうえんりょこう》がはじまった。
東京《とうきょう》で8回《かい》、そのあと………
仙台《せんだい》、名古屋《なごや》、京都《きょうと》、大阪《おおさか》、神戸《こうべ》、福岡《ふくおか》など、ぎっしりと日程《にってい》がくまれたなかで――
京都大学《きょうとだいがく》――
アインシュタイン博士特別講演会々場
いかにして私は相対性理論を作ったか!

いかにして私は相対性理論をつくったか
え〜〜〜……
本日《ほんじつ》はァ
まことにィどォも
かくもォにぎにぎしくゥ
お集《あつ》まりいただきィ……
まァ かた苦《くる》しいあいさつはこれくらいにして……
相対性理 つくったか
まずはこの題《だい》が大《おお》げさなんですな
どうもその……
子供《こども》のころ アタシなんてェのは
よく近所《きんじょ》のオバサンやなんかが……
まァ この子《こ》はなんだって利発《りはっ》そうな子《こ》だよ! ほんとに……
こんな利発《りはっ》そうな子《こ》は大《おお》きくなって ソウタイセイやなんかつくるんじゃないかね!
ペシ
ンなァ バカなことは言《い》わない!
ほめられたてェことがありませんな!
じつにそのこまったもので!

●ウルム／現在《げんざい》の西《にし》ドイツ南西部《なんせいぶ》、ドナウ川上流《がわじょうりゅう》の左岸《さがん》にある町《まち》。ここのウルム大聖堂《だいせいどう》の塔《とう》は１６２メートルもあり、教会《きょうかい》の塔《とう》としては世界最高《せかいさいこう》。

ワタシが生《う》まれたのは1879年《ねん》……明治《めいじ》12年《ねん》ドイツは田舎町《いなかまち》のウルムで誕生《たんじょう》したんであります
まもなく一家《いっか》は離散《りさん》……!
りさんはしやしないミュンヘンに引越《ひっこ》したんでありました
おとっつァんは小《ちい》さな電気《でんき》工場《こうじょう》を弟《おとうと》のヤーコブ叔父《おじ》さんとやっておりました
おはようねえさん!
アルベルトおはよう!
ア……

●ミュンヘン/現在《げんざい》の西《にし》ドイツ南部《なんぶ》、バイエルン州《しゅう》の州都《しゅうと》。ドイツ南部《なんぶ》の経済《けいざい》、文化《ぶんか》の中心地《ちゅうしんち》。

ねえさん マヤは だんだん ねえさんに 似《に》てきたね！
そ〜お ！
マヤは 美人《びじん》に なるかな ほ〜ら 高《たか》い高《たか》い だ!!
キャ キャッ
ア…… ア…… ！
ガラガラ
これは これは……… アルベルトは 建築屋《けんちくや》さん だね！
さっ ヤーコブ かかろう か！
にいさん アルベルト だけどね……… 一度《いちど》 医者《いしゃ》に みせたら どうだろう ！
もう 3歳《さい》 過《す》ぎているのに しゃべるのが 遅《おそ》いと思《おも》わない か!?
………アルベルトは どこも悪《わる》くは ない!!

バュ
バュ
キャッ
キャッ
ゴホッ
おにいちゃん！ おにいちゃんも おいでよ 今《いま》 あたしたち フランスに 勝《か》ったのよ！
いやだ！ ぼく こっちのほうが 面白《おもしろ》い！
ゴホッ ゴホッ
おにいちゃん 弱虫《よわむし》なの？
どうして さ……！
そんなこと マヤにわかる のか？
ゴホッ ゴホッ

ハンスが言《い》ってたわ！おにいちゃん兵隊《へいたい》さんがこわいんだって弱虫《よわむし》なんだって！
ハンスはウソつきだ………
コホ
コホ
だめじゃないのアルベルト！
まだカゼが治《なお》りきってないんだよ！
マヤおにいちゃんは病気《びょうき》なのよ！
ほらまだ熱《ねつ》があるじゃないの！
ゴホッ
ゴホッ
アルベルトまたぶりかえしたそうだな！

ママのいうことをきかなきゃいけないよ!
どれ……
寝《ね》てても退屈《たいくつ》しないようにパパからのプレゼントだ
どうだすごいだろう磁石《じしゃく》というんだ!
ありがとうパパ!!
なかに針《はり》があるだろう
どっちに向《む》けても必《かなら》ず北《きた》をさすんだ!
道《みち》にまよったときこれがあると帰《かえ》る方角《ほうがく》がわかるのさ!
便利《べんり》なものだろう!
不思議《ふしぎ》だねェ!!
どうしてなんだろう?

あなた アルベルトったら 磁石《じしゃく》にとりつかれたみたいよ！
ウ〜ム あんなに利《き》くとは思《おも》わなかった！
い〜い 学校《がっこう》に行《い》ったら先生《せんせい》のいうことをよく聞《き》くのよ！

おにいちゃん兵隊《へいたい》さんよ！
ザッ
ザッ
カッポ
カッポ
カッコいいなァ！ぼくも大《おお》きくなったらぜったい兵隊《へいたい》さんになるんだ！
おにいちゃんカッコいいね!!
ブルブル
ブルブル

ザッ
ザッ
ザッ
ザッ
おにいちゃん!
……
……
マヤ アルベルトをおこしておいで!
は――い
なんだ またあいつ寝坊《ねぼう》してるのか!
学校《がっこう》をいやがってるみたいなんですよ
しょうがないな かあさんが甘《あま》いからじゃないのか!?
ガチャッ
だめよ おにいちゃん おきないわ!

アルベルト
どうしたんだ
!
登校拒否《とうこうきょひ》は
まだ先《さき》のこと
だぞ!
勉強《べんきょう》に
ついていけ
なくなっても
いいのか?
…………
あんな学校《がっこう》
きらいだよ
!!
パパ
おねがい
別《べつ》の学校《がっこう》に
入《い》れてよ!
どうしてだ
訳《わけ》をいいな
さい!?
…………
つまらない
…………!
あの学校《がっこう》
ぼくには
合《あ》わないんだ
よ……!
パパはそんな
わがまま
許《ゆる》さん!
だいたい学校《がっこう》
というところはな
人《ひと》に負《ま》けないよう
一生懸命《いっしょうけんめい》 勉強《べんきょう》
するところだ!
さっさと
おきて
行《い》け!!

どうにか小学校《しょうがっこう》を卒業《そつぎょう》すると、ギムナジウムという8年制《ねんせい》の学校《がっこう》に入学《にゅうがく》した。
アルベルト・アインシュタイン 昨日《きのう》までのところをもう一度《いちど》暗唱《あんしょう》したまえ!
1500年《ねん》から1700年《ねん》まででよろしい!
…………………
どうした? はやく言《い》いなさい!?
えーと1517年《ねん》は……そのォ………!?
アルベルト 昨日《きのう》暗記《あんき》してくるよう宿題《しゅくだい》を出《だ》したはずだな!
コホン

●ギムナジウム/4年制《ねんせい》の小学校《しょうがっこう》のあと行《い》く中学《ちゅうがく》と高校《こうこう》をあわせたような8年制《ねんせい》の学校《がっこう》。ヨーロッパの古典《こてん》の勉強《べんきょう》が中心《ちゅうしん》だった。

わすれたのか!?
ぼく……暗記《あんき》するの……にがてで……!
バカモノ!!
暗記《あんき》は集中力《しゅうちゅうりょく》だ!
おまえには集中力《しゅうちゅうりょく》がたりないのだ!!
今日《きょう》はそのなまけ心《ごころ》を徹底的《てっていてき》におい出《だ》してやる!
こっちへ来《き》なさい!
ここへ両手《りょうて》を……!

MÜNDEN

アルベルト元気《げんき》がないな!
見《み》せてごらん……お〜〜まだ少《すこ》しはれてるな!
おじさんの子供《こども》のころはもっと悪《わる》だったぞ ずいぶんひっぱたかれたものさ…………
先生《せんせい》にいたアいプレゼントもらったんだって!
……
……
信《しん》じられないか!? おまえをなぐさめるためにでたらめ言《い》ってると思《おも》ってるんだろう!
………
………

●ピタゴラス／紀元前《きげんぜん》6世紀《せいき》ごろのギリシャの哲学者《てつがくしゃ》・数学者《すうがくしゃ》。すべてのものの基本《きほん》は数《かず》だと考《かんが》え、幾何学《きかがく》の基礎《きそ》を築《きず》いた。

ピタゴラスには有名《ゆうめい》なピタゴラスの定理《ていり》というのがあってな……

直角三角形《ちょっかくさんかくけい》ではたての線《せん》の二乗《じじょう》プラスよこの線《せん》の二乗《じじょう》は斜《なな》めの線《せん》の二乗《じじょう》に等《ひと》しいというのがある！

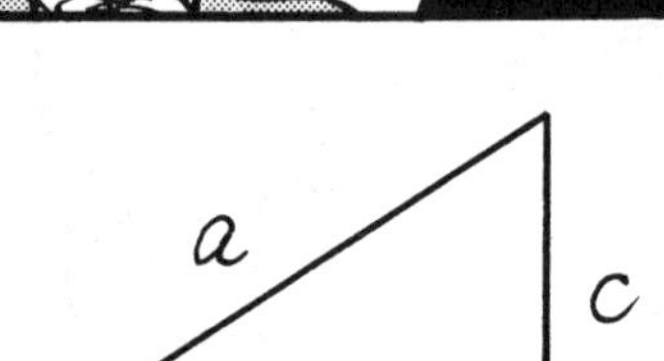

$$a^2 = b^2 + c^2$$

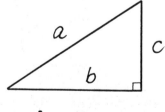

ヘェ〜〜〜 どうして そうなる んだろう ？
さァ どう してかな？ そこまでは おじさんにも わからない！
$a^2=b^2+c^2$
おじさん もっと そういうの 教《おし》えて!!
おまえ…… 面白《おもしろ》いか！ よし いいだろう ！
たとえば 三角形《さんかくけい》の 面積《めんせき》だが な……… これは ……… ！

●ミラノ／イタリア北部《ほくぶ》の都市《とし》。レオナルド・ダ・ビンチやラファエロの絵《え》などがあり、イタリアでも有数《ゆうすう》の観光地《かんこうち》。

むこうでもうひと旗《はた》あげてみせるよ！
家族《かぞく》はどうするの？
アルベルトは卒業《そつぎょう》までまだ2年《ねん》あるのよ！
せめてギムナジウムは卒業《そつぎょう》させたいわ！
ママッ ぼくもミラノへ行《い》きたいよ!!
ギムナジウムなんてどうだっていい！
パパ 一緒《いっしょ》につれてって おねがい!!
……かあさんの言《い》うとおり……
ギムナジウムは卒業《そつぎょう》しておかなければいかん！
ぼく今《いま》の学校《がっこう》いやなんだよ！
ミラノにだって学校《がっこう》はあるでしょ!?
ドイツとイタリアじゃやはりな………
大学《だいがく》はどこへ行《い》こうともギムナジウムを卒業《そつぎょう》しなければ行《い》けないんだアルベルト！

これからは寄宿舎《きしゅくしゃ》でくらすことになるが………
わかるなアルベルト あと2年《ねん》の辛抱《しんぼう》だ!!
おにいちゃ〜ん 元気《げんき》でねェ! お手紙《てがみ》書《か》くのよォ!!
…… ……

アインシュタイン わたしの授業《じゅぎょう》が お気《き》に めさんかね そんなに……!!
きみは 幾何《きか》を ギリシャ語《ご》で 勉強《べんきょう》すると みえる!
ハハハ
ははは
出《で》て いきたまえ!
なぜですか……
ぼくは だれにも 迷惑《めいわく》をかけて いません!
わからんのか キサマが いること自体《じたい》
迷惑《めいわく》なんだ!!
1895年《ねん》—— 16歳《さい》のとき、アルベルトは とうとう ギムナジウムを 退学《たいがく》してしまう。
「ギムナジウム」は、暗《くら》い思《おも》い出《で》に満《み》ちたものだった。彼《かれ》は ドイツ国籍《こくせき》を 捨《す》てた。——
そしてすぐに 家族《かぞく》のいる ミラノへと 旅《たび》だった。

2　大学生活《だいがくせいかつ》

●よき友人《ゆうじん》との出会《であ》い●

ああ気持《きもち》のいい空気《くうき》だ！
……鏡《かがみ》を持《も》ったまま光速《こうそく》で飛《と》んだとしたら……
自分《じぶん》の顔《かお》は鏡《かがみ》に写《うつ》るのだろうか？
のちにこの問題《もんだい》を解《と》くことになる。
素朴《そぼく》で陽気《ようき》なミラノで、彼《かれ》はやっと、のんびりと過《す》ごすことができた。

●チューリヒ／スイス北部《ほくぶ》の大都市《だいとし》。現在《げんざい》、世界的《せかいてき》な商業《しょうぎょう》・金融《きんゆう》の中心地《ちゅうしんち》で、精密機械《せいみつきかい》も有名《ゆうめい》。

●ウェーバー教授《きょうじゅ》／ハインリヒ・フリードリヒ・ウェーバー。1843年《ねん》～1912年《ねん》。電気工学《でんきこうがく》の先駆者《せんくしゃ》のひとり。

ワイ ワイ
わアー! あったぞーっ……
ガク〜ッ
ザワ ザワ ザワ ザワ
やっぱり出《で》てなかったか!
キャイ
キャッ
アインシュタイン君《くん》かね!
はい そうです……
ウェーバー教授《きょうじゅ》が会《あ》いたがっておられる! いいかね?
ハインリヒ・ウェーバー
教授《きょうじゅ》 アインシュタイン君《くん》です!

楽《らく》にしたまえ
テストの結果《けっか》はもう知《し》っていると思《おも》うが……
ひとつだけをのぞいて結果《けっか》は非常《ひじょう》に悪《わる》いこれでは合格《ごうかく》にはほど遠《とお》い！
……
にもかかわらずきみを呼《よ》んだのはなぜかわかるかね？
……いいえ？
ひとつだけをのぞいては……と言《い》ったが
数学《すうがく》だけがずばぬけている受験《じゅけん》したなかではトップだ！
だれかにおそわったのかね？

……本《ほん》を読《よ》みました！
なるほど……きみの履歴《りれき》をみるとミュンヘンのギムナジウムを1年前《ねんまえ》に中退《ちゅうたい》となっているが……
理由《りゆう》を話《はな》してくれないか
…………あの……両親《りょうしん》がミラノに引越《ひっこ》しましたので……！
ウム！きみの数学《すうがく》の才能《さいのう》は惜《お》しいと思《おも》っているんだよ！
そこで……アーラウのギムナジウムへ……
もう一度《いちど》入学《にゅうがく》してみる気《き》はないかね？
無事《ぶじ》卒業《そつぎょう》できたら当大学《とうだいがく》へは無試験《むしけん》で入《い》れてあげようじゃないか！
!!

●アーラウ／スイス北部《ほくぶ》、アールガウ州《しゅう》の州都《しゅうと》。

どうだね 行《い》く気《き》は あるかね アインシュタイン君《くん》
は はいっ！
よろしい 私《わたし》がすいせん状《じょう》を書《か》いて あげよう！
こうして アルベルトは あの、いやな ギムナジウムに また行《い》かなくては ならなくなった。
ところが、おどろいた ことに
ミュンヘンの ギムナジウムと 違《ちが》って、ここは のびのびとした 明《あか》るく自由《じゆう》な 雰囲気《ふんいき》で、
アルベルトは すっかり気《き》に いってしまった。

はじめての楽《たの》しい学校《がっこう》生活《せいかつ》をおえ、1896年秋《ねんあき》卒業《そつぎょう》——
ファッ!
10月《がつ》にはウェーバー教授《きょうじゅ》との約束《やくそく》どおり、チューリヒの連邦工科大学《れんぽうこうかだいがく》に入学《にゅうがく》した。
さてここでひとつアルベルト君《くん》のキャンパスライフの一端《いったん》を……
不肖《ふしょう》ワタクシめがご紹介《しょうかい》させていただきます!
アサコちゃん愛《あい》してるよ〜〜っ
著者《ちょしゃ》の友人《ゆうじん》です
さてさて今日《きょう》も今日《きょう》とてアルベルト君《くん》は……
ねぼけ眼《まなこ》で大学《だいがく》へ通《かよ》うのであります
ファッ
ボリボリ
アルベルト君《くん》は身《み》なりというものをいっこうに気《き》にしません
着《き》るものなんぞはやぶけていなければいい
寒《さむ》くなければいいのであります

彼《かれ》はまた じつに貧乏《びんぼう》で ありました 月末《げつまつ》などは パンと水《みず》のみ などという 日《ひ》もあり ました
ぐるるる
グウウゥ
足《た》らない分《ぶん》は なにで補《おぎな》うかと もうしますと
当然《とうぜん》の ことながら 数学《すうがく》・物理《ぶつり》で ありますな
いや ジツに エライ!
腹《はら》にたまら なければ 頭《あたま》に ためちゃおう という……
また アルベルト 君《くん》は 実《じつ》に その……
ものぐさと いいますか ……… 好《す》きなことしか やりません でしたな
ひまさえ あれば実験室《じっけんしつ》で 遊《あそ》んでいる……
バリカンの バカヤローッ

実験《じっけん》をする わけではない んですな
頭《あたま》しか 使《つか》わない 根《ね》がものぐさ ですからな!
S31.11.25 TEL 958-156 MIYATA
3√15 =?
当然《とうぜん》 頭《あたま》しきゃ 使《つか》わない理論《りろん》 物理《ぶつり》なんてこと になっちゃう ようなわけで!
いわゆる Y+X=XY ≒3+2の えんでもって
講義《こうぎ》という ものには ほとんど出席《しゅっせき》 しないので あります
物理《ぶつり》には それでも たまに出《で》たり するんです が……
だいたい こんな風《ふう》で ありましたな 彼《かれ》にゃつまらな かったんですな
当然《とうぜん》のこと ながら 教授《きょうじゅ》たちからは よく思《おも》われない わけで……
コンニチハ…
ツン!
ウェーバー さん!
なんて 呼《よ》ぶ……
教授《きょうじゅ》に対《たい》して 敬意《けいい》を払《はら》わない んであります
失礼《しつれい》な!
プイッ

ウェーバーちゃん！
とまで言《い》ったかどうかとにかくなめちゃってるんですなミュンヘンのときとほとんど変《かわ》んない！
やはりまずかったのはウェーバー教授《きょうじゅ》にきらわれちゃったことでありましょう
……なにせ恩人《おんじん》でありますからな！
プ。
フ。
ともあれこんな大学生活《だいがくせいかつ》ではありましたが
彼《かれ》も青春《せいしゅん》の真《ま》っただ中《なか》……
美《うつく》しいキャンパスギャルに眼《め》をうばわれないはずがありませんな
なにせ女子大生《じょしだいせい》でありますから
それはもうまぶしいもので…………！
グフフッ
グフッ
ウホン！
これはワタクシごとで……
かのアルベルト君《くん》はもっと純情青年《じゅんじょうせいねん》でありました！
ポッ

●セルビア／現在《げんざい》のユーゴスラビア中北部《ちゅうほくぶ》の共和国《きょうわこく》。ユーゴスラビアは6つの共和国《きょうわこく》からなっているが、そのうち面積《めんせき》・人口《じんこう》とも最大《さいだい》。

彼《かれ》の見《み》そめた
その人《ひと》は……
同《おな》じ物理《ぶつり》を
専攻《せんこう》する
セルビア生《う》まれで
四《よっ》つ年上《としうえ》の
ミレーバ・マリク
でありました
なにも四《よっ》つも
年上《としうえ》の………
などと
ゲスなワタクシ
などは思《おも》うんで
あります
彼女《かのじょ》の物静《ものしず》かな
それでいて
やわらかく
包《つつ》んでくれる
ような……
そんな魅力《みりょく》に
アルベルト君《くん》は
ひかれたので
ありましょう
二人《ふたり》の間《あいだ》には
いつしか
ほのかな愛《あい》が
芽生《めば》えていった
んであります
ミレーバ
わたしは一生《いっしょう》
きみを愛《あい》し
つづける
だろう!!
アルベルト
いつまでも
あなたについて
いきます!!
これはどうも
スタンダード
すぎますな
この
二人《ふたり》には
ふさわしく
ない!

●ミレーバ・マリク／1875年《ねん》〜1948年《ねん》。教師《きょうし》になるために、連邦工科大学《れんぽうこうかだいがく》で勉強《べんきょう》していた。

ミレーバ わたしの内面《ないめん》 リビドウから ひとつの座標系《ざひょうけい》を もった確信《かくしん》に満《み》ち X《エックス》とY《ワイ》で 表《あら》わされるような 等速直線運動《とうそくちょくせんうんどう》を なして……
なにを 言《い》わせたいんだ バカッ
失礼《しつれい》いたし ました! ちょっと悪乗《わるの》り したようで ありますな
このような ことで 貴重《きちょう》な紙面《しめん》を 費《つい》やしては いけないので あります
このような アルベルト君《くん》 にも危機《きき》が せまっていた のであります
!?
それはあの ほかならぬ 卒業《そつぎょう》するため には……… 必《かなら》ず通《とお》らな ければ ならない……
あの テストなんで あります!!
おそろ しい〜〜〜

なにせ アルベルト君《くん》の得意《とくい》は 物理《ぶつり》・数学《すうがく》だけなんで あります！
いずれ天才《てんさい》の名《な》を ほしいままにする アルベルト君《くん》も 他《ほか》の科目《かもく》は まるでだめ なのであります！
さあ 一大《いちだい》ピンチ この土壇場《どたんば》を どう切《き》り抜《ぬ》ける のでありま しょうか!!
思《おも》いおこせば あの入学試験《にゅうがくしけん》の ときもそうで ありました
数学《すうがく》がいい ばっかりに彼《かれ》は 入学《にゅうがく》できたので ありまするが ……
だが しかし 大学《だいがく》は甘《あま》くない …… 物理《ぶつり》・数学《すうがく》 だけでは卒業《そつぎょう》 させてくれない のであります！
オーマイ ゴッド！
彼《かれ》に残《のこ》された 道《みち》は…… カンニングしか ないのであり ましょうか!?
チーン
ナム……
オーッ カミよ あなたは この一代《いちだい》の天才《てんさい》を お見捨《みす》てに なりますの か……

●マルセル・グロスマン／１８７８年《ねん》〜１９３６年《ねん》。１歳年上《さいとしうえ》のハンガリー人《じん》。アインシュタインの親友《しんゆう》で、その友情《ゆうじょう》は一生続《いっしょうつづ》いた。

……と突然《とつぜん》降《ふ》って湧《わ》いたような
たすけ人《にん》！
バンザイ!!
マルセル・グロスマンきみのノート………
貸《か》してくれるかな？
いいとも！
いやなんと良《よ》き友人《ゆうじん》ではありましょうか!!
ワタクシもこのような友人《ゆうじん》がいたならば
今《いま》ごろこんなマンガなんか書《か》いて………
失礼《しつれい》いたしました!!
アルベルト君《くん》はフンケイの友《とも》ともいうべきグロスマンによって
サラ
サラ
難《なん》なく試験《しけん》をパスした………？のであります！
それじゃなにが一大《いちだい》ピンチかともうしますと………!!

3　相対性理論《そうたいせいりろん》の誕生《たんじょう》

●就職《しゅうしょく》と結婚《けっこん》●

教授《きょうじゅ》わたしをあなたのもとに残《のこ》していただけませんか!!
アインシュタイン君《くん》………
それはできかねる!
きみは尊大《そんだい》で独善的《どくぜんてき》だった
この4年間《ねんかん》わたしの言《い》うことをひとつも聞《き》こうとはしなかったじゃないか!
正直《しょうじき》失望《しつぼう》させられたよ!
そんな関係《かんけい》でどんな研究《けんきゅう》ができるというのかね
話《はなし》はそれだけだ失礼《しつれい》する!
………

●アインシュタインは、1901年《ねん》にチューリヒの市民権《しみんけん》＝スイス国籍《こくせき》を取得《しゅとく》した。

やっぱりだめだったか………
はやくスイス国籍《こくせき》をとらないと………
国籍《こくせき》がとれたらなんとか就職《しゅうしょく》できるだろう！
物理・数学教えます
アルベルト・アインシュタイン
これでよし……と！
物理・数学教えます
アルベルト・アインシュタイン
パ
パ

コン
コン
ガチャ
こんばんは……
表《おもて》の貼紙《はりがみ》みて来《き》たんですが……
あの　物理教《ぶつりおし》えてもらいたくて……
まアまア入《はい》りたまえ!
きみはラッキーだ
?
……それは?
わたしの一番最初《いちばんさいしょ》の生徒《せいと》だからさ!!
家庭教師《かていきょうし》
学校《がっこう》の代理教師《だいりきょうし》
計算《けいさん》マン

チューリヒ
連邦工科大学
いつまでこんな仕事《しごと》を続《つづ》けなければならないんだろう……？
おいアルベルトじゃないか!?
マルセル！
しばらくだね元気《げんき》かい？

見《み》てのとおりさ今《いま》アルバイトの帰《かえ》りなんだ
就職情報《しゅうしょくじょうほう》読《よ》んだ？
ん？
いやなんでもない
きみのほうこそ研究《けんきゅう》はどうだい？
いそがしいよテーマがいっぱいあって大変《たいへん》なんだ
……大学《だいがく》に残《のこ》れたきみがうらやましいよ
研究《けんきゅう》はできるの？
それどころか毎日《まいにち》生活《せいかつ》に追《お》われてるよ！
ミレーバに会《あ》ってる？

手紙《てがみ》はよく書《か》いてるよ！
彼女《かのじょ》からもよくくるよ！
結婚《けっこん》するの？
そのつもりだけど……こんな調子《ちょうし》じゃいつになることか……
………
アルベルト元気《げんき》だせよ ぼくのオヤジに頼《たの》んでみるよ
きみに合《あ》った仕事《しごと》がみつかるかもしれない
よしこれからつきあえメシでも食《く》おう！
そいつはいいきみのおごりだぞ!!
ゲンキンなやつだ急《きゅう》に明《あか》るくなりやがって！
ははは気《き》にしない気《き》にしない！

君《きみ》の仕事《しごと》の件《けん》、父《ちち》に
話《はな》した。父《ちち》の知り合《あ》いで
ベルンの連邦《れんぽう》特許《とっきょ》局技官《ぎかん》を
しているフリードリヒ・ハラー氏が
君《きみ》に会《あ》いたいそうだ！
ベルンに行ってくれ
それじゃ ガンバレ！
マルセル・グ
ヤッホーーッ！
ありがとうグロスマン!!
ハラー氏《し》との面接《めんせつ》もうまくゆき、1902年《ねん》6月《がつ》、見習《みなら》い技官《ぎかん》としてようやく連邦特許局《れんぽうとっきょきょく》に就職《しゅうしょく》することができた。アインシュタイン23歳《さい》のときだった。

●**特許局**《とっきょきょく》／新《あたら》しく発明《はつめい》されたものが、設計《せっけい》どおり動《うご》くか、ほかの人《ひと》の発明《はつめい》の真似《まね》ではないかなどを調《しら》べ、発明《はつめい》した人《ひと》にだけそれを作《つく》る権利《けんり》を与《あた》える役所《やくしょ》。

生活《せいかつ》がいくらか落《お》ち着《つ》くと
眠《ねむ》っていた虫《むし》が、また起《お》きだしてくる。
「理論物理《りろんぶつり》」という虫《むし》である。
そして1905年《ねん》、——
この年《とし》は歴史的《れきしてき》な年《とし》になった。
1902年《ねん》に父《ちち》ヘルマンが亡《な》くなったあと、ミレーバと結婚《けっこん》。男《おとこ》の子《こ》が生《う》まれた。
アインシュタインはあいかわらず特許局《とっきょきょく》で働《はたら》きながら研究《けんきゅう》を続《つづ》けている。

●ベルン／スイスの首都《しゅと》。チューリヒの南西《なんせい》95km《キロメートル》。

まずい!!
アタ
フタ
コン コン
ど…どうぞ!
コーヒーがはいりましたわ!
ありがとう そこに置《お》いてください
学生時代《がくせいじだい》とほとんど変《かわ》らないようである……

こうして
1905年《ねん》、
それまでの
研究《けんきゅう》をもとに
物理学《ぶつりがく》の常識《じょうしき》をくつがえす革命的《かくめいてき》な理論《りろん》「相対性理論《そうたいせいりろん》」が生《う》まれたのだ。
アインシュタインの相対性理論《そうたいせいりろん》はふたつにわかれる。
1905年《ねん》
特殊相対性理論《とくしゅそうたいせいりろん》
1916年《ねん》
一般相対性理論《いっぱんそうたいせいりろん》
では、特殊相対性理論《とくしゅそうたいせいりろん》とはいったいどんな理論《りろん》か……ということになるが……
「相対性《そうたいせい》」ということを考《かんが》えたのはアインシュタインがはじめてではない。

●ガリレイ／1564年《ねん》～1642年《ねん》。イタリアの物理学者《ぶつりがくしゃ》・天文学者《てんもんがくしゃ》。慣性《かんせい》の法則《ほうそく》、運動《うんどう》の相対性《そうたいせい》などを発見《はっけん》し、地動説《ちどうせつ》を支持《しじ》した。

●ニュートン／１６４３年《ねん》〜１７２７年《ねん》。イギリスの物理学者《ぶつりがくしゃ》・数学者《すうがくしゃ》・天文学者《てんもんがくしゃ》。反射望遠鏡《はんしゃぼうえんきょう》をつくり、万有引力《ばんゆういんりょく》の法則《ほうそく》や運動《うんどう》の法則《ほうそく》を発見《はっけん》した。

まずガリレイが運動《うんどう》の相対性《そうたいせい》ということを考《かんが》え、
ニュートンはそれに絶対静止宇宙《ぜったいせいしうちゅう》という考《かんが》えをつけ加《くわ》えた。
ガリレイもニュートンも天体《てんたい》の運動《うんどう》を研究《けんきゅう》し、
物体《ぶったい》の運動《うんどう》の法則《ほうそく》を発見《はっけん》し
相対性原理《そうたいせいげんり》という考《かんが》えをすでにもっていた。
しかし19世紀《せいき》になって電気《でんき》・磁気《じき》・光《ひかり》の研究《けんきゅう》が進《すす》んでくると、
わしがニュートン！
ポイ
ウーム わからん！
ニュートンの力学《りきがく》では、どうしても説明《せつめい》できないことがたくさんでてきた。
な なにすんねん！
ニュートン力学《りきがく》

たとえば光《ひかり》は
粒《つぶ》のような性質《せいしつ》と
波《なみ》のような性質《せいしつ》の2面《めん》をもっているが……
この時代《じだい》には光《ひかり》は波《なみ》だ、というのが一般的《いっぱんてき》な考《かんが》えだった。
光
光
光
音《おと》も波《なみ》で、空気《くうき》を伝《つた》わってくる。
音
空気
空気
音
空気
だから真空中《しんくうちゅう》では音《おと》は伝《つた》わらない。
音
空気
真空
しかし光《ひかり》は真空中《しんくうちゅう》でもちゃんとやってくるのだから……
ルン！
光

真空中《しんくうちゅう》には光《ひかり》を伝《つた》える何《なに》かが……「エーテル」と呼《よ》ばれるものがある、と信《しん》じられていた。
つまり、真空《しんくう》の宇宙空間《うちゅうくうかん》はすべて
エーテルで満《み》たされている、とされていた。
エーテルのつまった宇宙《うちゅう》は絶対《ぜったい》に静止《せいし》していて
そのエーテルの中《なか》を、地球《ちきゅう》やほかの星《ほし》が動《うご》いている。そして……
エーテル
星《ほし》の運動《うんどう》の本当《ほんとう》の速《はや》さを知《し》るには、エーテルを基準《きじゅん》にすればよい、と考《かんが》えられていた。
?
?
だから、このころ科学者《かがくしゃ》たちはエーテルの正体《しょうたい》をつきとめようとやっきになり、実験《じっけん》をくり返《かえ》していたのである。

相対《そうたい》とは絶対《ぜったい》の反対語《はんたいご》だ。
たとえば新幹線《しんかんせん》が時速《じそく》200キロで走《はし》っているとき、
早《はや》いのね!
外《そと》から見《み》ている人《ひと》にとっては新幹線《しんかんせん》のスピードは当然《とうぜん》時速《じそく》200キロに見《み》えるが……
乗客《じょうきゃく》にとっては外《そと》の風景《ふうけい》を見《み》ないかぎりスピードはゼロである。
ぼくにはきみしか見《み》えないぜィ
また逆《ぎゃく》に乗客《じょうきゃく》から見《み》れば外《そと》で見《み》ている人《ひと》が時速《じそく》200キロで遠《とお》ざかって行《い》くように見《み》えるだろう。
アサコちゃ〜〜ん
ビュン
ビュン

さらに外《そと》から見《み》ると時速《じそく》200キロで走《はし》っている新幹線《しんかんせん》が
絶対《ぜったい》に200キロで走《はし》っているかというと、そうではない。
キーン
静岡《しずおか》
新幹線《しんかんせん》が走《はし》っている地面《じめん》……
みんなまだぼくのことをおぼえているかな?
つまり地球《ちきゅう》自身《じしん》が宇宙《うちゅう》の中《なか》を運動《うんどう》しているからである。
地球《ちきゅう》の外《そと》から見《み》ている人《ひと》にとって
新幹線《しんかんせん》のスピードは200キロではなくなるのである。

運動《うんどう》する物体《ぶったい》の速度《そくど》というのはそれを見《み》る立場《たちば》によってそれぞれに違《ちが》ってきて、
私《わたし》が正《ただ》しい！
ちがわい！
どの速度《そくど》が絶対《ぜったい》に正《ただ》しいということがいえなくなるのである。これが相対的《そうたいてき》、ということだ。
アインシュタインがまだミラノにいたころ
鏡《かがみ》を持《も》ったまま光速《こうそく》で飛《と》んだとしたら、鏡《かがみ》に自分《じぶん》の顔《かお》が映《うつ》るだろうか？
と、考《かんが》えたことがあったが——
秒速《びょうそく》15万《まん》キロで飛行中《ひこうちゅう》の宇宙船《うちゅうせん》があるとして、
シュバッ
この宇宙船《うちゅうせん》が前方《ぜんぽう》に光《ひかり》を発射《はっしゃ》したとする。

乗組員《のりくみいん》にはその光《ひかり》が秒速《びょうそく》30万《まん》キロに見《み》える。
シュビビ
秒速《びょうそく》30万《まん》キロ
では地球《ちきゅう》から観測《かんそく》したらどうだろう?
秒速《びょうそく》30万《まん》キロに宇宙船《うちゅうせん》の速《はや》さをたして、秒速《びょうそく》45万《まん》キロに見《み》えるはずなのだが……
?
実際《じっさい》に測《はか》るとまた30万《まん》キロなのである。
これは「速度《そくど》の加法《かほう》定理《ていり》」にあわない。
パン
ブロオオ
パン
上《うえ》の絵《え》の場合《ばあい》車《くるま》から発射《はっしゃ》された弾《たま》のほうが、車《くるま》のスピードの分《ぶん》だけ速《はや》くなる。――これを速度《そくど》の加法定理《かほうていり》という。
しかし光《ひかり》はどうしてもこの定理《ていり》にあてはまらないので、科学者《かがくしゃ》たちは頭《あたま》をなやませていた。

●**質量《しつりょう》**／物質《ぶっしつ》の量《りょう》のこと。普通《ふつう》は「重《おも》さ」と同《おな》じ意味《いみ》に使《つか》うが、たとえば月面《げつめん》など重力《じゅうりょく》が少《すく》ない所《ところ》では重《おも》さが減《へ》るのに対《たい》して質量《しつりょう》そのものは変《か》わらない。

アインシュタインは「光《ひかり》は粒子《りゅうし》だ」と考《かんが》え、それによって——
光《ひかり》の粒子《りゅうし》
絶対静止《ぜったいせいし》のエーテルという考《かんが》えを、すっぱりと捨《す》てさった。
ワーッ アインシュタインのバカ——ッ!!
ニュートン
ニュートンの力学《りきがく》の基礎《きそ》を、否定《ひてい》したのである。
秒速《びょうそく》30万《まん》キロ
それとともに「どんな立場《たちば》で観測《かんそく》しても、光《ひかり》の速《はや》さはつねに同《おな》じである」という
秒速《びょうそく》30万《まん》キロ
「光速不変《こうそくふへん》の原理《げんり》」をとなえたのだ。

●アンリ・ポアンカレ／1854年《ねん》～1912年《ねん》。フランスの数学者《すうがくしゃ》・物理学者《ぶつりがくしゃ》。

もちろん鏡《かがみ》に顔《かお》は映《うつ》るのである。
この光速《こうそく》不変《ふへん》の原理《げんり》と運動《うんどう》する物体《ぶったい》の相対性《そうたいせい》から導《みちび》き出《だ》された世界《せかい》は
常識《じょうしき》では考《かんが》えられない世界《せかい》である。
そこでは時間《じかん》も空間《くうかん》も質量《しつりょう》までも相対的《そうたいてき》なものになる。
たとえばこんなことがおこる――
光速《こうそく》に近《ちか》い速《はや》さで飛《と》ぶ宇宙船《うちゅうせん》を
地球《ちきゅう》から見《み》ると
れれっ!?
宇宙船全体《うちゅうせんぜんたい》がちぢんで見《み》える。

●マックス・プランク／１８５８年《ねん》～１９４７年《ねん》。ドイツの理論物理学者《りろんぶつりがくしゃ》。１９１８年《ねん》、ノーベル物理学賞《ぶつりがくしょう》を受賞《じゅしょう》。

宇宙船内《うちゅうせんない》では時間《じかん》の進《すす》みが遅《おそ》くなる。
えーっ いつの間《ま》にそんなに老《ふ》けたの？
やあ おかえり
ヒェーッ
質量《しつりょう》はふえる。
そして宇宙船《うちゅうせん》がどんなにスピードを上《あ》げても光速《こうそく》を越《こ》えることはできない。
なぜなら物体《ぶったい》の速《はや》さが光速《こうそく》に近《ちか》づくにつれて、質量《しつりょう》が無限《むげん》に大《おお》きくなるからである。
ウソ〜ッ
この説明《せつめい》だけでは、よくわからないだろうが……
1905年《ねん》に論文《ろんぶん》が発表《はっぴょう》されたときも革命的《かくめいてき》すぎて理解《りかい》できない人《ひと》が多《おお》く、一般《いっぱん》の注目《ちゅうもく》は集《あつ》めなかった。
運動物体《うんどうぶったい》の電気力学《でんきりきがく》

●ミンコフスキー／1864年《ねん》～1909年《ねん》。ドイツで活躍《かつやく》したロシア生《う》まれの数学者《すうがくしゃ》。アインシュタインの大学時代《だいがくじだい》の数学《すうがく》の先生《せんせい》だった。

しかし物理学者《ぶつりがくしゃ》の中《なか》の何人《なんにん》かは
ムムムッ
パリ大学《だいがく》
アンリ・ポアンカレ
大《おお》きなショックをうけた。
これは画期的《かっきてき》だ！
ベルリン大学《だいがく》
マックス・プランク
すすごい!!
ゲッチンゲン大学《だいがく》
ミンコフスキー
天才《てんさい》だわ
マリー・キュリー
このような世界的《せかいてき》な学者《がくしゃ》たちが相対性理論《そうたいせいりろん》を支持《しじ》したのである。
一方《いっぽう》、アインシュタインは特殊相対性理《とくしゅそうたいせいり》論《ろん》の中《なか》の、
「物体《ぶったい》の質量《しつりょう》は、光速《こうそく》に近《ちか》づくにつれて無限《むげん》に大《おお》きくなってゆく」
物体《ぶったい》の慣性《かんせい》は
それに含《ふく》むエネルギー
に依存《いぞん》するか？
という部分《ぶぶん》を発展《はってん》させていき――

のちに相対性理論《そうたいせいりろん》とともに非常《ひじょう》に有名《ゆうめい》になった公式《こうしき》E《イー》＝mc²《エムシーじじょう》を導《みちび》き出《だ》した。
E《イー》＝mc《エムシー》²
これは、エネルギー＝質量《しつりょう》×光速《こうそく》×光速《こうそく》、という式《しき》で、
何《なん》グラムという小《ちい》さな物質《ぶっしつ》でも巨大《きょだい》なエネルギーにかわりうる、ということを示《しめ》し――
40年後《ねんご》には核分裂《かくぶんれつ》―原爆《げんばく》へとつながってゆく重大《じゅうだい》な意味《いみ》を含《ふく》んでいた。
ステキアインさーん
キャー…!!
これほどの才能《さいのう》を世間《せけん》がほうっておくはずがない。

特許局《とっきょきょく》の職員《しょくいん》にしておくのはもったいない、というわけで
あちらこちらの大学《だいがく》から声《こえ》がかかりはじめた。
1908年《ねん》、ベルン大学《だいがく》夜間部《やかんぶ》の私講師《しこうし》をはじめとして
1909年《ねん》にはチューリヒ大学《だいがく》員外教授《いんがいきょうじゅ》——
1911年《ねん》、プラハのドイツ大学《だいがく》正教授《せいきょうじゅ》——
1912年《ねん》、母校《ぼこう》であるチューリヒ連邦工科大学《れんぽうこうかだいがく》理論物理学《りろんぶつりがく》の正教授《せいきょうじゅ》——
そして1914年《ねん》にはドイツ、ベルリン大学《だいがく》の教授《きょうじゅ》になる。おまけに35歳《さい》という若《わか》さで名誉《めいよ》あるプロシア科学《かがく》アカデミーの会員《かいいん》となった。

●**私講師《しこうし》**／大学《だいがく》からの給料《きゅうりょう》はないが、講義《こうぎ》を受《う》けた人《ひと》の授業料分《じゅぎょうりょうぶん》をもらえるという制度《せいど》。

4　栄光《えいこう》と名声《めいせい》

●相対性理論《そうたいせいりろん》の証明《しょうめい》●

この年《とし》の6月《がつ》、ボスニアの首都《しゅと》サラエボでオーストリアの皇太子《こうたいし》が暗殺《あんさつ》される。
犯人《はんにん》はセルビアの一青年《いちせいねん》だった。

●**ボスニア**／現在《げんざい》のユーゴスラビアの一部《いちぶ》。

以前《いぜん》からバルカン半島《はんとう》をめぐって対立《たいりつ》していた、
セルビアとオーストリアはこの事件《じけん》をきっかけとして戦争《せんそう》になってしまった。

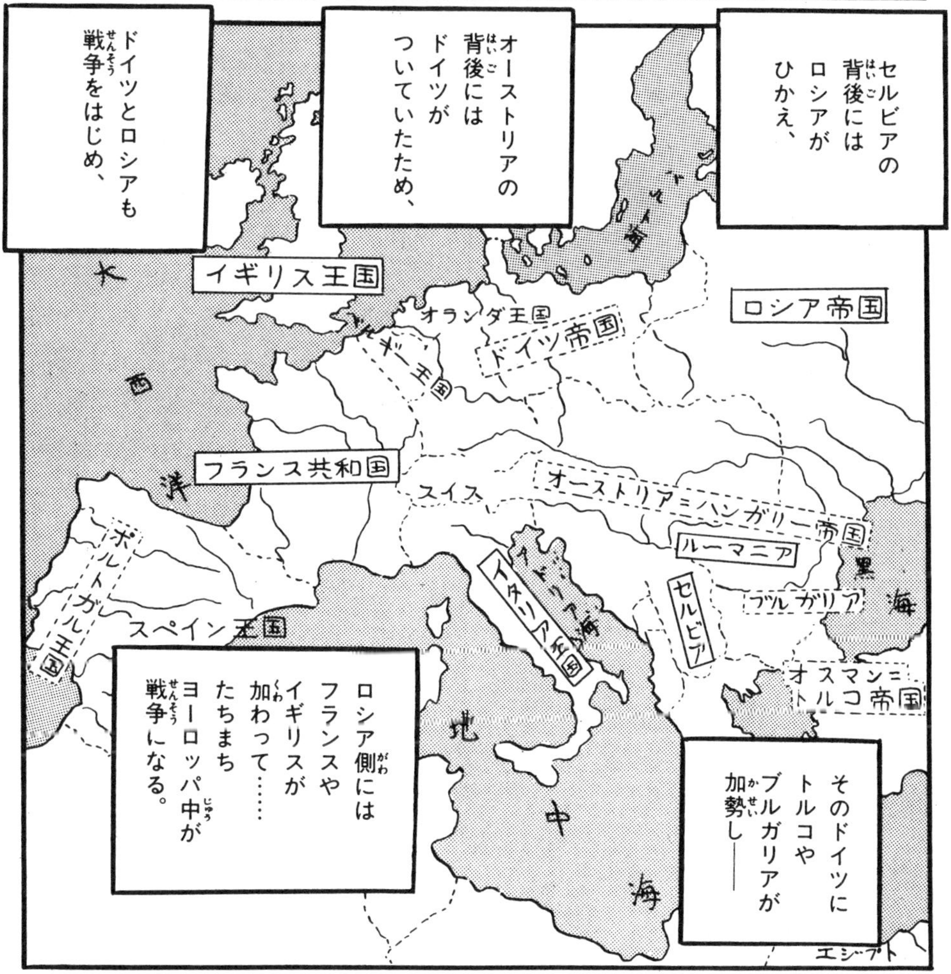
セルビアの背後《はいご》にはロシアがひかえ、
オーストリアの背後《はいご》にはドイツがついていたため、
ドイツとロシアも戦争《せんそう》をはじめ、
そのドイツにトルコやブルガリアが加勢《かせい》し——
ロシア側《がわ》にはフランスやイギリスが加《くわ》わって……たちまちヨーロッパ中《じゅう》が戦争《せんそう》になる。
イギリス王国
ロシア帝国
オランダ王国
ドイツ帝国
ベルギー王国
大西洋
フランス共和国
スイス
オーストリア＝ハンガリー帝国
ルーマニア
黒海
セルビア
ブルガリア
アドリア海
イタリア王国
ポルトガル王国
スペイン王国
オスマン＝トルコ帝国
地中海
エジプト

戦火《せんか》は
ヨーロッパだけに
とどまらなかった
イギリスと
同盟《どうめい》を結《むす》んでいた
日本《にほん》も
ドイツに宣戦《せんせん》を
布告《ふこく》し、
中立《ちゅうりつ》の立場《たちば》を守《まも》っていた
アメリカも、最後《さいご》には
ドイツに宣戦《せんせん》。
こうして、セルビアと
オーストリアの戦争《せんそう》は
第一次世界大戦《だいいちじせかいたいせん》へと
広《ひろ》がってしまったのだ。
戦争《せんそう》ぎらいの
アインシュタインは
中立的《ちゅうりつてき》な立場《たちば》を
守《まも》りながら
あいかわらず
ベルリンで
研究《けんきゅう》にあけくれる
毎日《まいにち》だったが……

家庭《かてい》の中《なか》は困《こま》ったことになっていた。
彼《かれ》はこのころ妻《つま》のミレーバと別居《べっきょ》していたのだ。
セルビア出身《しゅっしん》でスラブ民族《みんぞく》のミレーバは
夫《おっと》がドイツのベルリン行《い》きを決《き》めてしまったことに強《つよ》く反対《はんたい》し、
ふたりの間《あいだ》は急速《きゅうそく》に冷《ひ》えていった。
このころ、スラブ人《じん》とドイツ人《じん》は激《はげ》しく対立《たいりつ》していて、
ミレーバにとってはドイツは敵《てき》の国《くに》だったので

●**スラブ民族《みんぞく》**／ヨーロッパ最大《さいだい》の民族《みんぞく》グループで、ロシア人《じん》、ポーランド人《じん》、チェコ人《じん》、スロバキア人《じん》、セルビア人《じん》など。

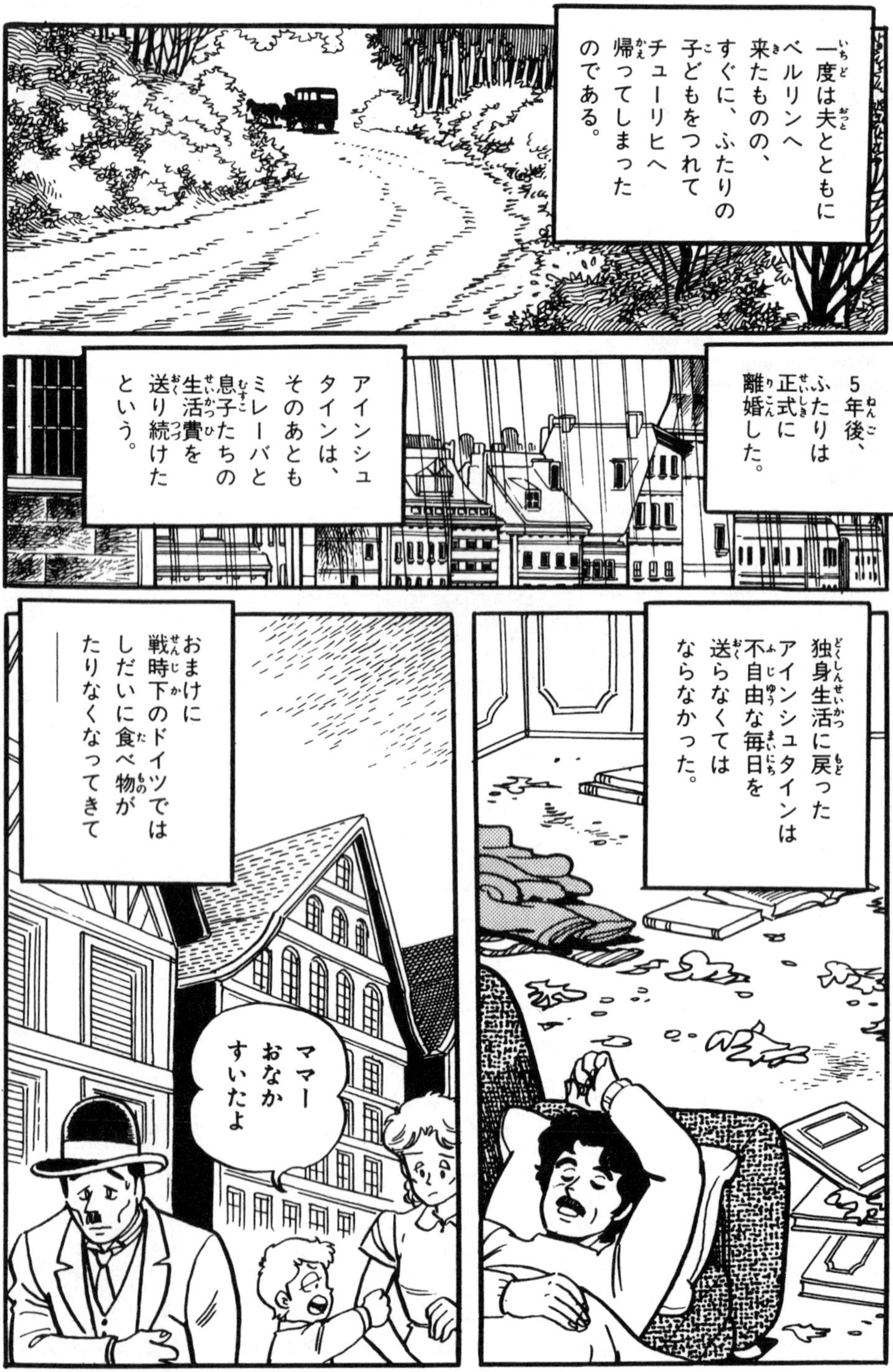
一度《いちど》は夫《おっと》とともにベルリンへ来《き》たものの、すぐに、ふたりの子《こ》どもをつれてチューリヒへ帰《かえ》ってしまったのである。
5年後《ねんご》、ふたりは正式《せいしき》に離婚《りこん》した。
アインシュタインは、そのあともミレーバと息子《むすこ》たちの生活費《せいかつひ》を送《おく》り続《つづ》けたという。
独身生活《どくしんせいかつ》に戻《もど》ったアインシュタインは不自由《ふじゆう》な毎日《まいにち》を送《おく》らなくてはならなかった。
おまけに戦時《せんじ》下のドイツではしだいに食《た》べ物《もの》がたりなくなってきて——
ママー おなか すいたよ

レストランは軍《ぐん》の規制《きせい》によって「衛生料理《えいせいりょうり》」と称《しょう》するものしか出《だ》せなくなっていた。
アインシュタインは、当然《とうぜん》外食《がいしょく》だったが―
カラ
どうも毎日《まいにち》このエサではウンザリだな……
栄養失調《えいようしっちょう》になってしまう
このところ胃《い》のぐあいもおかしい……

●エルザ／1876年《ねん》～1936年《ねん》。アインシュタインの父《ちち》、ヘルマンのいとこの娘《むすめ》。

こんばんはエルザ！元気《げんき》かね！
いらっしゃいよく来《き》てくださったわ!!
ハーイ
いらっしゃいアルベルト！
こんばんは！
叔父《おじ》さんお元気《げんき》ですか？
アルベルトやもめぐらしも大変《たいへん》だろう！
この叔父《おじ》は亡《な》くなった父《ちち》ヘルマンのいとこにあたる。
娘《むすめ》のエルザはアインシュタインより3歳年上《さいとしうえ》で、一度結婚《いちどけっこん》してふたりの娘《むすめ》をもうけたが、夫《おっと》と死《し》に別《わか》れ
今《いま》は父《ちち》とともに暮《くら》している。

●マルゴット／エルザの下《した》の娘《むすめ》。アインシュタインはマルゴットをほんとうの娘《なの》のようにかわいがった。

ここに来《く》るとても心《こころ》がなぐさめられる
幸《しあわ》せな気分《きぶん》になれるよ!
エルザきみのおかげだ!
まあそう言《い》っていただけるととてもうれしいわ!!
あなたの研究《けんきゅう》のお手伝《てつだ》いができるのはせめてそれくらいのことかしら……!
それ以上《いじょう》の手助《てだす》けはないさ!!
ママーッ
ガチャ
サッ

1905年《ねん》の特殊相対性理論《とくしゅそうたいせいりろん》では物体《ぶったい》の運動《うんどう》の相対性《そうたいせい》に光速不変《こうそくふへん》の原理《げんり》を含《ふく》めて
物体《ぶったい》の運動《うんどう》と時間《じかん》、空間《くうかん》、質量《しつりょう》の関係《かんけい》を数式《すうしき》にしてあらわした。
E《イー》=m《エム》c《シー》^{2}
ただし、この理論《りろん》には条件《じょうけん》がついていた。
この理論《りろん》がなりたつのは、物体《ぶったい》がある一定《いってい》のスピード(等速《とうそく》)でまっすぐに動《うご》いているとき、
つまり等速直線運動《とうそくちょくせんうんどう》という特殊《とくしゅ》な場合《ばあい》にかぎられていた。
ホッ
しかし私《わたし》たちはいつも重力《じゅうりょく》などのさまざまな力《ちから》の中《なか》で暮《くら》していて、前進《ぜんしん》したり後退《こうたい》したりまがったりするしそのスピードももちろん変化《へんか》する。

●慣性力《かんせいりょく》／ほかから力《ちから》が加《くわ》えられたとき、静止《せいし》しているものはいつまでも静止《せいし》し続《つづ》けようとし、動《うご》いているものはその速《はや》さを保《たも》ち続《つづ》けようと抵抗《ていこう》する力《ちから》。

そこで、アインシュタインは、彼《かれ》の理論《りろん》をもっと一般的《いっぱんてき》な場合《ばあい》にまで広《ひろ》げるために、
まず重力《じゅうりょく》が働《はたら》いている場合《ばあい》を考《かんが》えた。
重力《じゅうりょく》
重力《じゅうりょく》
重力《じゅうりょく》とは、地球《ちきゅう》がその中心《ちゅうしん》にむけてすべてのものを引《ひ》っぱる力《ちから》だ。
重力《じゅうりょく》

彼《かれ》は、重力《じゅうりょく》と慣性力《かんせいりょく》とを同《おな》じものとして考《かんが》えた。
たとえば、超高層《ちょうこうそう》エレベーターを考《かんが》える。
ウイイイイイイン。。

中《なか》から外《そと》が見《み》えず、
いきなりワイヤーが切《き》れてしまうと、
んなバカな!!
エレベーターの中《なか》の人《ひと》は、宙《ちゅう》に浮《う》いてしまう。
つまり、この人《ひと》にとっては、重力《じゅうりょく》が消《き》えたのと同《おな》じことになるのだ。
次《つぎ》にエレベーターが宇宙《うちゅう》にあるとき、
すきにしてくれ!!
その中《なか》は当然《とうぜん》無重力状態《むじゅうりょくじょうたい》であるが――

少《すこ》しずつ加速《かそく》していくと、
中《なか》の人《ひと》は床《ゆか》に押《お》しつけられて、
ビトッ
加速《かそく》しているあいだは重力《じゅうりょく》が働《はたら》いているのと同《おな》じことになる。
床《ゆか》に押《お》しつけられるのは、加速度《かそくど》に対《たい》して慣性《かんせい》の力《ちから》が働《はたら》いているためで、
重力《じゅうりょく》と慣性力《かんせいりょく》は力学的《りきがくてき》に見《み》れば同《おな》じものだ、ということになる。
ボクらは似《に》たものどうしさ！
重力《じゅうりょく》
慣性力《かんせいりょく》
さて、今度《こんど》は落《らっ》下《か》するエレベーターの中《なか》で、片方《かたほう》の壁《かべ》から光《ひかり》を発射《はっしゃ》したとすると、

光《ひかり》はもう一方《いっぽう》の壁《かべ》にむかってまっすぐに進《すす》む。
光《ひかり》が壁《かべ》につくまでにエレベーターは少《すこ》し落下《らっか》する。
それを外《そと》から見《み》ている人《ひと》には光《ひかり》が下《した》にまがったように見《み》える。
つまり光《ひかり》は重力《じゅうりょく》によってまげられたことになる。

重力《じゅうりょく》によって影響《えいきょう》をうけるのは、光《ひかり》だけではない。
ウ〜〜〜ン
わーっ
時間《じかん》
重力《じゅうりょく》
重力《じゅうりょく》によって、時間《じかん》も空間《くうかん》も、まげられている——
空間《くうかん》
と、アインシュタインは考《かんが》えた。
ヒエッ

時間空間《じかんくうかん》がまがっているとは、どういうことなのか、とても想像《そうぞう》はできない。

結局《けっきょく》、4次元空間《じげんくうかん》の幾何学《きかがく》におきかえてあらわすしかないのである。

ウ〜〜〜ッわけがわからん
著者《ちょしゃ》

それをどのように表現《ひょうげん》したらいいだろう。
こらっ〆切《しめきり》が!!
寝《ね》てから考《かんが》えよう

●**4次元**《じげん》／長《なが》さ、広《ひろ》さ、高《たか》さという、普通《ふつう》の空間《くうかん》は3次元《じげん》で、それに時間《じかん》を第《だい》4番目《ばんめ》の次元《じげん》として付《つ》け加《くわ》える。

アインシュタイン教授《きょうじゅ》
今度《こんど》の論文《ろんぶん》にはまったくおどろかされました！
重力《じゅうりょく》が時間空間《じかんくうかん》を曲《ま》げるほどのものとは信《しん》じがたいが……
するとなんですか巨大《きょだい》な重力《じゅうりょく》をもつ星《ほし》では……前方《ぜんぽう》に見《み》える物《もの》が実際《じっさい》は後《うし》ろにあるなどということも考《かん》えられますな
あり得《う》ることです！

ますます不可解《ふかかい》きわまるが………
それをどのように実証《じっしょう》されるおつもりかな？
現実《げんじつ》に証明《しょうめい》されなければ机上《きじょう》の空論《くうろん》となりかねませんぞ!!
方法《ほうほう》はあります！
………と申《もう》されると？
地球《ちきゅう》のような重力《じゅうりょく》の小《ちい》さな星《ほし》ではわかりませんが………

太陽《たいよう》ならば はっきりと わかると思《おも》い ます！
つまり 太陽《たいよう》付近《ふきん》の 星《ほし》を調《しら》べる わけです
太陽《たいよう》の 近《ちか》くを通《とお》る 星《ほし》の光《ひかり》は 重力《じゅうりょく》によって 曲《ま》げられ ……
地球《ちきゅう》からは 実際《じっさい》の位置《いち》より 角度《かくど》にして 約《やく》1・75秒《びょう》 ずれて見《み》えると 思《おも》います！
ほォ〜！ ずいぶん はっきりと 言《い》い切《き》り ましたな！
しかし 太陽《たいよう》付近《ふきん》の星《ほし》の 光《ひかり》といっても ……
おっ そうか 皆既日食《かいきにっしょく》が ありましたな!!

●皆既日食《かいきにっしょく》／月《つき》が太陽《たいよう》と地球《ちきゅう》のあいだを通《とお》るとき、太陽《たいよう》が月《つき》にさえぎられてまったく見《み》えなくなること。

わたしもそれに期待《きたい》しているのですが……今《いま》のこの戦時下《せんじか》ではどうも………
なげいたりしては不謹慎《ふきんしん》としかられますかな………はははは……
……!!
戦争《せんそう》が始《はじ》まって2年以上《ねんいじょう》過《す》ぎ……戦局《せんきょく》は膠着状態《こうちゃくじょうたい》が続《つづ》いております
現状《げんじょう》を打開《だかい》するためにもわれわれ科学者《かがくしゃ》は安閑《あんかん》と自分《じぶん》の研究《けんきゅう》に没頭《ぼっとう》してばかりはおられんのですよ!
ガタン

わたしは殺人《さつじん》の手助《てだす》けをするつもりはありませんよ!
あなたは国籍《こくせき》をスイスにおかれてよかったですな!
ドイツ国民《こくみん》なら反逆罪《はんぎゃくざい》ですぞ!!
1918年《ねん》、4年間《ねんかん》続《つづ》いた戦争《せんそう》はドイツ・オーストリアなど同盟国《どうめいこく》がわの敗北《はいぼく》におわった。

勝《か》った連合国《れんごうこく》も負《ま》けた同盟国《どうめいこく》もともに支払《しはら》った代償《だいしょう》はあまりにも大《おお》きかった。
その上《うえ》、敗戦国《はいせんこく》ドイツはベルサイユ条約《じょうやく》によって、巨額《きょがく》の賠償金《ばいしょうきん》を支払《しはら》わなくてはならなくなるのである。
一方《いっぽう》、大戦後《たいせんご》の世界《せかい》の科学者《かがくしゃ》の関心《かんしん》は、1919年《ねん》の皆既日食《かいきにっしょく》でアインシュタインの予言《よげん》が当《あ》たるかどうか、ということだった。
おれははずれに5万《まん》マルク!
私《わたし》は100万《まん》マルクだはずれに!!
きみたち科学者《かがくしゃ》としてはずかしいことですぞ!
私《わたし》はアインシュタインが正《ただ》しいと思《おも》っている
それじゃいくらにします
10マルク!
う〜んどうしよう!!

●ベルサイユ条約《じょうやく》／第一次大戦《だいいちじたいせん》の結果《けっか》、連合国《れんごうこく》とドイツの間《あいだ》で結《むす》ばれた講和条約《こうわじょうやく》。賠償金《ばいしょうきん》のほか、軍備《ぐんび》の制限《せいげん》なども決《き》められていた。

1919年《ねん》3月《がつ》、イギリスの天文学会《てんもんがっかい》が日食《にっしょく》の観測隊《かんそくたい》をブラジルとアフリカに派遣《はけん》した。
その隊長《たいちょう》は高名《こうめい》な天体物理学者《てんたいぶつりがくしゃ》エディントン卿《きょう》だった。

●エディントン卿《きょう》／1882年《ねん》～1944年《ねん》。イギリスの天体物理学者《てんたいぶつりがくしゃ》。一般相対性理論《いっぱんそうたいせいりろん》をいち早《はや》く理解《りかい》した学者《がくしゃ》のひとり。

エディントン卿《きょう》 星《ほし》が写《うつ》ってます !!
本当《ほんとう》か !!
最後《さいご》の1枚《まい》に写《うつ》ってました！
おいっ 星《ほし》だけを撮《と》った写真《しゃしん》もってきてくれ！
あっ！ やっぱり ずれています!!
なにっ〜〜〜!!
エッ!?
それで偏位《へんい》はどのくらいだ!?

約《やく》1・64秒《びょう》です
アインシュタインの予言《よげん》は1・75秒《びょう》ですから誤差《ごさ》は0・11秒《びょう》です!
それくらいなら大体《だいたい》許《ゆる》される範囲内《はんいない》だ!
まちがいない!
諸君《しょくん》! かんぱいしよう!
ドイツの天才物理《てんさいぶつり》学者《がくしゃ》に!!
このニュースは世界中《せかいじゅう》に飛《と》んだ。
科学《かがく》の革命《かくめい》
新《あたら》しい時間空間理論《じかんくうかんりろん》
ニュートン引力論《いんりょくろん》くつがえされた!!

ネコもシャクシも相対性《そうたいせい》とさわぎ……
ソウタイセイ
そうですたい！
ソウタイセイ
ソウタイ
アインシュタインはあっという間《ま》に世界的有名人《せかいてきゆうめいじん》になってしまった。
あっダセェタバコすってる！
見《み》ろよこれ今《いま》はこいつだぜ!!
相対性《そうたいせい》
ジョウダンじゃねェ!!
おれなんかついこのあいだ生《う》まれた子供《こども》になんて名《な》つけたと思《おも》う？

芸《げい》が ねェな どうせ アルベルト とかなんとか つけたんだろ!
そんな ひと山《やま》いくらの名《な》 つけられるかよ!
ソウタイセーってんだ!!
アホッ
この年《とし》、アインシュタインはミレーバと正式《せいしき》に離婚《りこん》し、エルザを二度《にど》めの妻《つま》としてむかえた。
病《やまい》の床《とこ》についていた母《はは》パウリーネもベルリンによんで一緒《いっしょ》に暮《くら》していた。

すっかり有名《ゆうめい》になってしまった彼《かれ》は目《め》が回《まわ》るほど忙《いそが》しい毎日《まいにち》を送《おく》っていた。
あなたまたファンレターよ！
およしよそんな言《い》い方《かた》するの
わたしをスターかなにかと勘違《かんちが》いしているんじゃないかエルザ！
だってスターでもなければ
こんなたくさんのファンレターは来《き》ませんわ！
これもこれも……みんな講演《こうえん》の依頼《いらい》だ
アタシはマネージャー役《やく》よ！
こういうことはマネージャーにまかせなさい！
勝手《かって》におし！

5　動乱《どうらん》のドイツ

●シオニズム運動《うんどう》●

このころミュンヘンの居酒屋《いざかや》でひとりの男《おとこ》が気勢《きせい》をあげていた。
ユダヤ人《じん》が……！のさばりおって……
今《いま》にほえづらかかせてやる！
諸君《しょくん》聞《き》いてくれっ!!
わが伝統《でんとう》の血《ち》を受《う》け継《つ》ぐゲルマンの地《ち》ドイツは
文化《ぶんか》・芸術《げいじゅつ》・科学《かがく》どれをとっても……

●ユダヤ人《じん》／ユダヤ教《きょう》を信《しん》じている民族《みんぞく》で、世界各地《せかいかくち》に移住《いじゅう》していたが、迫害《はくがい》を受《う》けることが多《おお》かった。

わが偉大《いだい》なるドイツ帝国《ていこく》は
兵《へい》の士気《しき》においても武器《ぶき》の質量《しつりょう》においても
スラブ民族《みんぞく》ごときの敵《てき》ではなかったのである!!
見《み》てろここからだんだん
自分《じぶん》に酔《よ》ってくるから
だが諸君《しょくん》!!
祖国《そこく》ドイツはやぶれたのだ……ククク!

諸君《しょくん》！原因《げんいん》はどこにあったのか！
卑劣《ひれつ》極《きわ》まりないイギリスか！
ブタに等《ひと》しきフランスか！
ぬすっとの上前《うわまえ》をはねたアメリカか……………!!

そうではないっ!!
鉄壁《てっぺき》に等《ひと》しきドイツ帝国《ていこく》にも獅子身中《ししんちゅう》の虫《むし》がいたからである！

わかるかね 諸君《しょくん》！
ドイツ帝国《ていこく》の 裏切者《うらぎりもの》 売国奴《ばいこくど》……
それは ユダヤ人《じん》に ほかならない!! ……
第一次大戦《だいいちじたいせん》では 伍長《ごちょう》どまりの この男《おとこ》が わずか10年後《ねんご》に ドイツを その手中《しゅちゅう》に おさめてしまうと だれが想像《そうぞう》できた だろうか―― この男《おとこ》こそのちの ドイツの独裁者《どくさいしゃ》 アドルフ・ヒトラーであった。
ドイツ国内《こくない》では だんだん 反《はん》ユダヤ主義《しゅぎ》の 声《こえ》が高《たか》まって きていた。ユダヤ人《じん》の間《あいだ》には パレスチナに ユダヤ人《じん》の国《くに》を つくろう、という シオニズム運動《うんどう》が あり、ユダヤ人《じん》の アインシュタインは この運動《うんどう》に 協力《きょうりょく》をもとめ られていた。
アインシュタイン 博士《はくし》 われわれの 運動《うんどう》の後押《あとお》しを していただけ ませんか？

●伍長《ごちょう》／軍隊《ぐんたい》で、下士官《かしかん》の最下位《さいかい》。軍曹《ぐんそう》の下《した》。

あなたのような高名《こうめい》な方《かた》に支持《しじ》していただけたら
シオニズム運動《うんどう》ももっと勢《いきお》いがつくと思《おも》うのです！
しかしそれには多《おお》くの問題《もんだい》を含《ふく》んでいると思《おも》います
今《いま》　この運動《うんどう》を盛《も》り上《あ》げることで
ユダヤ人《じん》が浮《う》いてしまい孤立《こりつ》する可能性《かのうせい》もあるわけで
この国《くに》に骨《ほね》を埋《うず》めたいと思《おも》っている人《ひと》たちもたくさんいます！
博士《はくし》のおっしゃられることはわたしどもも十二分《じゅうにぶん》に承知《しょうち》しておるつもりです！

●アドルフ・ヒトラー／1889年《ねん》～1945年《ねん》。ナチスを創立《そうりつ》し、ドイツの独裁者《どくさいしゃ》になる。ドイツ人《じん》の大帝国《だいていこく》をつくろうとして第二次世界大戦《だいにじせかいたいせん》をひきおこす。

今《いま》はまだまだ われわれに 反対《はんたい》の立場《たちば》を とっている ユダヤ人《じん》も
運動《うんどう》が 世界的《せかいてき》に なれば必《かなら》ず ついてくると 信《しん》じます
なにしろ ユダヤ民族《みんぞく》 2千年《せんねん》の願《ねが》い なのですから！
だからこそ 博士《はくし》の高名《こうめい》を 連帯《れんたい》づくりに 使《つか》わせて いただきたい のです
わたしは 昔《むかし》っから 国家権力《こっかけんりょく》と いうものに 反感《はんかん》をもって 生《い》きて きました
いかなる 権力《けんりょく》にも 協力《きょうりょく》すまい とね！
わたしは 根《ね》っからの 平和主義者《へいわしゅぎしゃ》 ですよ！
ここのところ 反《はん》ユダヤ主義《しゅぎ》 というのを あちこちで 耳《みみ》にします ！

●パレスチナ／南西《なんせい》アジアのイスラエルを中心《ちゅうしん》とする地中海沿岸地方《ちちゅうかいえんがんちほう》。紀元前《きげんぜん》１２００年《ねん》ころ、モーゼに率《ひき》いられたユダヤ人《じん》がエジプトからやって来《き》た。

今《いま》のところ一部《いちぶ》の国粋主義者《こくすいしゅぎしゃ》にすぎませんが
わたしたちはこの動《うご》きをかなり憂慮《ゆうりょ》しています
良識《りょうしき》ある者《もの》は問題《もんだい》にもせんでしょう!
そうとばかりもいえないのです!
彼《かれ》らの活動資金《かつどうしきん》はどこから出《で》ているとお思《おも》いですか!?
上流階級《じょうりゅうかいきゅう》 富《とみ》も教養《きょうよう》もかねそなえたプチブル 良識《りょうしき》をもった文化人《ぶんかじん》 そういうなかから出《で》ているんです!
最近《さいきん》アインシュタインとその理論《りろん》に反対《はんたい》する会《かい》というのがあるのをご存《ぞん》じですか?

●**2千年《せんねん》の願《ねが》い**／ユダヤ民族《みんぞく》は、もともとパレスチナの出身《しゅっしん》だが、紀元前《きげんぜん》にローマ帝国《ていこく》に征服《せいふく》されて以来《いらい》、自分《じぶん》たちの国《くに》をつくることができず、各地《かくち》に移住《いじゅう》した。

ははは
本当《ほんとう》ですか
それは知《し》りませんでした
一度《いちど》拝聴《はいちょう》したいものだ！
やつらの手口《てぐち》は悪意《あくい》に満《み》ちています
これからはわれわれユダヤ人《じん》はドイツだけにとどまらず
…………
強《つよ》い連帯《れんたい》が必要《ひつよう》になるのではないでしょうか！
…………いずれにしてもわたしは一物理学者《いちぶつりがくしゃ》にすぎません！
名《な》を並《なら》べる以上《いじょう》の手伝《てつだ》いができるとは思《おも》えませんが………
それにまさる尽力《じんりょく》をお願《ねが》いいたすのは…………
われわれもいたみいります！

1920年《ねん》、母《はは》パウリーネ死亡《しぼう》――しかしアインシュタインは、いつまでも悲《かな》しみにひたってはいられなかった。
世界中《せかいじゅう》の国《くに》からぞくぞくと講演《こうえん》の依頼《いらい》が来《き》ていたのである。
この年《とし》から翌《よく》1921年《ねん》にかけて、彼《かれ》はオランダ――チェコスロバキア――オーストリア――アメリカと、まわった。
アメリカへ行《い》ったのは、シオニズム運動《うんどう》の指導者《しどうしゃ》ワイツマンから、ヘブライ大学《だいがく》設立《せつりつ》の資金《しきん》を集《あつ》めるために、講演《こうえん》してくれるように頼《たの》まれたからだった。
●ワイツマン／1874年《ねん》～1952年《ねん》。1948年《ねん》、ユダヤ人《じん》の国《くに》イスラエル共和国《きょうわこく》の独立宣言《どくりつせんげん》と同時《どうじ》に初代大統領《しょだいだいとうりょう》になる。

アメリカではまるでスターのように歓迎《かんげい》されて講演旅行《こうえんりょこう》は大成功《だいせいこう》をおさめた。
パッ
博士《はくし》相対性理論《そうたいせいりろん》をひと言《こと》で?
ペロン
アメリカから帰《かえ》る途中《とちゅう》イギリスにも立《た》ちよっている。
1922年《ねん》にはフランスで講演《こうえん》をおこない11月《がつ》に日本《にほん》を訪《おとず》れることになった。
一方《いっぽう》ドイツでは1920年《ねん》に国家社会主義《こっかしゃかいしゅぎ》ドイツ労働者党《ろうどうしゃとう》(ナチス)が成立《せいりつ》していた。

反《はん》ユダヤ主義《しゅぎ》が広《ひろ》がる中《なか》でナチスはしだいに力《ちから》をつけていき、
まもなくアドルフ・ヒトラーがナチスの党首《とうしゅ》となる。
1922年《ねん》、ドイツ外相《がいしょう》ラテナウが極端《きょくたん》な反《はん》ユダヤ主義者《しゅぎしゃ》に暗殺《あんさつ》された。
ラテナウはユダヤ人《じん》で国際主義者《こくさいしゅぎしゃ》だったのだ。
なんということだ!! この国《くに》から理性《りせい》は消《き》えたのか!!
暗黒《あんこく》の時代《じだい》に逆《ぎゃく》もどりしているのか!?

教授《きょうじゅ》 ライプチヒでの 今度《こんど》の講演《こうえん》は とりやめた ほうがいいと 思《おも》います!
ウワサですが やつらの 暗殺《あんさつ》リストに あなたの名前《なまえ》も あると 聞《き》きました あながち 無視《むし》も できないように 思《おも》いますが……
しかし 過激分子《かげきぶんし》 ごときに わたしの自由《じゆう》を 束縛《そくばく》されるのは なんとも……
あなた お願《ねが》いです ラウエさんの おっしゃるとおり になすって!
進《すす》んで危険《きけん》に 身《み》をさらす ようなことは およしになって ください!
教授《きょうじゅ》 しばらく ドイツを はなれては いかがで しょうか!?

●アインシュタインは、第一次世界大戦《だいいちじせかいたいせん》が終《お》わったあと、軍国主義《ぐんこくしゅぎ》から共和国《きょうわこく》になったドイツに希望《きぼう》を抱《いだ》き、再《ふたた》びドイツ国籍《こくせき》を取得《しゅとく》していた。

……マスコミがことさらにわたしの名《な》を乗《の》せたりするものだから……
はははわたしが暗殺《あんさつ》の対象《たいしょう》とはエラクなったものだ……!!
日本《にほん》から招待《しょうたい》されておられましたね！
そうです非常《ひじょう》に楽《たの》しみにしているんですよ
今回《こんかい》はよい機会《きかい》だと思《おも》います！
日本《にほん》へ向《む》かう船《ふね》の上《うえ》でアインシュタインはノーベル物理学賞《ぶつりがくしょう》受賞《じゅしょう》の知《し》らせを受《う》けた。

●ライプチヒ／現在《げんざい》の東《ひがし》ドイツ中南部《ちゅうなんぶ》にある都市《とし》。

1923年《ねん》、
ヒトラーは
ミュンヘンで
一揆《いっき》を起《お》こすが
失敗《しっぱい》――
ナチスは解散《かいさん》し、
ヒトラーは
投獄《とうごく》された。
わしゃ
まけんぞ
翌年《よくねん》には
釈放《しゃくほう》されて
ナチスを
再結成《さいけっせい》するが、
それから数年間《すうねんかん》
ナチスは
なりをひそめる。
おむかえ
でごんす。
講演旅行《こうえんりょこう》を終《お》えて
ドイツに戻《もど》った
アインシュタインは
静《しず》かな日々《ひび》を
取《と》りもどすことが
できた。

彼《かれ》は大学《だいがく》の講義《こうぎ》や
研究《けんきゅう》で
毎日《まいにち》をすごした。
ときには、得意《とくい》な
バイオリンの
うでまえを披露《ひろう》
することもあった。
ドイツ国内《こくない》では
ばく大《だい》な賠償金《ばいしょうきん》
支払《しはら》いのため
お金《かね》の価値《かち》が
下《さ》がり、物価《ぶっか》は
うなぎのぼりに
上《あ》がっていった。
それが
アメリカの
援助《えんじょ》などで
ようやく
もちなおし
かけてきた
1929年《ねん》
——
ニューヨークの
ウォール街《がい》で
株《かぶ》が大暴落《だいぼうらく》——

●ラウエ／1879年《ねん》〜1960年《ねん》。ドイツの理論物理学者《りろんぶつりがくしゃ》。このころはベルリン大学教授《だいがくきょうじゅ》。1914年《ねん》ノーベル物理学賞《ぶつりがくしょう》を受賞《じゅしょう》。

たくさんの人《ひと》が一夜《いちや》にして一文無《いちもんな》しになり自殺《じさつ》する者《もの》も数知《かずし》れず、
町《まち》には、仕事《しごと》を失《うしな》った人々《ひとびと》があふれた。大恐慌時代《だいきょうこうじだい》の幕《まく》あきである。
アメリカの恐慌《きょうこう》はたちまち世界中《せかいじゅう》に伝染《でんせん》してゆき不況《ふきょう》が世界《せかい》を暗《くら》くしていった。
特《とく》にドイツは致命的《ちめいてき》な打撃《だげき》をうけた。何百万人《なんびゃくまんにん》もが失業《しつぎょう》し、国会《こっかい》は解散《かいさん》した。

1930年《ねん》
総選挙《そうせんきょ》がおこなわれ
ナチスは大量《たいりょう》に当選《とうせん》した。
ハイルヒトラー!
ハイルヒトラー!
……したがってアインシュタインの相対性理論《そうたいせいりろん》はユダヤ主義《しゅぎ》であり
共産主義的《きょうさんしゅぎてき》であって反《はん》ドイツ思想《しそう》といわねばならない!

●ウォール街《がい》／1817年《ねん》に証券取引所《しょうけんとりひきじょ》が開設《かいせつ》され、ニューヨーク市《し》の発展《はってん》とともに、世界《せかい》の経済《けいざい》の中心地《ちゅうしんち》になった。

学会《がっかい》におけるユダヤ人《じん》の存在《そんざい》は純粋《じゅんすい》ドイツ民族《みんぞく》の不信《ふしん》をまねくとわれわれは憂慮《ゆうりょ》いたします！
パチ
パチ
パチ
パチ
ユダヤ人!!
アインシュタインは
まだつるされていない!
……

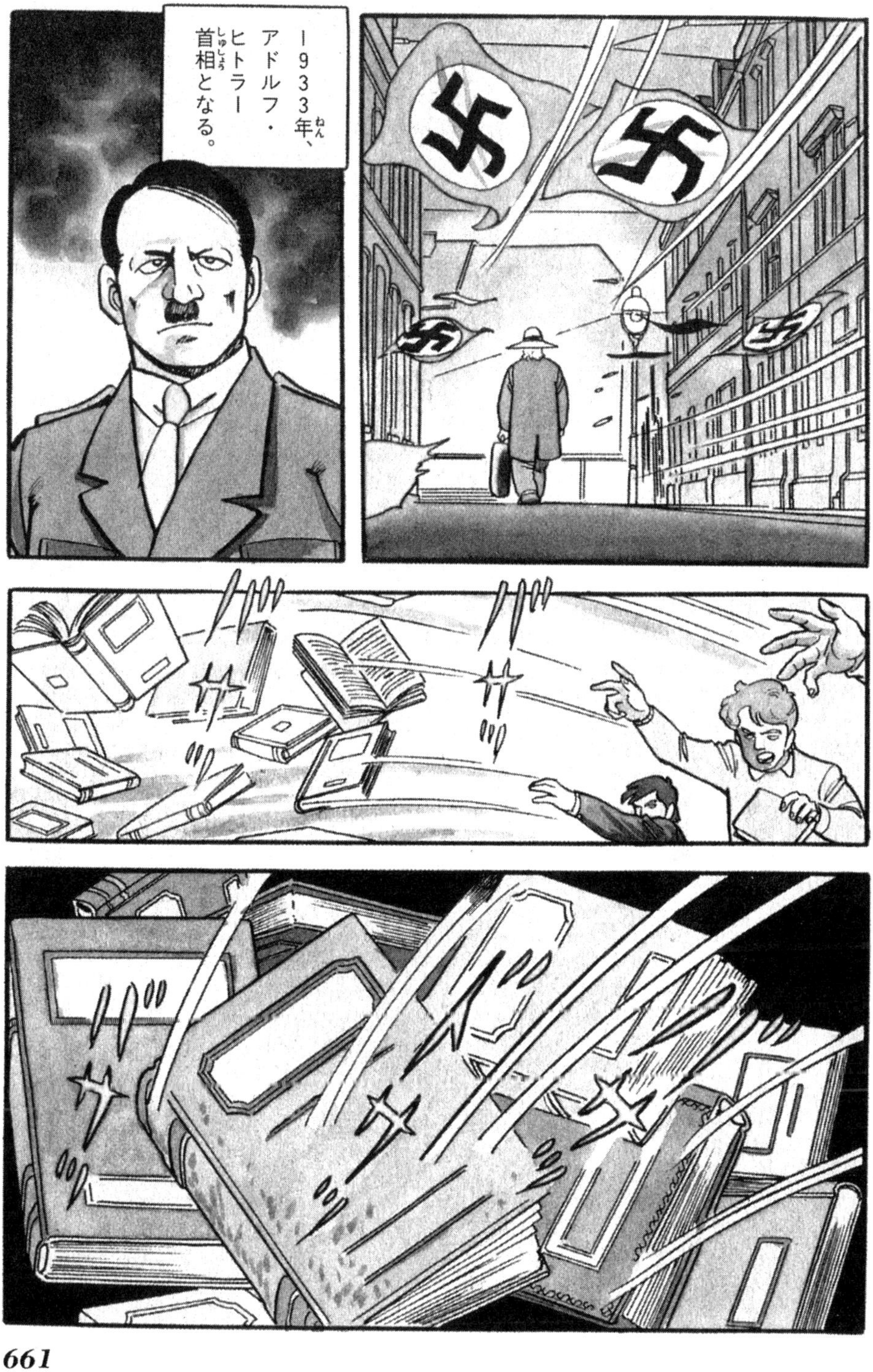
1933年《ねん》、アドルフ・ヒトラー首相《しゅしょう》となる。

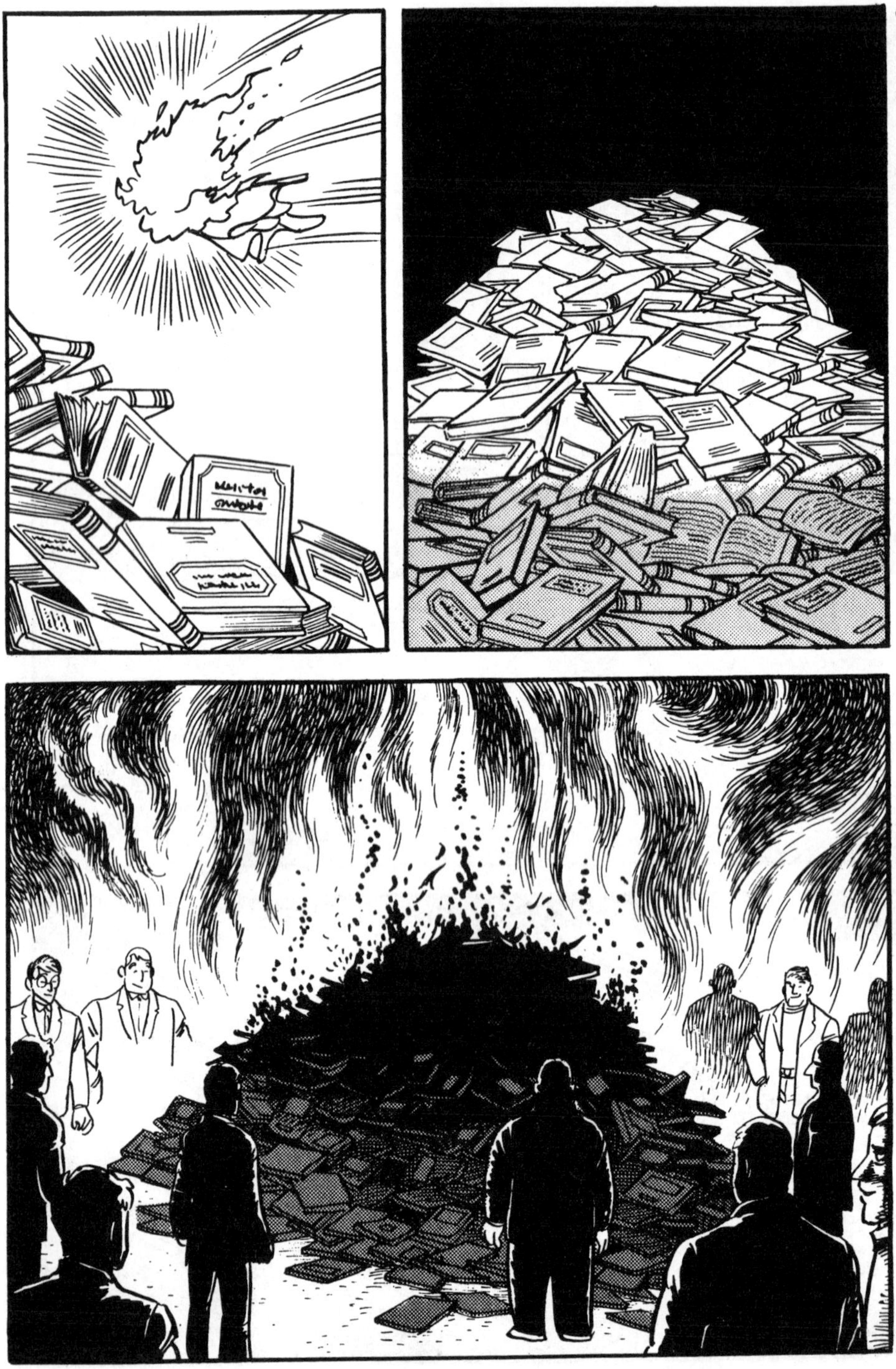

●アブラハム・フレクスナー／アメリカの教育《きょういく》改革《かいかく》に努力《どりょく》した人《ひと》で、このころはプリンストン高級研究所《こうきゅうけんきゅうじょ》を設立《せつりつ》するために活躍《かつやく》していた。

●プリンストン／アメリカ北東部《ほくとうぶ》の町《まち》。ニューヨークの南西《なんせい》72km《キロメートル》。

ウォンテッド
アルベルト・アインシュタイン
わたしはアブラハム・フレクスナーと申《もう》します
!
ご用件《ようけん》は?
このたびアメリカのプリンストンに高級研究所《こうきゅうけんきゅうじょ》が民間財団《みんかんざいだん》の出資《しゅっし》で設立《せつりつ》されることになりまして…!
アインシュタイン博士《はくし》に物理学教授《ぶつりがくきょうじゅ》として来所《らいしょ》をお願《ねが》いしたくまいりました!!

……わたしは今《いま》 カリフォルニア工科大学《こうかだいがく》で冬期《とうき》の客員教授《きゃくいんきょうじゅ》をしています
今年《ことし》もう一期《いっき》残《のこ》っているのですが……
それがおすみになってからでもわたしどもはかまいません!
フレクスナーさんお申《もう》し出《で》お受《う》けいたします!
ありがとうございます博士《はくし》!! わたしも来《き》たかいがありました!!
つきましては報酬《ほうしゅう》の件《けん》ですが……失礼《しつれい》ながらご希望額《きぼうがく》をお示《しめ》しねがいたいのですが

う〜〜〜む
………
………
サラサラ
こんなものでいかがです
¥100,000
……!!
多過《おおす》ぎましたかな
……その件《けん》は妻《つま》と相談《そうだん》してください!
アインシュタイン夫人《ふじん》いくらなんでも教授《きょうじゅ》が用務員《ようむいん》並《な》みではこまります!
ホホホ……主人《しゅじん》は金銭感覚《きんせんかんかく》まるでゼロですのよ!!

1933年《ねん》9月《がつ》、しだいに不穏《ふおん》なけはいが濃《こ》くなってきたヨーロッパをあとにして、
アインシュタイン一家《いっか》はアメリカに旅立《たびだ》っていった。そして二度《にど》とドイツには帰《かえ》らなかったのである。
アインシュタインが去《さ》ったことを知《し》ってナチスはくやしがった。
ひと足《あし》さきに逃《に》げられてしまったからである。
ナチスがアインシュタインにできたことは残《のこ》された財産《ざいさん》の没収《ぼっしゅう》、
くそっ一足《ひとあし》おそかったか!
プロシア科学《かがく》アカデミーとベルリン大学《だいがく》からの除名《じょめい》、そして、ドイツの国籍《こくせき》を取《と》り上《あ》げることだった。

6　原爆《げんばく》投下《とうか》される!!

●プリンストンでの晩年《ばんねん》●

アメリカ プリンストン―
元気《げんき》をおだし エルザ わたしを一人《ひとり》にしないでおくれ！
あなた……… いつまでもおそばにいたいけど
主《しゅ》があなたより先《さき》にお呼《よ》びのようです………！
わたしはずいぶんわがままな夫《おっと》だった 許《ゆる》しておくれかい!?
あなたの妻《つま》として召《め》されるのを幸《しあわ》せと思《おも》いましてよ あなた………！
1936年《ねん》、彼《かれ》は最愛《さいあい》の妻《つま》を失《うしな》った。

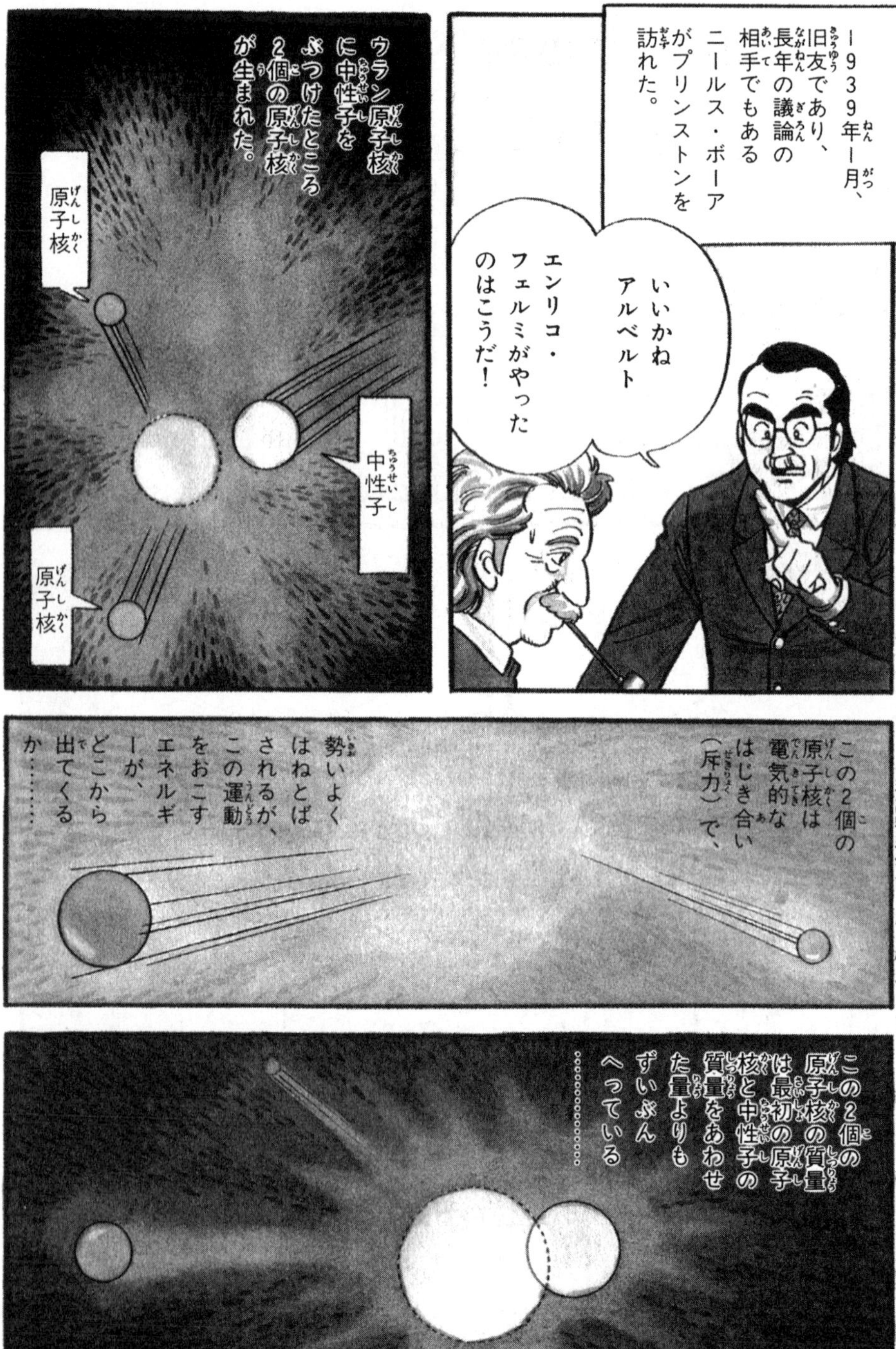
1939年《ねん》1月《がつ》、旧友《きゅうゆう》であり、長年《ながねん》の議論《ぎろん》の相手《あいて》でもあるニールス・ボーアがプリンストンを訪《おとず》れた。
いいかね アルベルト エンリコ・フェルミがやったのはこうだ！
ウラン原子核《げんしかく》に中性子《ちゅうせいし》をぶつけたところ2個《こ》の原子核《げんしかく》が生《う》まれた。
原子核《げんしかく》
中性子《ちゅうせいし》
原子核《げんしかく》
この2個《こ》の原子核《げんしかく》は電気的《でんきてき》なはじき合《あ》い（斥力《せきりょく》）で、
勢《いきお》いよくはねとばされるが、この運動《うんどう》をおこすエネルギーが、どこから出《で》てくるか……
この2個《こ》の原子核《げんしかく》の質量《しつりょう》は最初《さいしょ》の原子核《げんしかく》と中性子《ちゅうせいし》の質量《しつりょう》をあわせた量《りょう》よりもずいぶんへっている……

●ニールス・ボーア／1885年《ねん》～1962年《ねん》。デンマークの理論物理学者《りろんぶつりがくしゃ》。原子構造《げんしこうぞう》をあきらかにするうえで大《おお》きな功績《こうせき》をあげた。

●エンリコ・フェルミ／1901年《ねん》～1954年《ねん》。イタリアの理論《りろん》・実験物理学者《じっけんぶつりがくしゃ》。1938年《ねん》ノーベル物理学賞《ぶつりがくしょう》を受賞《じゅしょう》。大型原子炉《おおがたげんしろ》を建造《けんぞう》した。

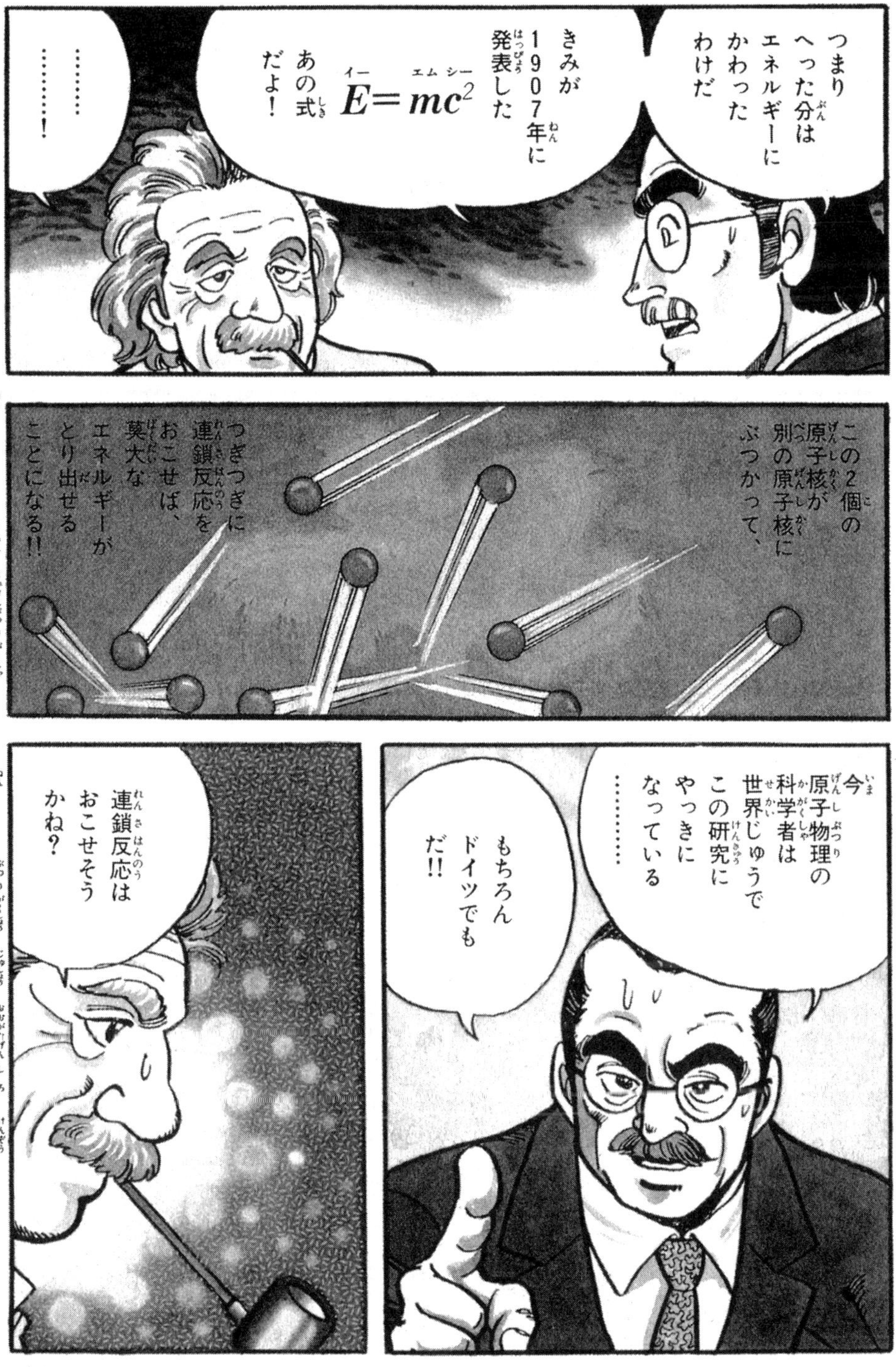
つまりへった分《ぶん》はエネルギーにかわったわけだ
きみが1907年《ねん》に発表《はっぴょう》したあの式《しき》 $E=mc^2$ だよ！
……
……！
この2個《こ》の原子核《げんしかく》が別《べつ》の原子核《げんしかく》にぶつかって、
つぎつぎに連鎖反応《れんさはんのう》をおこせば、莫大《ばくだい》なエネルギーがとり出《だ》せることになる!!
今《いま》原子物理《げんしぶつり》の科学者《かがくしゃ》は世界《せかい》じゅうでこの研究《けんきゅう》にやっきになっている
……
もちろんドイツでもだ!!
連鎖反応《れんさはんのう》はおこせそうかね？

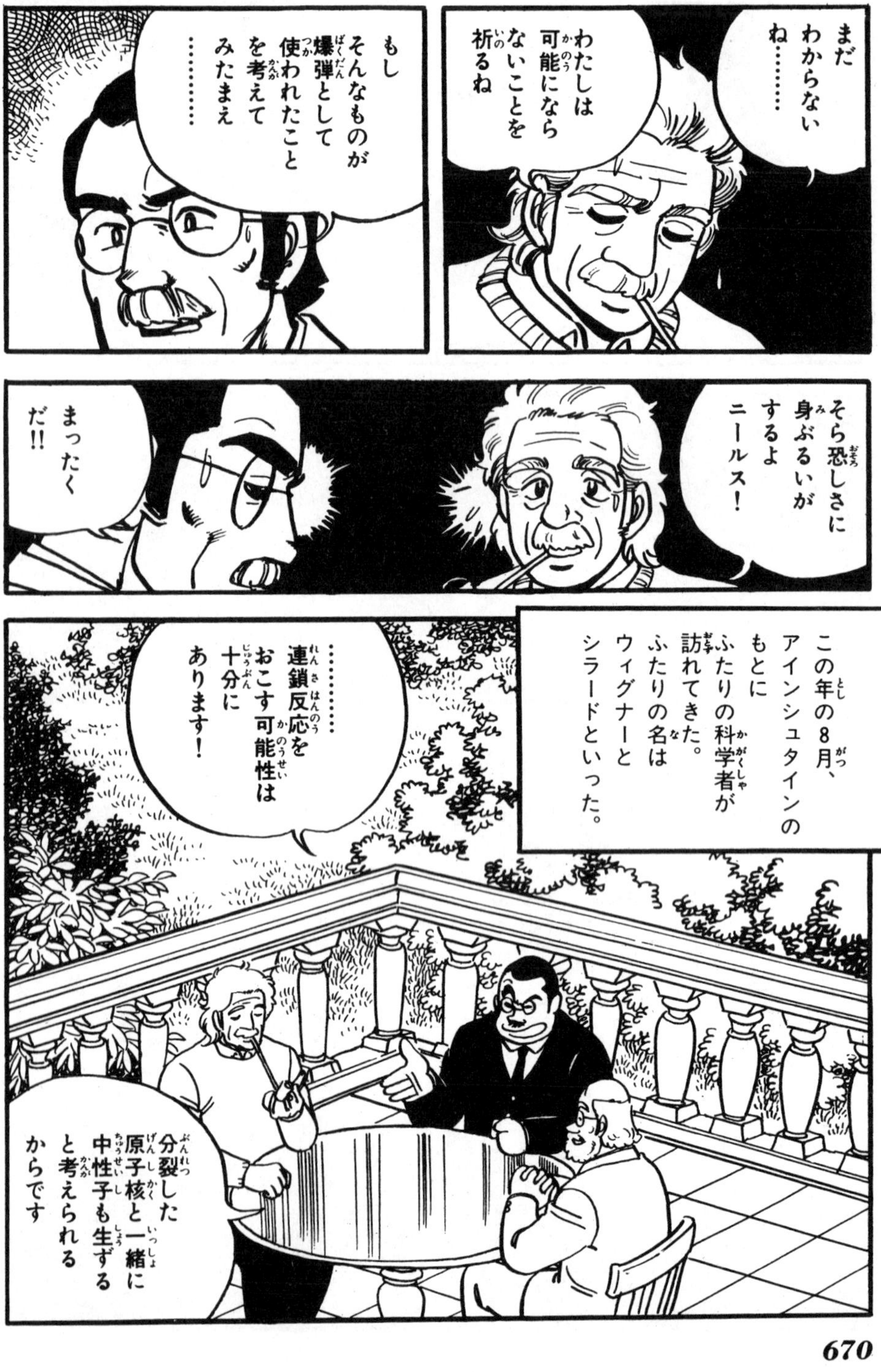

まだわからないね………
わたしは可能《かのう》にならないことを祈《いの》るね
もしそんなものが爆弾《ばくだん》として使《つか》われたことを考《かんが》えてみたまえ………
そら恐《おそろ》しさに身《み》ぶるいがするよニールス！
まったくだ!!
この年《とし》の8月《がつ》、アインシュタインのもとにふたりの科学者《かがくしゃ》が訪《おとず》れてきた。ふたりの名《な》はウィグナーとシラードといった。
………連鎖反応《れんさはんのう》をおこす可能性《かのうせい》は十分《じゅうぶん》にあります！
分裂《ぶんれつ》した原子核《げんしかく》と一緒《いっしょ》に中性子《ちゅうせいし》も生《しょう》ずると考《かんが》えられるからです

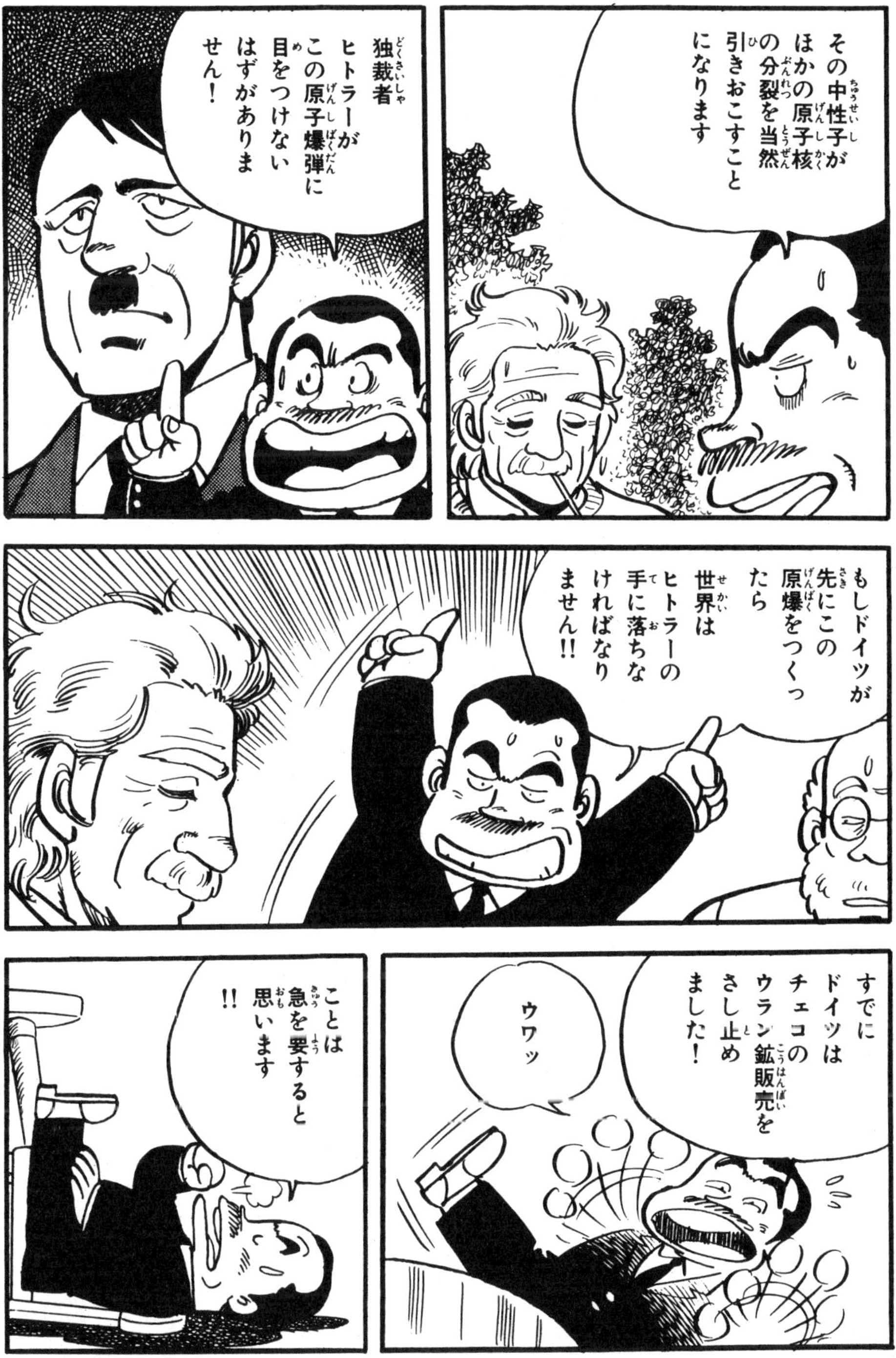
その中性子《ちゅうせいし》がほかの原子核《げんしかく》の分裂《ぶんれつ》を当然《とうぜん》引《ひ》きおこすことになります
独裁者《どくさいしゃ》ヒトラーがこの原子爆弾《げんしばくだん》に目《め》をつけないはずがありません！
もしドイツが先《さき》にこの原爆《げんばく》をつくったら世界《せかい》はヒトラーの手《て》に落《お》ちなければなりません!!
すでにドイツはチェコのウラン鉱販売《こうはんばい》をさし止《と》めました！
ウワッ
ことは急《きゅう》を要《よう》すると思《おも》います!!

●ウィグナーとシラード／ハンガリーからアメリカへ亡命《ぼうめい》してきた物理学者《ぶつりがくしゃ》。ウィグナーは１９６３年《ねん》にノーベル物理学賞《ぶつりがくしょう》を受賞《じゅしょう》。

合衆国《がっしゅうこく》大統領《だいとうりょう》に原爆《げんばく》製造《せいぞう》を開始《かいし》するよう教授《きょうじゅ》から進言《しんげん》していただきたいのです！
ようくわかりました……
しかしわたしの本意《ほんい》ではないが……
……ヒトラーのことを考《かん》えるとやはり……
そうしなければいかんですかな……!!
手紙《てがみ》を書《か》きましょう!!
拝啓《はいけい》ルーズベルト大統領《だいとうりょう》……
こうしてアメリカでは原子爆弾《げんしばくだん》の研究《けんきゅう》がはじまった。この計画《けいかく》はマンハッタン計《けい》画《かく》と名《な》づけられ、極秘《ごくひ》のうちに進《すす》められていった。

●ルーズベルト／1882年《ねん》～1945年《ねん》。第《だい》32代《だい》アメリカ大統領《だいとうりょう》。（在任《ざいにん》1933年《ねん》～1945年《ねん》）

●ロス・アラモス／アメリカ西部《せいぶ》、ニューメキシコ州《しゅう》の町《まち》。原子力研究所《げんしりょくけんきゅうじょ》のために開《ひら》かれた。マンハッタン計画《けいかく》はここで進《すす》められ、最初《さいしょ》の原子爆弾《げんしばくだん》がつくられた。

この年《とし》――
1939年《ねん》9月《がつ》、
ドイツ軍《ぐん》は
突然《とつぜん》ポーランドに
なだれ込《こ》み、
ついに
第二次世界大戦《だいにじせかいたいせん》が
おこったのである。
1945年《ねん》3月《がつ》――
なにっ それは たしか かね！
そうです ドイツに 潜入《せんにゅう》した 情報部員《じょうほうぶいん》の 入手《にゅうしゅ》した 情報《じょうほう》です から！
そうか ドイツでは 原爆研究《げんばくけんきゅう》が ………！
あさっての方《ほう》へ 進《すす》んどったか！ はははは!!
それで ロス・アラモスのほうはどう かね!?
アメリカは 数倍先《すうばいさき》に 進《すす》んで おります！

アメリカはもう原爆《げんばく》を作《つく》る必要《ひつよう》がなくなりました教授《きょうじゅ》！
またわたしに手紙《てがみ》を書《か》けというんじゃろ！
はあ！お願《ねが》いできますか！
いいとも！これが早《はや》くわかっとったら大統領《だいとうりょう》にあんな手紙《てがみ》は出《だ》さなかった！
アメリカにしろドイツにしろ最終兵器《さいしゅうへいき》を人類《じんるい》がもってはならんのだよ！
1945年4月12日
ルーズベルト死去！
原爆製造《げんばくせいぞう》の中止《ちゅうし》を頼《たの》んだアインシュタインの手紙《てがみ》は、すでに遅《おそ》すぎた。

4月《がつ》30日《にち》、
ヒトラーは
みずから命《いのち》を断《た》ち、
その一週間後《いっしゅうかんご》
ドイツは降伏《こうふく》した。

7月《がつ》16日《にち》、
ロス・アラモスで
世界《せかい》ではじめての
核実験《かくじっけん》が
おこなわれた。

ルーズベルトのあとをついだトルーマン大統領《だいとうりょう》は、
イギリス、ソビエトの代表者《だいひょうしゃ》と、ベルリン郊外《こうがい》のポツダムで首脳会談《しゅのうかいだん》を開《ひら》き戦後《せんご》の方針《ほうしん》を話《はな》し合《あ》っていた。
その会議《かいぎ》の最中《さいちゅう》に、
「双子《ふたご》が生《う》まれた」という有名《ゆうめい》な暗号電文《あんごうでんぶん》で実験《じっけん》の成功《せいこう》を知《し》った。
ほほう 双子《ふたご》が…… それは めでたい
1945年《ねん》8月《がつ》――
アルベルト 今《いま》 ラジオのニュースで言《い》ってたわ!
ヒロシマに原爆《げんばく》が投下《とうか》されたんですって
!!

なんということだ………!!
8月《がつ》15日《にち》、日本《にほん》は全面降伏《ぜんめんこうふく》し第二次世界《だいにじせかい》大戦《たいせん》は終《お》わった。
1946年《ねん》、「原子科学者《げんしかがくしゃ》協会《きょうかい》」が結成《けっせい》され、アインシュタインはその会長《かいちょう》に選《えら》ばれた。
みなさんわれわれの世界《せかい》はかつてない重大《じゅうだい》な危機《きき》をはらんだ時代《じだい》に突入《とつにゅう》しました!

●トルーマン／1884年《ねん》～1972年《ねん》。第《だい》33代《だい》アメリカ大統領《だいとうりょう》。（在任《ざいにん》1945年《ねん》～1953年《ねん》）ルーズベルトの死《し》によって、副大統領《ふくだいとうりょう》から大統領《だいとうりょう》に昇格《しょうかく》した。

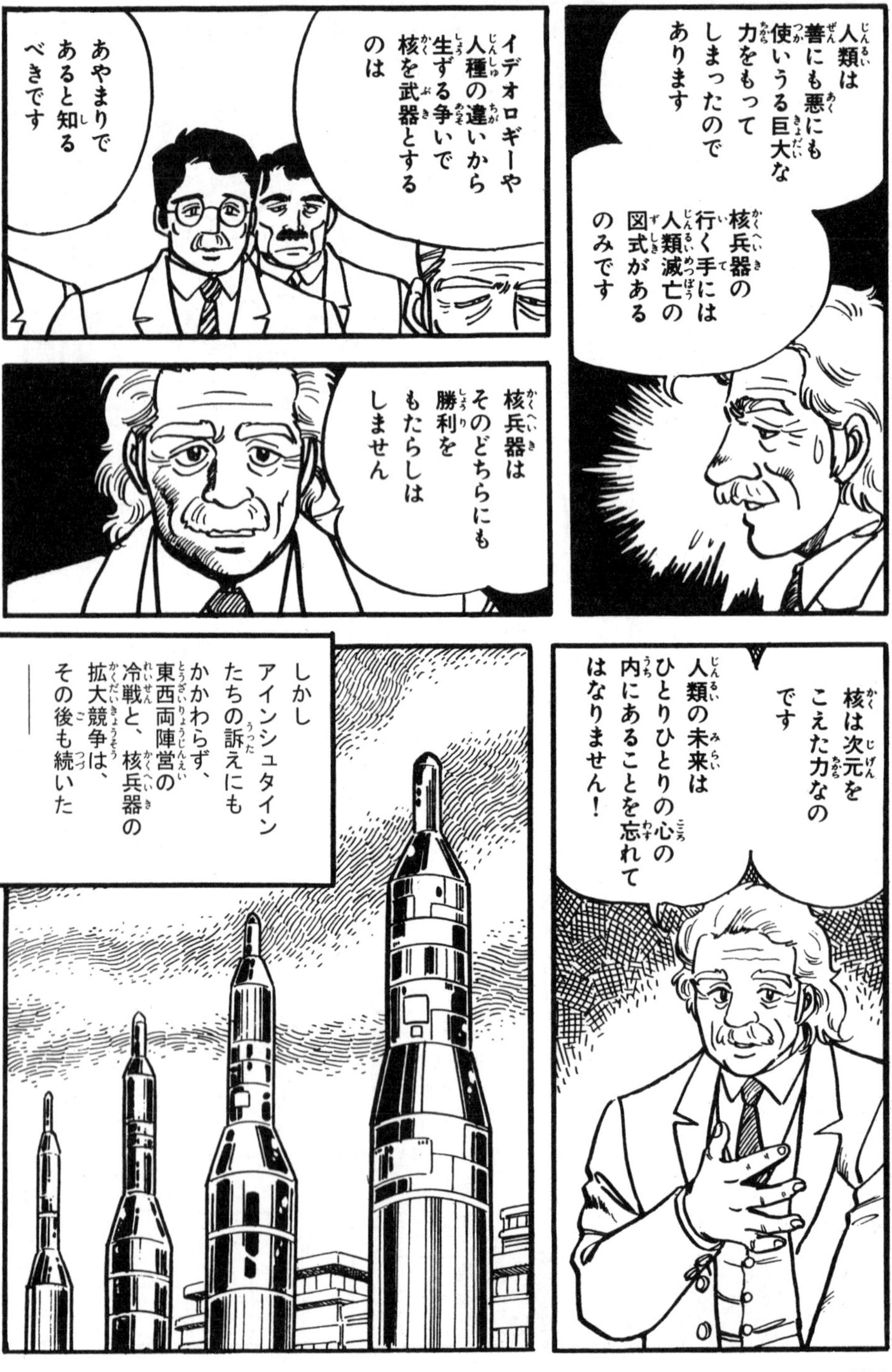
人類《じんるい》は善《ぜん》にも悪《あく》にも使《つか》いうる巨大《きょだい》な力《ちから》をもってしまったのであります
核兵器《かくへいき》の行《い》く手《て》には人類滅亡《じんるいめつぼう》の図式《ずしき》があるのみです
イデオロギーや人種《じんしゅ》の違《ちが》いから生《しょう》ずる争《あらそ》いで核《かく》を武器《ぶき》とするのは
あやまりであると知《し》るべきです
核兵器《かくへいき》はそのどちらにも勝利《しょうり》をもたらしはしません
核《かく》は次元《じげん》をこえた力《ちから》なのです
人類《じんるい》の未来《みらい》はひとりひとりの心《こころ》の内《うち》にあることを忘《わす》れてはなりません！
しかしアインシュタインたちの訴《うった》えにもかかわらず、東西両陣営《とうざいりょうじんえい》の冷戦《れいせん》と、核兵器《かくへいき》の拡大競争《かくだいきょうそう》は、その後《ご》も続《つづ》いた——

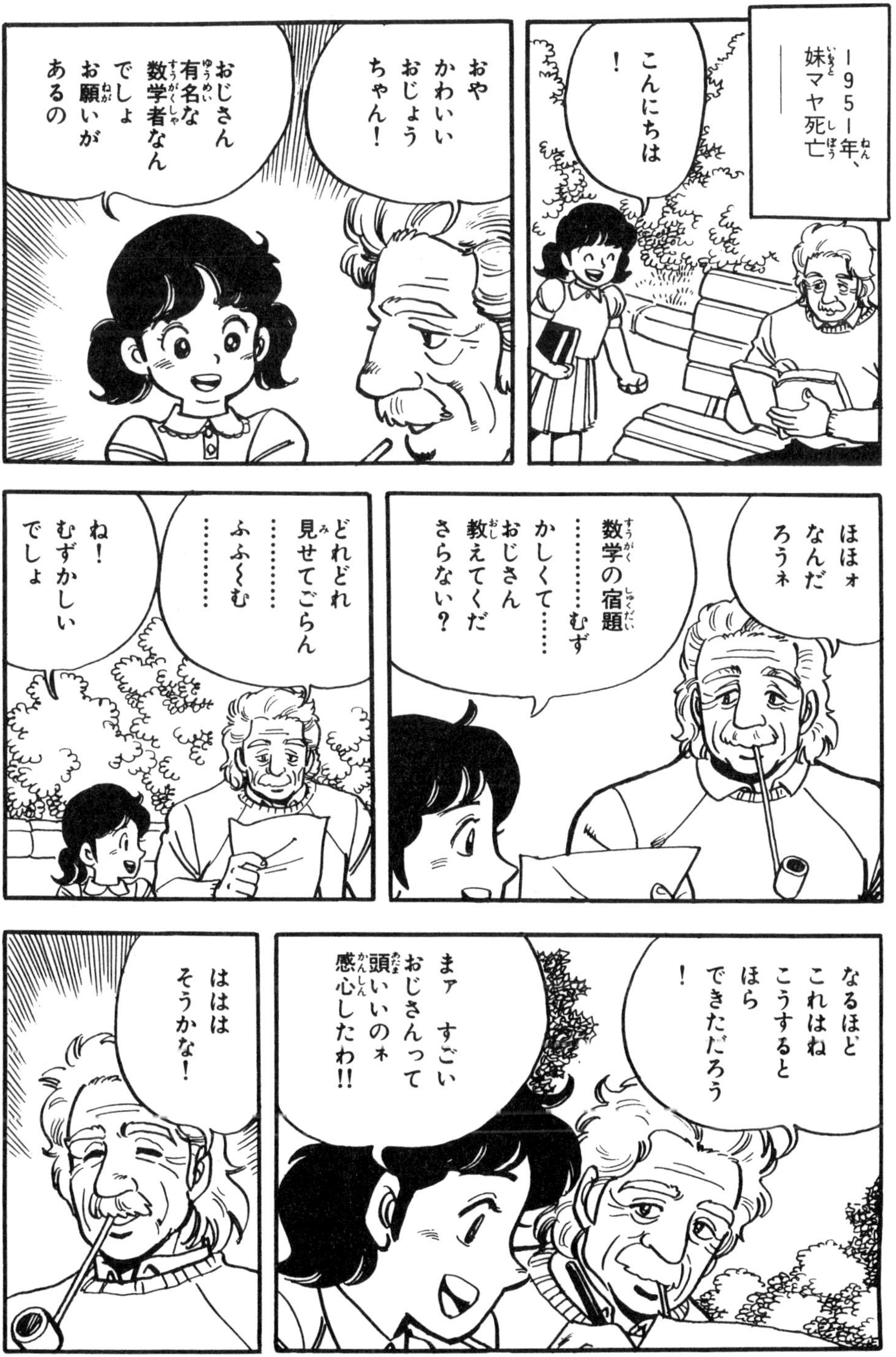
1951年《ねん》、妹《いもうと》マヤ死亡《しぼう》——
こんにちは！
おやかわいいおじょうちゃん！
おじさん有名《ゆうめい》な数学者《すうがくしゃ》なんでしょお願《ねが》いがあるの
ほほォなんだろうネ
数学《すうがく》の宿題《しゅくだい》……むずかしくて……おじさん教《おし》えてくださらない？
どれどれ見《み》せてごらん……ふふ〜む……
ね！むずかしいでしょ
なるほどこれはねこうするとほらできただろう！
まァすごいおじさんって頭《あたま》いいのネ感心《かんしん》したわ!!
ははは そうかな！

●ポツダム会談《かいだん》／1945年《ねん》7月《がつ》から8月《がつ》にかけて開《ひら》かれた。イギリスはチャーチル（途中《とちゅう》でアトリーと交替《こうたい》）、ソビエトはスターリンが出席《しゅっせき》。

また わからない ことがあったら 教《おし》えてくだ さる!?
いいよ いつでも おいで!
ありがとう それじゃ またね バイバイ!
アルベルト 統一場理論《とういつばりろん》は その後《ご》どうなり まして?
めずらしい ことを聞《き》くね マルゴット!
アインシュタインは一般相対性理論《いっぱんそうたいせいりろん》を発表《はっぴょう》したあと統一場理論《とういつばりろん》の研究《けんきゅう》に取《と》り組《く》んでいた。
1929年《ねん》、50歳《さい》の誕生日《たんじょうび》のころには統一場理論《とういつばりろん》のとっかかり的《てき》なものを発表《はっぴょう》している。

●原子科学者協会《げんしかがくしゃきょうかい》／1946年《ねん》5月《がつ》、原子力《げんしりょく》の持《も》つ危険性《きけんせい》を世界《せかい》の人《ひと》たちに知《し》らせるために結成《けっせい》された。

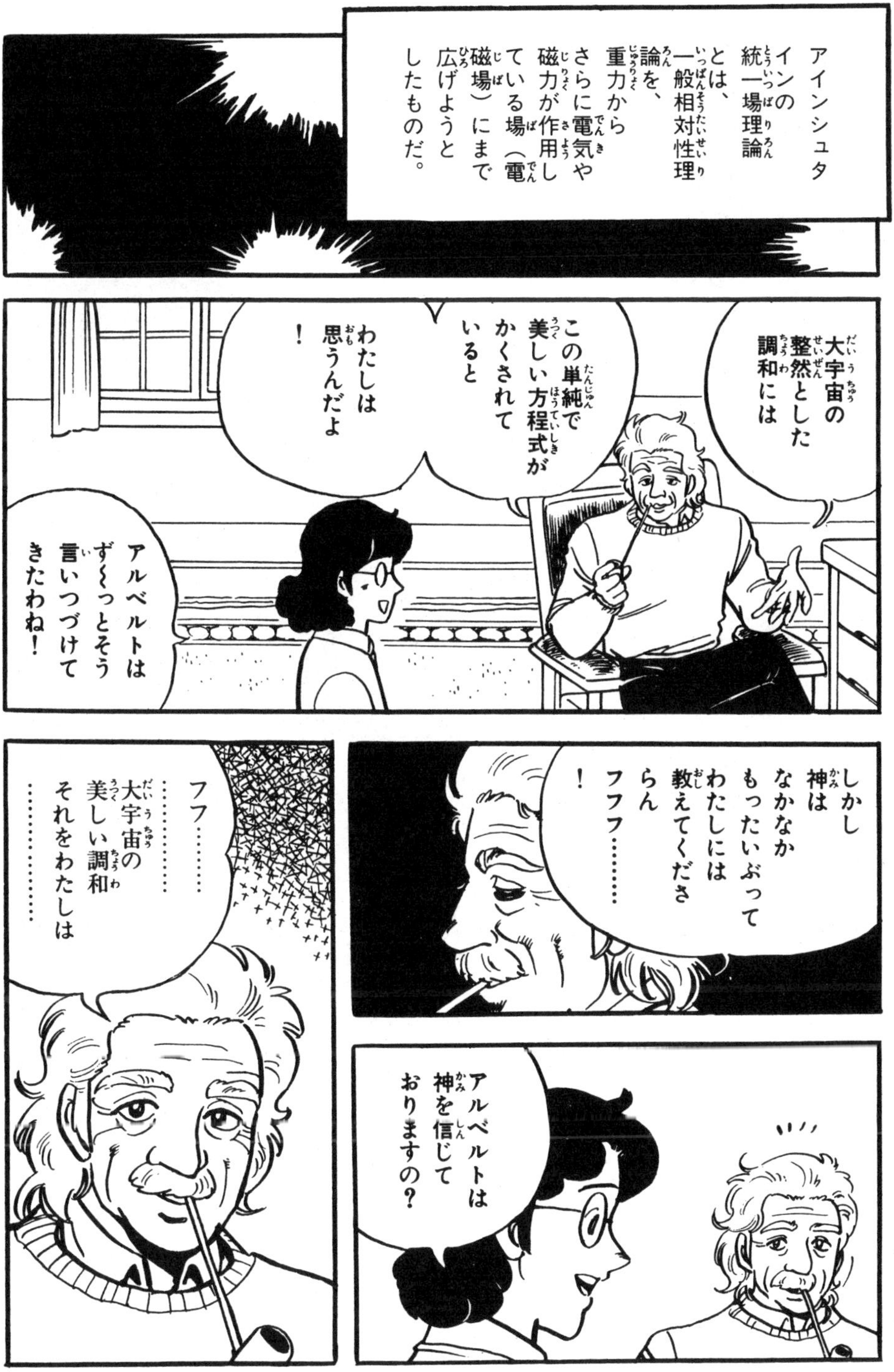

アインシュタインの統一場理論《とういつばりろん》とは、一般相対性理論《いっぱんそうたいせいりろん》を、重力《じゅうりょく》からさらに電気《でんき》や磁力《じりょく》が作用《さよう》している場《ば》（電磁場《でんじば》）にまで広《ひろ》げようとしたものだ。
大宇宙《だいうちゅう》の整然《せいぜん》とした調和《ちょうわ》には
この単純《たんじゅん》で美《うつく》しい方程式《ほうていしき》がかくされていると
わたしは思《おも》うんだよ!
アルベルトはず〜っとそう言《い》いつづけてきたわね!
しかし神《かみ》はなかなかもったいぶってわたしには教《おし》えてくださらん
フフフ……!
アルベルトは神《かみ》を信《しん》じておりますの?
フフ……
大宇宙《だいうちゅう》の美《うつく》しい調和《ちょうわ》
それをわたしは……

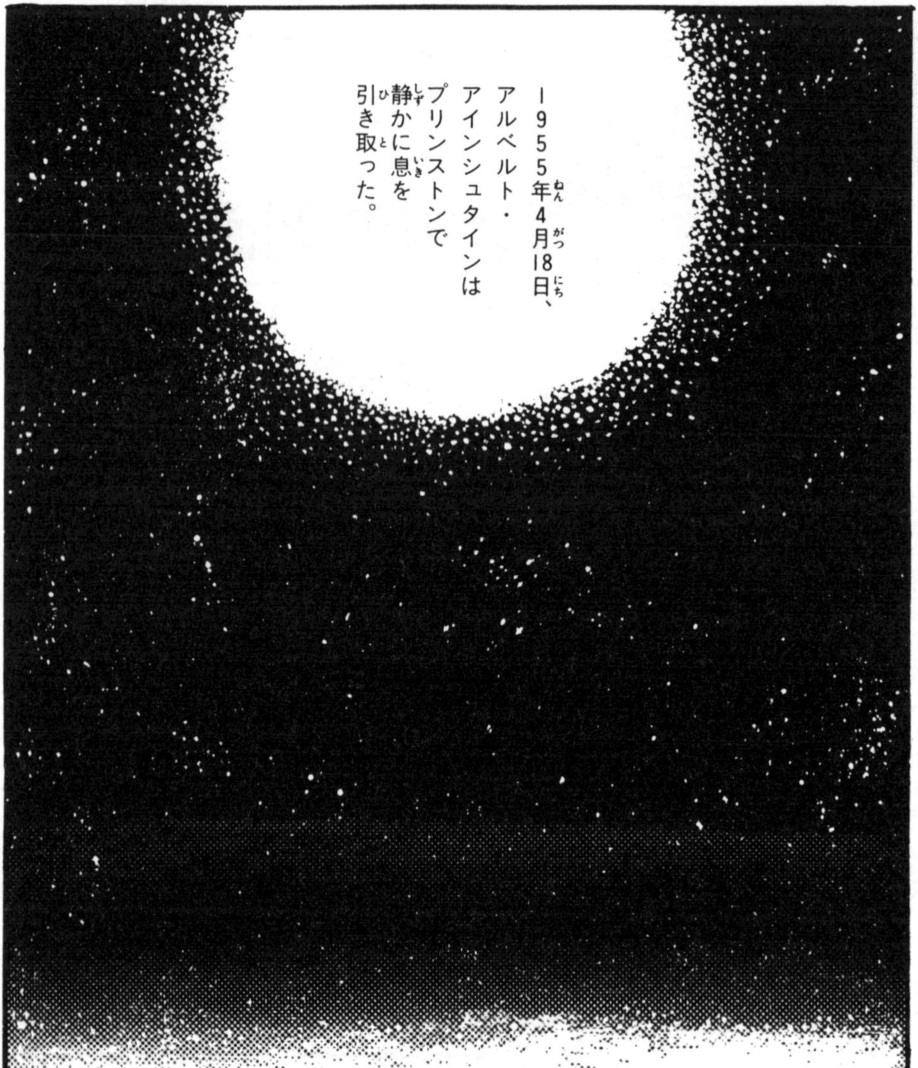
1955年《ねん》4月《がつ》18日《にち》、
アルベルト・
アインシュタインは
プリンストンで
静《しず》かに息《いき》を
引《ひ》き取《と》った。

年表・解説

ガリレオ・ガリレイ
（1624年 60歳）

アイザック・ニュートン
（1689年 46歳）

トーマス・エジソン
（1878年 31歳）

マリー・キュリー
（1903年 36歳）

アルベルト・
アインシュタイン
（1921年 42歳）

年表

年号　年	**科学の歴史**（太字は本書に登場する科学者の生涯です）	**世界と日本のできごと**（太字は日本のできごとです）
紀元前 4200	エジプトで太陽暦《たいようれき》が使われ始める（紀元前2800年という説もある）	
3500	エジプトでパピルスが使われ始める	
2200	バビロニアで数学《すうがく》・天文学が始まる	
600	ギリシャで自然哲学《てつがく》が始まる。タレス「万物《ばんぶつ》は水から生じる」	ギリシャに都市国家ができる（800）
550	アナクシメネス「万物《ばんぶつ》は空気から生じる」（ギリシャ）	
450	エンペドクレス、四元素《げんそ》（火・空気・水・土）説をとなえる（ギリシャ）	
400	デモクリトス、原子説を説く（ギリシャ）	
384～322	アリストテレス、力学・生物学などを体系的《たいけいてき》に集成する（ギリシャ）	**弥生《やよい》文化**（300～）
350	ヘラクレイトス、地球自転説をとなえる（ギリシャ）	
300	ユークリッド、光の直進反射《はんしゃ》の法則《ほうそく》を発見する（ギリシャ）	
280	アリスタルコス、地動説をとなえる（ギリシャ）	
250	アルキメデス、てこの原理、浮力の原理を発見（ギリシャ）	
45	シーザー、ユリウス暦《れき》をつくる（ローマ）	
紀元後 150	プトレマイオス、クラウディオス天道説体系《たいけい》を確立《かくりつ》する（ギリシャ）	
470	祖沖之《そちゅうし》、円周率《えんしゅうりつ》を発見する（中国）	**古墳《こふん》時代**（300～）
600	アラビア数字の原型が完成する（0をもちいた十進法記数法）	マルコ・ポーロ、東方旅行（1271～
1450	グーテンベルク、活字印刷《いんさつ》を発明する（ドイツ）	イタリア・ルネサンス（1400～ コロンブス、アメリカ発見（1492） バスコ=ダ=ガマ、インド航路発見（1498）

1522	フェルネル、パリ−アミアン間で地球球形の測定《そくてい》をする（フランス）	マゼラン、世界一周に出発（1519～1522）
1543	コペルニクス、地動説をとなえる（ポーランド）	**鉄砲《てっぽう》伝来**（1543）
1564	**ガリレオ・ガリレイ、イタリアのピサに生まれる**	
1569	メルカトル投影《とうえい》地図法が発明される（オランダ）	**室町幕府滅亡《むろまちばくふめつぼう》**（1573）
1582	ローマ教皇グレゴリウス13世、太陽暦《たいようれき》（グレゴリオ暦《れき》）を制定《せいてい》する	**本能寺《ほんのうじ》の変起きる**（1582）
1583	**ガリレイ、この頃《ころ》振《ふ》り子《こ》の等時性《とうじせい》を発見する**	
1590	**ガリレイ、この頃《ころ》落体の法則《ほうそく》を発見する** ヤンセン、顕微鏡《けんびきょう》を発明する（オランダ）	**豊臣秀吉《とよとみひでよし》天下統一《とういつ》**（1590）
1609	ケプラー、惑星《わくせい》の運動法則《うんどうほうそく》を発見する（ドイツ）	**江戸幕府《えどばくふ》始まる**（1603）
1610	**ガリレイ、天体望遠鏡で木星の衛星《えいせい》や月の凹凸を発見し「星界の報告《ほうこく》」にまとめる**	
1620	デカルト、慣性《かんせい》運動の法則《ほうそく》を発見する（フランス）	
1632	**ガリレイ、『天文対話』を出版《しゅっぱん》する**	
1633	**ガリレイ、異端審問所《いたんしんもんじょ》での裁判《さいばん》で地動説を捨《す》てることを誓《ちか》わせられる**	
1637	デカルト、解析幾何学《かいせききかがく》を始める	
1638	**ガリレイ、失明。『新科学対話』がオランダで出版《しゅっぱん》される**	**鎖国《さこく》の完成**（1639）
1642	**ガリレイ、死去** **アイザック・ニュートン、生まれる**（現在《げんざい》の暦《こよみ》では1643年生まれとなる）	明《みん》が滅《ほろ》び清《しん》が中国を支配《しはい》する（1644）
1650	パスカル、液体《えきたい》にかかる圧力《あつりょく》に関する原理を発見する（フランス）	
1658	**ニュートン、台風のさなか風力実験をする**	
1660	ボイル、気体の体積と圧力《あつりょく》に関する法則《ほうそく》を発見する（イギリス）	

1665	**ニュートン、万有引力《ばんゆういんりょく》の法則《ほうそく》を思いついたり微積分法《びせきぶんほう》を発見するが公表せず**	
1666	**ニュートン、光の分散の研究で成果をあげる**	
1668	**ニュートン、反射《はんしゃ》望遠鏡を完成させる**	
1675	**ニュートン、ニュートン環《かん》を発見する。**グリニッジ天文台ができる	
1678	ホイヘンス、光の波動説を発表する（オランダ）	
1682	ハレー、彗星《すいせい》を発見する（イギリス）	
1687	**ニュートン、『プリンキピア』を出版《しゅっぱん》する（運動《うんどう》の3法則《ほうそく》、万有引力《ばんゆういんりょく》の法則など）**	**徳川五代将軍綱吉《しょうぐんつなよし》「生類憐《しょうるいあわ》れみの令」**（1687）
1705	**ニュートン、貴族《きぞく》の称号《しょうごう》を与えられ「サー・アイザック・ニュートン」となる**	**富士山噴火《ふじさんふんか》**（1707）
1727	**ニュートン、死去**	**享保《きょうほう》の改革始まる**（1716）
1742	セルシウス、摂氏《せっし》温度計を発明する（スウェーデン）	
1750	フランクリン、雷《かみなり》の研究をする（アメリカ）	大英博物館設立《せつりつ》（1753）
1762	ブラック、潜熱《せんねつ》（物質《ぶっしつ》の状態《じょうたい》変化に伴《ともな》って吸収《きゅうしゅう》・放出される熱）を発見する（イギリス）	
1764	ハーグリーベス、紡績《ぼうせき》機械を発明する（イギリス） 平賀源内《ひらがげんない》、石綿《いしわた》をつくる（日本）	
1769	アークライト、水力紡績《ぼうせき》機を発明する（イギリス） ワット、蒸気《じょうき》機関をつくる（イギリス）	
1772	ラボアジエ、燃焼酸化《さんか》論を提唱する（フランス）	
1774	杉田玄白《すぎたげんぱく》、前野良沢《りょうたく》ら『解体新書《かいたいしんしょ》』を刊行《かんこう》する（日本） ラボアジェ、質量保存《しつりょうほぞん》の法則《ほうそく》を発見する（フランス）	
1785	クーロン、電気力・磁気《じき》力に関する法則《ほうそく》を発見する（フランス）	

1787	シャルル、気体の体積に関する法則《ほうそく》を発見する（フランス）	
1788	ラボアジェ、新しい元素観《げんそかん》を確立《かくりつ》する（フランス）	フランス革命《かくめい》起きる（1789）
1795	ガウス、最小二乗法を発表する（ドイツ）	
1796	ジェンナー、牛痘摂取法《ぎゅうとうせっしゅほう》を確立する（イギリス）	
1799	ボルタ、電池を発明する（イタリア） プルースト、定比例《ていひれい》の法則《ほうそく》を発見する（フランス）	
1801	ガウス、整数論《せいすうろん》を発表する（ドイツ）	
1802	ゲーリュサック、気体膨張《ぼうちょう》の法則《ほうそく》を発見する（フランス）	
1803	ドルトン、化学的原子説を確立《かくりつ》する（イギリス）	イギリス・フランス、トラファルガルの海戦起きる（1805）
1808	ドルトン、倍数比例《ひれい》の法則《ほうそく》を発見する（イギリス） ゲーリュサック、気体反応《はんのう》の法則《ほうそく》を発見する（イギリス）	
1811	アボガドロ、分子の概念《がいねん》について仮説《かせつ》を発表する（イタリア）	
1814	伊能忠敬《いのうただたか》、最初の日本地図完成	
1820	アンペール、電流の磁気《じき》作用に関する法則《ほうそく》を発見する（フランス） ベルセリウス、化学結合の二原論を提唱する（スウェーデン）	
1821	フレネル、光の横波理論《よこなみりろん》を発表する（フランス）	
1825	ファラデー、ベンゼンを発見する（イギリス） コーシー、『コーシーの積分定理』を発表する（フランス）	
1827	ブラウン、花粉粒子《りゅうし》の運動を発見する（イギリス） オーム、電気抵抗に関する法則《ほうそく》を発見する（ドイツ）	

1830	ガロア、群論《ぐんろん》（数学で群《ぐん》の間における関係を論《ろん》じるもの）を発表する（フランス）	
1831	ファラデー、電磁誘導《でんじゆうどう》作用（磁気《じき》によって電流をひき起こす作用）を発見する（イギリス）	
1833	ファラデー、電気分解《ぶんかい》の法則《ほうそく》を発見する（イギリス）	
1842	マイヤー、エネルギー保存《ほぞん》の法則《ほうそく》を発見する（ドイツ）	
1847	**トーマス・エジソン、生まれる**	
1848	パスツール、光学異性体《いせいたい》の考えを発表する（フランス）	
1849	ケルビン、絶対《ぜったい》温度の考えを発表する（イギリス）	
1857	パスツール、発酵《はっこう》の研究を発表する（フランス）	**ペリーが浦賀《うらが》に来る**（1853）
1858	ダーウィン、生物の自然淘汰説《とうたせつ》を発表する（イギリス） カニッツァーロ、アボガドロの法則《ほうそく》を再発見《さいはっけん》する（イタリア）	
1859	ブンゼン、スペクトル分析法《ぶんせきほう》を確立《かくりつ》する（ドイツ） ダーウィン『種《しゅ》の起源《きげん》』を発表する（イギリス）	
1861	マクスウェル、光の電磁波《でんじは》説を発表する（イギリス）	アメリカ・南北戦争始まる（1861）
1862	パスツール、微生物《びせいぶつ》の自然発生説を否定《ひてい》する（フランス）	
1863	**エジソン、自動発信装置《そうち》をつくる（発明第一号）**	アメリカ・奴隷解放令《どれいかいほうれい》を出す（1863）
1864	マクスウェル、電磁波《でんじは》の存在《そんざい》と伝わる速さが光の速度に等しいことを発表する（イギリス）	
1865	メンデル、遺伝《いでん》の法則《ほうそく》を発見する（オーストリア）	
1867	ノーベル、ダイナマイトを発明する（スウェーデン） グルベル、ウォーゲ、質量作用の法則を発見する（ノルウェー）	

1868	**エジソン、投票記録機を発明する（特許《とっきょ》第一号）**	**明治維新《いしん》**（1868）
1867	**マリー・キュリー、生まれる**	
1869	メンデレーエフ、元素《げんそ》の周期表を作成する（ロシア）	アメリカ大陸横断《おうだん》鉄道開通（1869）
1871	**エジソン、多重電信機・印字電信機・実用タイプライターなどを発明する**	
1876	**エジソン、炭素《たんそ》送話器を発明する。** ベル、電話機を発明する（アメリカ） オットー、4サイクル機関を発明する（ドイツ）	
1877	**エジソン、蓄音機《ちくおんき》を発明する**	
1879	**アルベルト・アインシュタイン生まれる。エジソン、炭素《たんそ》フィラメントの白熱電球を発明する。** クルックス、真空放電を発見する（イギリス）	
1881	パスツール、ワクチン接種《せっしゅ》による伝染病予防《でんせんびょうよぼう》に成功する（フランス）	
1882	コッホ、結核菌《けっかくきん》を発見する（ドイツ）	
1883	コッホ、コレラ菌《きん》を発見する（ドイツ）	
1885	ダイムラー、ガソリン機関装備《そうび》の自動車を発明する（ドイツ）	
1886	マイケルソン、モーリー、光速度に対するエーテルの存在を否定（アメリカ）	
1890	北里柴三郎《きたさとしばさぶろう》、破傷風血清療法《はしょうふうけっせいりょうほう》を発見する（日本）	
1891	**エジソン、映写機《えいしゃき》を発明する**	
1893	ディーゼル、ディーゼル機関を考案する（ドイツ）	**日清《にっしん》戦争始まる**（1894）
1895	レントゲン、X線を発見する（ドイツ）	
1897	トムソン、電子の存在《そんざい》を確認《かくにん》する（イギリス）	
1898	**キュリー夫妻《ふさい》、ラジウムを発見する（フランス）**	
1900	パブロフ、条件反射《じょうけんはんしゃ》を発見《はっけん》する（ロシア）。プランク、量子仮説を発表する（ドイツ）	ノーベル賞制定《せいてい》（1901）

1902	ラザフォード、ソディ、原子の自然崩壊《ほうかい》説を発表する（イギリス）	
1903	**キュリー夫妻《ふさい》、ノーベル物理学賞を受賞する。**ライト兄弟、人類初の飛行に成功する（アメリカ）	
1904	長岡半太郎《ながおかはんたろう》、原子模型《もけい》を発表する（日本）	**日露《にちろ》戦争始まる**（1904）
1905	**アインシュタイン、相対性理論《そうたいせいりろん》を含《ふく》む5つの論文《ろんぶん》を発表する**	
1909	**エジソン、アルカリ蓄電池《ちくでんち》を発明する**	
1911	**マリー・キュリー、二度目のノーベル賞であるノーベル化学賞を受賞する。** オンネス、超伝導《ちょうでんどう》を発見する（オランダ） ラザフォード、原子核《げんしかく》を発見する（イギリス）	アムンゼン、南極点に到達《とうたつ》（1911）
1912	**エジソン、キネトフォンを発明する。**ウェゲナー、大陸移動説《いどうせつ》を発表する（ドイツ）。ヘス、宇宙線《うちゅうせん》を発見する（オーストリア）	
1913	モズレー、原子番号の概念《がいねん》を発表する（イギリス） ボーア、水素《すいそ》原子のモデルを発表する（デンマーク）	第一次世界大戦（1914～1918）
1916	**アインシュタイン、「相対性理論《そうたいせいりろん》の基礎《きそ》」を発表する**	ロシア革命《かくめい》（1917）
1922	**アインシュタイン、ノーベル物理賞に決まる。日本を訪問《ほうもん》**	**関東大震災《だいしんさい》**（1923）
1924	ド・ブロイ、物質波《ぶっしつは》の考えを発表する（フランス）	
1925	ハイゼンベルク、量子力学を発表する（ドイツ） ウーレンベック、ハウトスミット、電子のスピンを解明《かいめい》する（オランダ）	
1926	シュレディンガー、波動力学を発表する（ドイツ）	
1927	ハイゼンベルク、不確定《ふかくてい》原理を発見する（ドイツ）	
1928	ラマン、クリシナン、ラマン効果《こうか》を発見する（インド）	世界恐慌《きょうこう》起きる（1929）
1931	**エジソン死去。**ジャンスキー、宇宙電波《うちゅうでんぱ》を発見する（アメリカ）	満洲《まんしゅう》事変起きる（1931）

1932	チャドウィック、中性子《ちゅうせいし》を発見する（イギリス） ハイゼンベルク、原子核《げんしかく》を解明《かいめい》する（ドイツ）	ヒトラー、政権《せいけん》をとる（1933）
1934	**マリー・キュリー死去** イレーヌ・ジョリオ＝キュリー夫妻《ふさい》、人工放射能《ほうしゃのう》を発見する（フランス）	
1935	湯川秀樹《ゆかわひでき》、中間子理論《りろん》で中間子の存在《そんざい》を予言する（日本）	**日中戦争始まる**（1937）
1938	ルスカ、クノル、電子顕微鏡《けんびきょう》を発明する（ドイツ）	第二次世界大戦（1939 ～ 1945）
1946	アメリカで真空管を用いた電子計算機ENIAC《エニアック》が完成する	**広島・長崎に原爆《げんばく》投下**（1945）
1947	朝永振一郎《ともながしんいちろう》、くりこみ理論《りろん》を発表する（日本）	
1949	湯川秀樹《ゆかわひでき》、ノーベル物理学賞を受賞する（日本）	朝鮮《ちょうせん》戦争始まる（1950）
1953	ワトソン、クリック、DNAの二重らせんの構造模型《こうぞうもけい》を発表する（アメリカ）	
1955	**アインシュタイン死去**	
1957	バーディーン、超伝導《ちょうでんどう》の理論《りろん》を発表する（アメリカ） 人工衛星《えいせい》スプートニク1号打ち上げ成功（ソ連）	
1958	集積回路が発明される（アメリカ）	
1960	メイマン、レーザーを発明する（アメリカ）	
1961	クンツラー、超伝導磁石《ちょうでんどうじしゃく》を製作する（アメリカ） ガガーリン、人類初の軌道《きどう》飛行をする（ソ連）	
1962	ロッシ、X天体を発見する（アメリカ）。ニュートリノが発見される（アメリカ）	**新幹線《しんかんせん》が開通、東京オリンピック開催《かいさい》**（1964）
1965	朝永振一郎《ともながしんいちろう》、ノーベル物理学賞を受賞する	中国で文化大革命《だいかくめい》起きる（1966）
1968	モーガンら、世界的規模《きぼ》のプレートテクトニクス説をとなえる（アメリカ）	**茨城県《いばらきけん》東海村、初の原子力発電所**（1967） アメリカ、アポロ11号、人類初の月着陸（1969） **大阪万国博覧会《ばんこくはくらんかい》、初の人工衛星《えいせい》おおすみ**（1970）

1977	サンガー、ウイルス（ファイX174）のDNA構造《こうぞう》を解明《かいめい》する（イギリス）	イギリスで初の試験管ベビー誕生《たんじょう》（1978）
1980	ライネス、ニュートリノに質量があることを発見する（アメリカ）	
1981	福井謙一《ふくいけんいち》、ノーベル化学賞を受賞する（日本）	チェルノブイリ原子力発電所事故《じこ》（1986）
1987	利根川進《とねがわすすむ》、ノーベル生理学・医学賞を受賞する（日本）	湾岸《わんがん》戦争始まる（1991） **阪神淡路大震災《はんしんあわじだいしんさい》**（1995） **Windows95が発売され、広くパソコンが普及する**（1995）
2000	白川英樹《ひでき》、ノーベル化学賞を受賞する（日本）	
2002	小柴昌俊《こしばまさとし》、ノーベル物理学賞、田中耕一《こういち》、同化学賞を受賞する（日本）	
2003	ヒトゲノム解読《かいどく》を完了《かんりょう》する（日米国際《こくさい》チーム）	イラク戦争始まる（2003）
2008	南部陽一郎《なんぶよういちろう》、益川敏英《ますかわとしひで》、小林誠《まこと》、ノーベル物理学賞、下村脩《おさむ》、同化学賞を受賞する（日本）	**スマートフォンの利用者が爆発的《ばくはつてき》に増える**（2006〜2010）
2010	鈴木章《すずきあきら》、根岸英一、ノーベル化学賞を受賞する（日本）	**東日本大震災《ひがしにほんだいしんさい》、福島第一原子力発電所事故《じこ》**（2011）
2012	山中伸弥《しんや》、ノーベル生理学・医学賞を受賞する（日本）	
2014	赤﨑勇《あかさきいさむ》、天野浩《あまのひろし》、中村修二《しゅうじ》、ノーベル物理学賞を受賞する（日本）	
2015	梶田隆章《かじたたかあき》、ノーベル物理学賞、大村智《さとし》、同生理学・医学賞を受賞する（日本）	
2016	米大学など国際《こくさい》研究チームが重力波の初観測に成功する。重力波はアインシュタインが相対性理論《そうたいせいりろん》で存在を予言した	
2017	レイナー、バリー、キップ、ノーベル物理学賞を受賞する（アメリカ）	

解説

大石　優（博士（工学）・産業技術総合研究所）

皆《みな》さんは、この本を読んで、どのようなことを感じましたか。

現在《げんざい》、皆《みな》さんの身の回りでは、多くの科学技術《ぎじゅつ》が使われています。これらの科学技術《ぎじゅつ》は、この本で紹介《しょうかい》された、歴史を大きく変えるような発見をした科学者だけでなく、その発見につながる科学技術《ぎじゅつ》を開発した、多くの科学者たちによる努力の積み上げによるものです。そして、その科学者一人ひとりは、皆《みな》さんと同じように勉強したり、遊んだりした楽しい日々やまた、大変な日を過《す》ごしていたことでしょう。

この本では、ガリレイ、ニュートン、エジソン、キュリー、アインシュタインの五人の人生の中で目立ったエピソードが描《えが》かれています。この本には描《えが》かれていない毎日の出来事、たとえば学校の勉強がいやで行きたくないな、と思った日もあったと思います。しかし、新しいことを発見するためには、それまで多くの科学者たちが積み上げてきた科学技術《ぎじゅつ》を勉強し、問題点に気づき、それを解決《かいけつ》する方法を発見しなければいけません。この本で紹介《しょうかい》されている五人の科学者も、たくさん勉強をしました。ただし、一生懸命《いっしょうけんめい》勉強すれば、だれでも歴史を大きく変えるような発見ができるわけではありません。持って生まれた才能《さいのう》や、様々な人や出来事との出会い、また偶《ぐう》然《ぜん》なども重なった結果だと思います。しかし、ただ日々をなんとなく過ごしていては、それらの偶然を活《い》かすことができません。努力し、研究に没頭《ぼっとう》して、ありとあらゆる可能性《かのうせい》について考え抜《ぬ》いていたからこそ、偶然《ぐうぜん》との出会いをチャンスに変えることができたのだと思います。

ガリレイのすごいところは、「当たり前」にとらわれずに物事をよく観察し、確かめるために実験をして実証《じっしょう》したことだと思います。

ニュートンは、宇宙《うちゅう》の星の動きの法則《ほうそく》と、私たちの身の回りの法則《ほうそく》といった、一見関係がなさそうな二つの法則《ほうそく》が、実は同じ一つの法則《ほうそく》で説明できるに違いないと考えました。そしてそれを数学的に証明《しょうめい》しました。

エジソンは、身の回りで困《こま》っていることを解決《かいけつ》する発明をするために、あらゆる手法や材料を試《ため》しました。それまで得られた多くの科学技術《ぎじゅつ》を組み合わせようとすると、その組み合わせの数は膨大《ぼうだい》です。さらに私たちの身の回りには、様々な材料があり、その組み合わせの数も膨大《ぼうだい》です。これら全《すべ》てを試《ため》すには、考えられないくらいの忍耐《にんたい》と努力が必要ですが最も重要だったのは、エジソン独自《どくじ》の工夫《くふう》でした。「天才とは1％のひらめきと99％の努力の結果である」というのは、これらの経験《けいけん》に基《もと》づいているのだと思います。実際《じっさい》、科学者が研究していく中で、そのほとんどは失敗です。しかし失敗は、いけないことではないのです。この方法は、うまくいかなかったという新しい小さな発見です。また、なぜうまくいかなかったかを考えることで、成功に一歩近づくことができるのです。皆《みな》さんも、失敗を恥《は》ずかしいと思う必要はありません。科学者の多くは、失敗から学んでいるのです。

キュリーは、小学校時代に自分の国の言葉を勉強することも許《ゆる》されず、大学に進学するのもむずかしい環境《かんきょう》で育ちましたが、多くの困難《こんなん》の中、強い意志《いし》と努力で科学技術《ぎじゅつ》の発展《はってん》に寄与《きよ》しました。その強い意志《いし》と努力の結果、物理学・化学という二つの分野でのノーベル賞受賞につながりました。また、キュリーの娘《むすめ》イレーヌもノーベル賞を受賞しています。

科学の法則《ほうそく》は「真実」とは限《かぎ》りません。その時代の様々な事象を最もうまく説明できていて、さらにその法則《ほうそく》から、まだ確認《かくにん》されていない事象が予測《よそく》され、後にその事象が確認《かくにん》されると、その法則《ほうそく》は「正しい」と認《みと》められます。ニュートンの法則《ほうそく》では、重力がとても強いところにある物体、急加速する物体の運動を、うまく説明することができません。しかしアインシュタインは、ニュートンの法則《ほうそく》で説明できる事象も、上記のような特別な事象も説明できる法則《ほうそく》を考え出しました。アインシュタインの考えた法則《ほうそく》から予測《よそく》された事象が次々に確認《かくにん》されたことで、アインシュタインの法則《ほうそく》が正しいと認《みと》められるようになりました。現在では、アインシュタインの法則《ほうそく》では説明できない事象も見つかっており、アインシュタインの法則《ほうそく》で説明できる事象と、説明できない事象を共に説明できる法則《ほうそく》を発見しようと、多くの科学者が研究しています。こうして科学は、多くの科学者の努力の積み重ねによって、進展《しんてん》していくのです。

ところで、皆《みな》さん、重いものと軽いものを同時に落とすと、どちらが先に地面に着くと思いますか。

ガリレイが生まれた時代には、重いものが先に着地するのが当たり前だと考えられていました。

今では、物を落とすと、その落下の速さは（9.8×時間［秒］）メートルになることが知られています。つまり、

落下して1秒後の速さは、

9.8［m/秒］（1秒間に9.8メートル進む速さ）

落下して2秒後の速さは、

9.8 × 2 = 19.6［m/秒］

というように計算できます。ここで重要なことは、この速さの計算に「重さ」が出てこないことです。軽いものでも重いものでも、落下をはじめて1秒後の速さは秒速9.8メートルになるのです。距離《きょり》÷速さ＝時間です。

図1からわかるように、重いものと軽いものを同じ高さから落とした場合、重いものと軽いものの落下する速さは常《つね》に同じです。距離《きょり》が同じで速さも同じなので、着地までにかかる経過《けいか》時間も同じになるのです。

ここで、もう少し落下について計算することで、新しいことがわかります。先《さき》ほどの計算をグラフにしてみます。グラフにすることで、理解《りかい》しやすくなりますので、皆《みな》さんも図やグラフを描《えが》くようにしましょう。

落下して1秒後の速さは秒速9.8メートル、2秒後の速さは秒速19.6メートルでしたね。横軸《よこじく》に経過《けいか》時間［秒］、縦軸《たてじく》に速さをとると、**図2**のようになります。

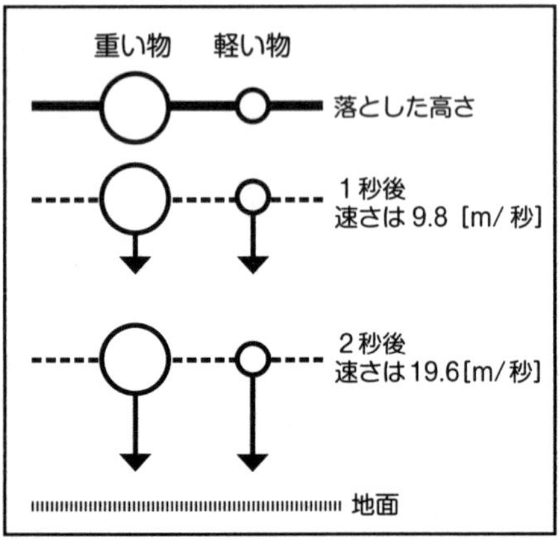

図1

ところで、速さ×時間＝距離《きょり》 つまり、

最初の1秒間では、 9.8×1［秒］＝ 9.8［m］

次の1秒間では、 19.6×1［秒］＝19.6［m］

次の1秒間では、 29.4×1［秒］＝29.4［m］

次の1秒間では、 39.2×1［秒］＝39.2［m］

となります。これらを足し合わせると、4秒間で

9.8＋19.6＋29.4＋39.2＝98［m］

進むことになります。これは、**図3**の斜線《しゃせん》の面積に等しいです。

「あれ？ 図2は間違っているのでは」と思った人は正しいです。言われたことを、うのみにしてはいけません。気付かなかった人もいっしょに考えてみましょう。

物を落とすとその落下の速さは、秒速（9.8×経過《けいか》時間［秒］）メートルでした。ということは、

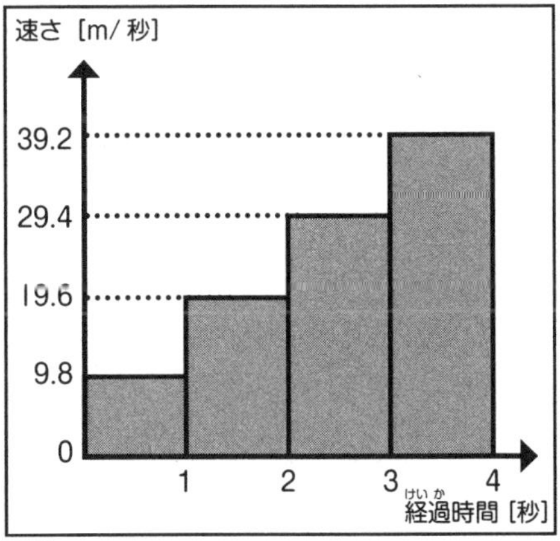

図2

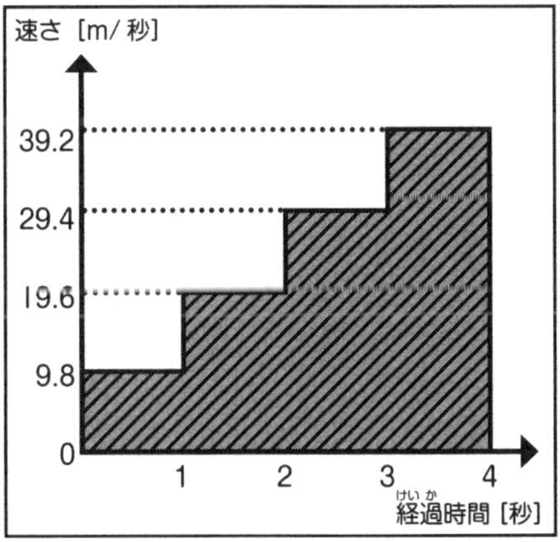

図3

経過《けいか》時間0.5秒のときの速さは、秒速4.9メートル
経過《けいか》時間1.0秒のときの速さは、秒速9.8メートル
経過《けいか》時間1.5秒のときの速さは、秒速14.7メートル
経過《けいか》時間2.0秒のときの速さは、秒速19.6メートル

つまり、**図4**のグラフになります。4秒間で落ちる距離《きょり》は、斜《しゃ》線《せん》の面積と等しかったので、

$$0.5 \times 4.9 + 0.5 \times 9.8 + 0.5 \times 14.7 + \cdots + 0.5 \times 39.2 = 88.2[\mathrm{m}]$$

となり、図2で計算した98メートルよりも短くなります。

では、同様にして時間間隔をもっと細かくして計算すると、どうなるでしょう。

図2では1秒ごとに速さを計算して、4秒間の落下距離《きょり》を求めました。図4では0.5秒ごとに速さを計算して、4秒間の落下距《きょ》離《り》を求めました。これを0.1秒ごと、いいえ、もっと細かく0.01秒ごと、もっともっと限《かぎ》りなく細かくします。この限《かぎ》りなく細かくする

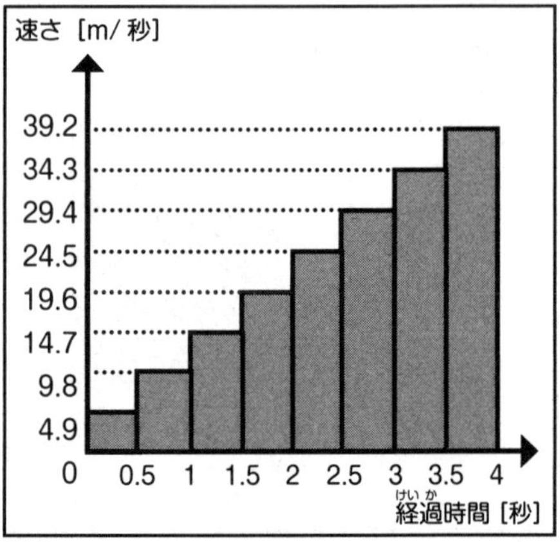

図4

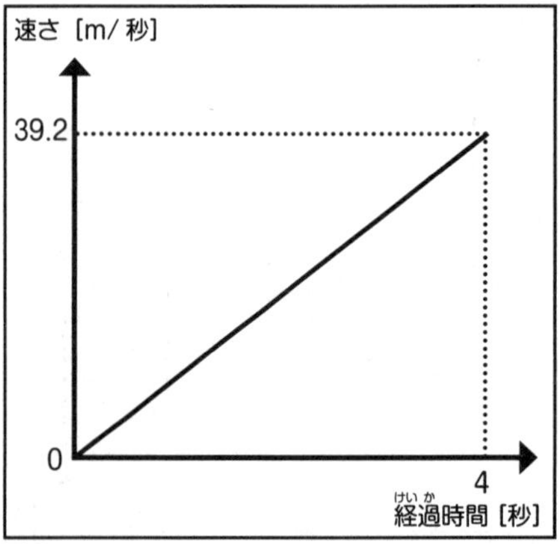

図5

ことを、数学では「微分《びぶん》」と言います。するとグラフは、**図５**のようになります。

これは、速さ＝9.8×経過《けいか》時間のグラフです。

では落下距離《きょり》はというと、**図６**のような限《かぎ》りなく細い棒《ぼう》の面積を足し合わせることで求められます。この限《かぎ》りなく細い棒《ぼう》の面積の足し合わせを数学では「積分」と言います。この限《かぎ》りなく細かい棒の面積を足し合わせると、**図７**の斜線《しゃせん》の面積になります。これは三角形の面積ですので、

39.2 × 4 ÷ 2 = 78.4 ［m］

と求めることができます。

つまり、物を落とすと、その重さに関係なく、４秒間で78.4メートル落下すると計算できました。

このように物理の法則《ほうそく》は、数学を使って計算することで、実際《じっさい》に落下距離《きょり》などを求めることができるのです。これで皆《みな》さんは、落下の速さは秒速（9.8×経過《けいか》時間［秒］）メートルという物理の法則《ほうそく》から、落下して数秒後の速さだけでなく落下距離《きょり》も計算できるようになりました。

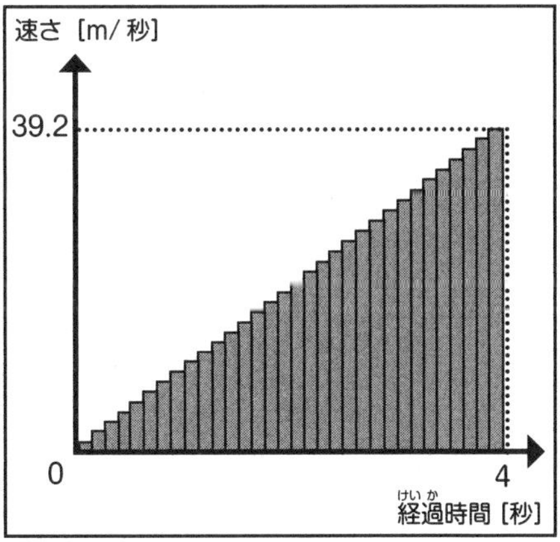

図６

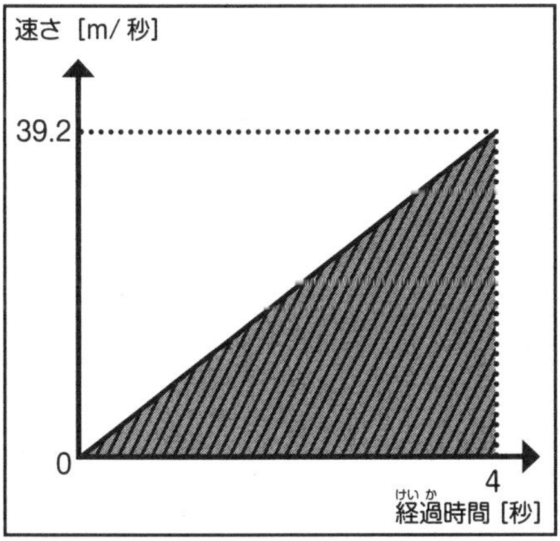

図７

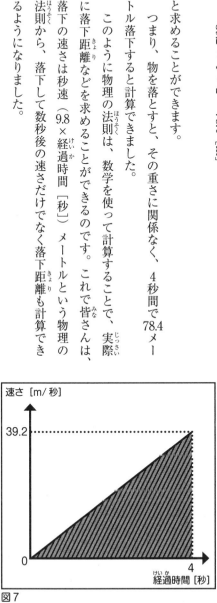

ちょっと待って下さい。どのような重さのものでも同時に着地するのに、パラシュートを付けると、ゆっくり降《お》りられます。なぜでしょうか。

「空気抵抗があるから」

その通りです。実は先程《さきほど》の物理法則《ほうそく》では、空気がない真空の状《じょう》態《たい》を「仮定《かてい》」しています。「仮定《かてい》」というのは、○○の場合のみ成り立つ法則《ほうそく》ということです。つまり、空気がなければ先《さき》ほどの計算結果は正しいのです。空気がなければ、パラシュートを付けていても、付けていなくても、4秒間で78.4メートル落ちます。空気抵抗《ていこう》を考えると、とたんに難《むずか》しくなり、図5のグラフは**図8**ようになります。そして4秒間で落下する距離《きょり》を計算するには、**図9**の斜線《しゃせん》の面積を計算する必要があります。これを計算するには、高校で習う「微分《びぶん》・積分」という数学が必要になります。

高校で習う数学を理解《りかい》するには、中学校で習う数学を理解《りかい》する必要があり、それを理解《りかい》するには小学校で習う算数が必要です。ですから皆《みな》さんは、学校で算数や数学を勉強するのです。

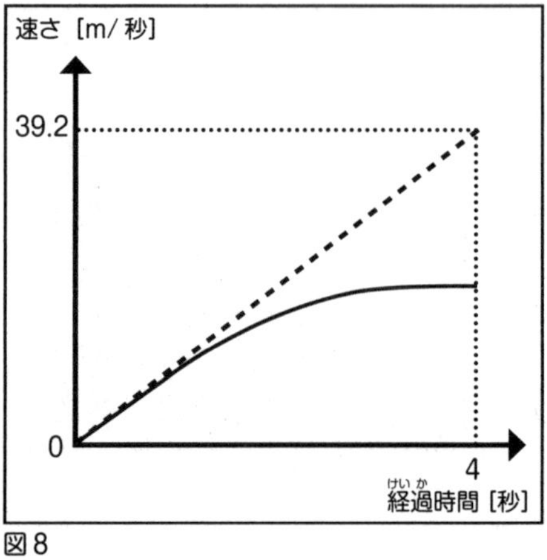

図8

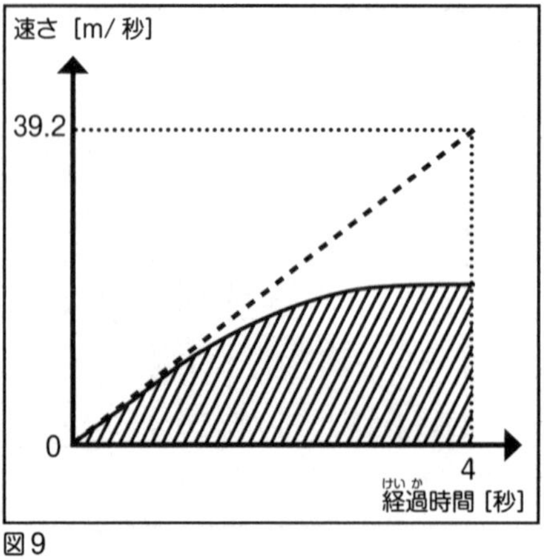

図9

物を落としたときの落下の速さが秒速（9.8×経過《けいか》時間［秒］）メートルになると説明しましたが、この〝9.8〟が気になった方もいると思います。これは、ニュートンの万有引力《ばんゆういんりょく》の法則《ほうそく》から求めることができます。万有引力《ばんゆういんりょく》の法則《ほうそく》は、全《すべ》ての物は互《たが》いに引《ひ》っ張《ぱ》り合っているという考えです。私たちが今、地球に立っていられるのも、ジャンプして着地するのも、私たちが地球の引力《いんりょく》によって引《ひ》っ張《ぱ》られているためです。「全《すべ》ての物は互《たが》いに引《ひ》っ張《ぱ》り合っている」と書きましたが、地球も私たちによって引《ひ》っ張《ぱ》られているのです。ただし、万有引力《ばんゆういんりょく》は重いもの程《ほど》、引力《いんりょく》が強くなります（重さに比例《ひれい》）。地球は私たちに比《くら》べてとても重いので、私たちが地球を引《ひ》っ張《ぱ》る力に比《くら》べて、地球が私たちを引《ひ》っ張《ぱ》る力の方が、はるかに強いのです。一方、万有引力《ばんゆういんりょく》は、引《ひ》っ張《ぱ》り合う物同士の距離《きょり》の逆《ぎゃく》2乗になります。つまり、私たちが地球から離《はな》れれば離《はな》れるほど、地球が私たちを引《ひ》っ張《ぱ》る力も弱くなるのです。

皆《みな》さんの中には、研究者になりたいという夢《ゆめ》を持っている人もいると思います。研究者は、研究を仕事にしている人です。研究者になるためには、いろいろな方法があるのですが、ここで主な道を紹介《しょうかい》します。

中学生、高校生の皆《みな》さんは、大学に進学します。大学の4年間では、まず前半の2年間で専門《せんもん》的《てき》なことを学ぶのに必要な勉強をします。そして後半の2年間で、専門的《せんもんてき》な勉強をします。そして、この期間に大学の先生の研究室に所属《しょぞく》します。日本には、たくさんの大学があり、またそれぞれの大学には、たくさんの先生がいます。この先生方は、それぞれ異《こと》なった専門《せんもん》分野の研究をしています。そのため、自分もこの先生の研究に携《たずさ》わってみたいと思ったら、その先生の研究室に所属《しょぞく》すると良いでしょう。どこの大学に入るかを決める際にも、自分の興味《きょうみ》のある研究をしているの先生のいる大学に入るということも大切です。そして、所属《しょぞく》する研究室が決まったら、研究テーマを決めます。皆《みな》さんのやりたい研究の中から、これなら大学で行う研究（卒業研究）にふさわしいというテーマを、先生が判断《はんだん》してくれますので、研究室の先生と、よく話し合ってテーマを決めて下さい。そして卒業までの間に、先生や先輩《せんぱい》のアドバイスを受けながら、そのテーマについて研究をします。そして卒業論文《ろんぶん》を書きます。

そして大学を卒業すると、学士号という学位（称号《しょうごう》）をもらうことができます。

次に、大学院に進学します。大学では専門的《せんもんてき》なことを勉強しましたが、大学院では、より専門的《せんもんてき》なことを勉強するだけでなく、研究をします。

大学院には、修士課程《しゅうしかてい》（2年間）と博士課程《かてい》（3年間）があります。修士課程《しゅうしかてい》では、研究することが目的ですので、入学のときに、自分はどのような研究をしたいという目的を持っている必要があり、その研究をしている研究室に入ります。研究を指導《しどう》してくれる先生（指導《しどう》教官）は、皆《みな》さんがやりたいと思っている研究テーマを2年間で仕上げるための手助けをしてくれます。研究は、世の中のまだ誰《だれ》もやったことがないことを探求《たんきゅう》しなければいけません。ただし、まだ誰《だれ》もやったことがないことを発見することは容易《ようい》ではありません。そのため指導《しどう》教官は、皆《みな》さんがやりたいと思っている研究テーマの中から、こういう研究なら2年間努力すれば仕上がるというテーマを提案《ていあん》してくれるはずです。そして、このテーマについて指導《しどう》教官と相談しながら一生懸命《いっしょうけんめい》に努力して、研究します。この間に、おそらく初めての学会発表をすることになります。学会というのは、研究分野ごとにあり、その分野の専門家《せんもんか》である大学の先生や研究所の研究者だけでなく、修士《しゅうし》課程《かてい》や博士課程《かてい》の学生が所属《しょぞく》しています。学会では、それぞれが研究して得られた新たな研究結果などの情報交換《じょうほうこうかん》が行われます。つまり、その研究分野の最先端の情報交換《じょうほうこうかん》の場でもあります。そして、年に1、2回ほど、学会の会員が集まって、それぞれの研究結果を発表する集まりがあります。

　そこで皆《みな》さんは研究結果を発表することになります。

　そして2年間の研究をまとめて修士論文《しゅうしろんぶん》を書き、修士課程《しゅうしかてい》を修了《しゅうりょう》すると、修士号《しゅうしごう》という学位をもらうことができます。

　次に、博士課程《かてい》に進みます。博士課程《かてい》では、皆《みな》さんが自身で研究テーマを決めます。研究で悩《なや》んだりした場合は指導《しどう》教官に相談することができますし、研究の方向がずれてきたら指導《しどう》教官が指摘《してき》してくれますが、基本的《きほんてき》には自身で研究を進めるというのが、修士課程《しゅうしかてい》とは大きく異なります。また、博士課程《かてい》では何度も学会発表をするだけでなく、論文《ろんぶん》を書いて論文誌《ろんぶんし》に載《の》せる必要があります。論文誌《ろんぶんし》は、学会などが作っている雑誌《ざっし》で、最新の研究結果をまとめた論文《ろんぶん》が掲載《けいさい》されています。研究をしてすばらしい発見をしても、発表をしなければ世の中の役に立ちませんし、皆《みな》さんが発見したと証明《しょうめい》することはできません。そのため新しい発見をしたら、論文《ろんぶん》を書いて、論文誌《ろんぶんし》に載《の》せることが重要なのです。

　皆《みな》さんが論文《ろんぶん》を書いて、論文誌《ろんぶんし》に載《の》せてほしいと提出《ていしゅつ》すると、査読《さどく》という審査《しんさ》が行われます。皆《みな》さんの研究結果が、今までに発見されていない新しいものであるか、科学的に意味のあるものか、そしてその論文《ろんぶん》に書かれていることが再現《さいげん》できるかなどが審査《しんさ》されます。審査《しんさ》は、その分野の専門家《せんもんか》数人が行い、論文誌《ろんぶんし》に掲載《けいさい》できる内容《ないよう》かを判断《はんだん》し、論文誌《ろんぶんし》に掲載《けいさい》するには、他にどのようなことを調べる必要があるかなどを提案《ていあん》してくれます。そして、論文誌《ろんぶんし》掲載《けいさい》にふさわしい論文《ろんぶん》に仕上がると、晴れて論文誌《ろんぶんし》に掲載《けいさい》されます。

博士課程《かてい》では数本の論文《ろんぶん》が論文誌《ろんぶんし》に掲載《けいさい》される必要があります。そして、それらを含《ふく》め、博士課程《かてい》で行った研究をまとめた博士論文《ろんぶん》を書きます。さらに、卒業論文《ろんぶん》や修士《しゅうし》論文《ろんぶん》と違い、学位審《しん》査《さ》という審査《しんさ》があります。博士論文《ろんぶん》を書いても、この審査《しんさ》に通らなければ、さらに研究を続けて、博士論文《ろんぶん》の質《しつ》を上げなければいけません。

やっとのことで学位審査《しんさ》を通過《つうか》し、博士課程《かてい》を修了《しゅうりょう》すると、博士号という学位をもらうことができます。

これで晴れて、博士になることができるのです。

しかし博士号というのは、パスポートのようなものです。博士号があれば研究者になることができるわけではありません。あくまで研究者になるための資格《しかく》を得られただけです。高校や大学を卒業し、就職《しゅうしょく》活動をして会社に入るのと同様に、ここから研究者になるための活動が始まります。また、研究者になれたとしても、研究者でい続けることは容易《ようい》ではないのです。

このような課程《かてい》を経《へ》たたくさんの研究者によって、科学は発展《はってん》してきました。その中には、後の世の中に大きな影響《えいきょう》を与えるような発見をした人たちがいますが、その人たちも、過去《かこ》の多くの研究者の研究の積み重ねがあったからこそ、そのようなすばらしい発見ができたのです。研究者になることで、このような科学の発展《はってん》に寄与《きよ》することができますし、もしかしたら歴史を大きく変えるような発見をすることができるかもしれません。一方、年表をごらんいただければわかるように、人類の歴史は科学の歴史と密接《みっせつ》な関係があります。つまり科学には強い社会的な影響力《えいきょうりょく》があります。そのことを意識《いしき》しながら研究することも大切です。

最後に、たとえ研究者ではない職業《しょくぎょう》であっても、仕事をする上では、日々様々な課題に取り組む必要があります。ときには、壁《かべ》にぶつかることもあるかと思います。そのとき、この本に出てくる科学者たちの生き方や考え方を参考にし、少し違《ちが》った視点《してん》から見ることで、解決《かいけつ》の糸口が見つかるかもしれません。この本を読んだ皆《みな》さんが、いろいろなことを感じ、そして将来《しょうらい》の夢《ゆめ》をかなえるヒントになれば幸いです。

手塚治虫／編

伴　俊男／ガリレイ作画

中本　力／ニュートン作画

田中つかさ／エジソン作画

はやせたくみ／マリー・キュリー作画

手塚プロダクション／アインシュタイン作画

宮田淳一／作画協力

大石　優／解説

手塚プロダクション／構成

シマダチカコ／装丁

＊一部の著者には連絡がとれておりません（はやせたくみ氏、中本力氏）。
連絡先をご存じの方がおられましたら下記「子どもの未来社」までご連絡ください。所定の印税をお支払いいたします。

歴史を作った
世界の五大科学者
ガリレイ・ニュートン・エジソン・キュリー・アインシュタイン

2018年1月11日　第1刷印刷
2018年1月11日　第1刷発行

編　者●手塚治虫
発行者●奥川　隆
発行所●子どもの未来社
〒113-0033
東京都文京区本郷 3-26-1 本郷宮田ビル４F
TEL：03-3830-0027　FAX：03-3830-0028
振替　00150-1-553485
E-mail：co-mirai@f8.dion.ne.jp
HP：http://comirai.shop12.makeshop.jp/
印刷・製本●シナノ印刷株式会社

ISBN978-4-86412-130-9　C8023